次世代の教職入門

中田正浩 編著

まえがき

　「教育」を広辞苑で引いてみると、"人間に他から意図を持って働きかけ、望ましい姿に変化させ、価値を実現させる活動"と記されている。教員という職業は、まさに園児・児童・生徒・学生に前述の行為をつかさどる職業である。

　また、平成18年7月の中央教育審議会答申に「教職は、人間の心身の発達に係る専門的職業であり、その活動は、子どもたちの人格形成に大きな影響を与えるものである」とある。

　しかし21世紀の教育現場では、相も変わらず不登校・いじめやいじめを苦にしての自殺・学級崩壊などが生起している。

　一方、保護者や地域の人々は、教員への期待や要求を多様化・複雑化させたため、教員はさまざまな困難に直面している。

　本学において教職課程を担当する者は、激動する社会、急変する教育界の中で次世代の社会を担い、自律して問題解決能力を持つ子どもを育てることのできる資質・能力を培い、地球的視野から持続可能な社会の発展と構築へ貢献する保育者、教育者、指導者の養成を日々目指してきた。

　そこで、本書を本学の教員で企画したのは、次のような理由によるものであった。

　本学が開設されたとき、筆者が「教職入門」を担当することになった。講義で使用する書籍を、本屋でたくさん買い込み目を通した。しかし、筆者の立てたシラバスに沿った教科書が存在せず、不承知ながら教科書を指定し、補足的レジュメを作成しながら、授業を進めて4年が経過してしまった。

　今回（平成23年4月前期）、「教職入門」の担当を、新規着任者と交代するにあたり、本学の学生に適した独自の教科書作り（本学では、通信教育課程を併設している）に着手した。

　本書は、次のような点に配慮した。教職を目指す学生が最初に学ぶ教職課程の科目であるので、各章の初めには要約を、各章末には学習課題を設定した。

内容はできる限り平易な言葉で具体的に執筆することを、各執筆者にお願いした。

本書における執筆者一同は、幼稚園・小学校・中学校・高等学校で教諭・管理職（教頭・校園長）・教育行政等で、教育実践を経験してきた実務家教員で書かれたものである。

また執筆者の大半が、環太平洋大学次世代教育学部において教員養成に携わっているものであり、本書が教員を志す学生にとって指標となりうることを願っている。

しかし、執筆および構成段階で時間がなく、至らぬ点が多々あると思うので、ご叱声とご教示をお願いする次第である。

最後になりましたが、大学教育出版・編集部の安田愛氏には、本書の企画や編集および編著者の経験のない筆者をさりげなく、書き終えるところまで優しく見守っていただいたことに感謝あるのみである。

最後に、各執筆者の先生方のご協力と励ましがなければ、本書が刊行に至ることは難しかった。この場を借りて感謝の意を伝えたい。

平成23年3月吉日

　　　　　　　　　　　　　　　　　　　ＩＰＵ環太平洋大学研究室にて
　　　　　　　　　　　　　　　　　　　　　　　　中田　正浩

次世代の教職入門

目　次

まえがき･･･中田正浩　　i

第1章　教職への道　——教育とは何か——･････････････････鎌田首治朗　　1
　　1．はじめに　2
　　2．教職を目指す貴方に求められるもの　2

第2章　日本の教育制度と教員養成の歴史････････････････････中田正浩　　23
　　1．古代の教育・教育機関　24
　　2．中世の教育・教育機関　25
　　3．近世の教育・教育機関　27
　　4．近代の教育・教育機関　31
　　5．現代の教育・教育機関　46

第3章　教員の資質向上と研修････････････････････････････････松田智子　　61
　　1．教員になるために　62
　　2．教員を取り巻く現在の状況　63
　　3．教員に求められる資質能力　66
　　4．大学における教員養成課程の質的向上　67
　　5．現職教員の研修　68
　　6．初任者研修　71
　　7．大学院修学休業　72
　　8．10年経験者研修　73
　　9．指導改善研修　75
　　10．長期休業中の研修　76

第4章　教員の身分と服務････････････････････････････････････松田智子　　79
　　1．教員の服務の根本基準　80
　　2．教員の服務の特徴　80
　　3．教員の服務の監督　81
　　4．職務上の義務　82
　　5．身分上の義務　89
　　6．身分保障　96

第5章　教員という仕事 …………………………………………………… 103

第1節　小学校教員の仕事 ……………………………………大野光二　104
1．学校教育目標の具現化に向けて　104
2．教科等の学習面での指導　104
3．生徒指導など生活面での指導　106
4．校務分掌として位置づけられた仕事　107
5．教員としての一日の動き　108
6．教員として仕事を行う上で大切にしたいこと　108

第2節　中学校教員の仕事 ……………………………………山本　正　111
1．教科指導　111
2．特別活動　112
3．中学校教師の一日　114
4．部活動や生徒指導　116

第3節　特別支援教育に携わる教員の仕事 …………………大石隆夫　119
1．特別支援教育の種類　119
2．特別支援学校と特別支援学級　120
3．通級による指導　121
4．就学に当たって　122
5．障害のある児童・生徒の理解と指導のための12の視点　122

第4節　幼稚園教員の仕事 ……………………………………中田律子　126
1．幼稚園教育の基本と特性　126
2．幼児期の発達の姿　127
3．幼児期にふさわしい生活の展開　129
4．指導計画　131
5．今後の課題と幼児教育の動向　131

第6章　学級経営 ……………………………………………………伊﨑一夫　133
1．教師の願う学級の姿とは　134
2．学級経営の基本は「好ましい人間関係を育てる」こと　137
3．学級経営案の作成　142
4．学年・学級経営案の具体例　143
5．「好ましい人間関係」を育てるために大切にしたいこと
　　　　　　　　　　　　　　　――まとめとして――　153

第7章　「教員の不祥事」と「指導が不適切な教員」……………住本克彦　157

1. 公立学校教職員の服務上の義務　158
2. 懲戒処分等の状況　158
3. 教員の資質向上に関する基本的な考え方　160
4. 「指導が不適切である教員」の把握および
　　　　　　　　申請等の流れと留意点　165
5. 専門家等からの意見聴取　166
6. 「指導が不適切である教員」の認定　168
7. 研修の流れとその内容　170

第8章　教員のメンタルヘルスについて……………杉田郁代　177

1. はじめに──教師になりたいと考える人たちへ──　178
2. 教員のメンタルヘルスの実態について　179
3. 教師の仕事の特性について　182
4. 「心」を扱う仕事　184
5. 教師の抱える悩み　188
6. バーンアウトとは　189
7. メンタルヘルスとは何か　192
8. 心のドライバーについて　196
9. 人に助けを借りること（被援助志向性）の大切さ　197
10. 「仕事のやりがい」と心理的報酬について　198
11. 教師自身ができる予防策──認知行動療法の視点を持つ──　199

第9章　教育実習の意義と心得……………筒井愛知　201

1. 教育実習の意義　202
2. 教育実習の目的　205
3. 教育実習の心得　208
4. 教育実習の流れと手続き　210
5. 教育実習の内容と方法　212
6. 実習のまとめ　217

第10章　教員採用試験……………鎌田首治朗　219

1. 本章の目的　220
2. 我々の可能性──適応力──　221

3．教員採用試験とは　*224*
  4．合格者から学ぶべきこと　*228*
  5．教員採用試験が求める人物　*231*
  6．教員採用試験の特徴　*237*
  7．面接　*238*

資料編　教育に関する主要法令(抄)等……………………………………… *251*

第1章

教職への道
── 教育とは何か ──

︙

　本章で語る内容は二つある。
　一つは、教育とは何か。
　もう一つは、教職への道を歩むために何をすればよいのか。
　これらの問いに答えるために、本章では、敢えて法規や先行研究からの引用を行わない。
　かわって、筆者の27年間に及ぶ公立小学校での教員、管理職経験からの答えを、未来の教員を目指す貴方たちに心を込めて本音で語ることにする。
（本章「1．はじめに」から）
　──教職への道は、自分磨きの道である。第1章では、教員に求められる資質・能力は何で、大学生としてその資質・能力を獲得するためにはどのような自己への挑戦、どのような価値観、姿勢が必要なのかをわかりやすく語っている。自らの人生を有意義なものにするためにも役立つ章といえる。本章と「第9章 教員採用試験」を併せて参考にし、大学の4年間を、教員に求められる資質・能力を育てることができる充実した、引き締まった4年間にしてほしい。

1．はじめに

本章で語る内容は二つある。
一つは、教育とは何か。
もう一つは、教職への道を歩むために何をすればよいのか。
これらの問いに答えるために、本章では、敢えて法規や先行研究からの引用を行わない。
かわって、筆者の27年間に及ぶ公立小学校での教員、管理職経験からの答えを、未来の教員を目指す貴方たちに心を込めて本音で語ることにする。

2．教職を目指す貴方に求められるもの

（1）教育とは何か

教育とは何か。
結論を述べる。
教育とは結果である。
教育とは、子どもたちの心と頭、内面世界が育ってこそ、教育といえる。教育は、指導の成果が出てこそ成り立つ営みなのである。
しかし、実際には、教育における結果を重視せず、過程にのみ意義を見いだそうとする指導者が時折存在する。結果には目を向けられず、自分の好きな方法でしか指導をしない指導者も残念ながら存在する。結果を重視すべき教育において、こだわるべきは子どもたちを育てるという使命である。これを見忘れた時、教育は自己満足のレベルにその質を落とす。それでは、教育とは何かが真の意味でわかっているとはいえない。
ただし、その結果には、能力や領域によってすぐに出やすいものもあれば、なかなか出にくいものもある。本人でないと先生から教えてもらったことが成長に関係していると気づかないもの、本人だから気づきにくいものもある。したがって、教員は、今自分が行っている指導が一体何の力を育てようとしてい

るものかということを自覚していなければならない。

　この点で教員は、学力論、教育評価の理論に通じている必要がある。今育てようとしている能力は何なのか。それはどんな能力によって構成されているものなのか。それらは、すぐに育つ能力なのか、時間をかけて育てていかなければならない能力なのか、能力の土台にあたる体験を保障していくべきものなのか。そのためには、教員は学ばなければならない。教員にとって、自ら進んで学ぶ姿勢と能力は不可欠のものである。教育を行う教員は、学び続ける存在でなければならない。貴方たちは、本をよく読む人でなければならない。

　自ら学んでいない教員は、教育の重要な問いに気づかなくなり、やがて何とも思わなくなる。そして、自分の好きな方法だけを経験と勘を頼りに繰り返すようになる。しかし、表面上激しく変わる子どもと親の姿に、マンネリで硬直した指導はやがてかみ合わなくなり、通用しなくなる。ところが、学んでいない教員は上手くいかない原因を、責任転嫁してしまう。「子どもが悪い」「親が悪い」「校長が悪い」「社会が悪い」と、自分以外のせいにしてしまう。そうしてしまうことにより、現実からも学べなくなってしまう。そうではない。自分が悪いのである。

（２）結果を謙虚に受け止める

　教育の結果は、結果が生まれるまでに時間がかかるものや見えにくいものがある。そのために、教育における結果を重視せず過程にのみ意義を見いだしたり、自分が認めた方法以外は耳を貸さなかったり、酷い場合には自分の好みにあっていない実践は門前払いをしたりする指導者が時折存在する。それでは、真の意味で教育とは何かがわかっているとはいえない。

　教員の好みや信条に反していようとも、子どもたちを育てることができた方法、理論、目標設定の仕方が存在するのであれば、謙虚に耳を傾け、そこに学び、いったん自分の中に取り入れてみようとする、謙虚に学ぶ姿勢が教員には必要である。もちろん、教員は主体的でなければならない。教育実践や方法に対して自分の意見を持つのは当然のことである。物事を批評的に観ることは否定されることではなく、必要なことである。しかし、批評と「門前払い」は異

なる。批評には、よいものはよい、悪いものは悪いという、教育に対する真摯で献身的な姿勢がある。「門前払い」は、自分が嫌いだから門を閉めて締め出す。そこには検討も分析もない。そこにあるのは、自分が一番という姿である。「門前払い」は、何よりも自分が一番という人の姿勢によって成立する。その人は、教育の使命よりも自分をその使命の上に置く。子どもたちの成長よりも自分を上に置く。

　貴方たちは、そうであってはならない。

　貴方たちは、そうなってはならない。

　そうなっては、教育の答えは出せなくなるからである。

　教育が我々に突き付ける難問の答えは、「1＋1＝2」といったわかりやすい類のものではない。自信はないが、一生懸命子どもたちを大切に考えたならば、自分には今思いつき決断できる答えはこれしかない。とてもベストの答えとは思えないが、それでも今の背丈の自分には一生懸命考えた結果の答えはこの答えしかない。そして、この答えは、少なくとも子どもたちにとってはよりよい選択になる。少なくとも今の自分にはそうとしか考えられない——悩みながらも、常に子どもたちにとっての成長という羅針盤を握って放さず、苦しみながらも進むべき道筋を決断する。このような種類の答え方をするしかない場合が教育には多い。これが教育であり、そのようにして答えを自分で考え見つけ出していくものこそが教員である。そのためには、間違った羅針盤を持っていては前に進めない。子どもたちの成長を求めるという羅針盤が、自分にとって楽な結果を求める羅針盤になってしまっては、その人は教員ではなくなる。子どもたちのために教壇に立つ人間ではなく、生活のためだけに教壇に立つ人間に成り下がってしまう。

　教員の道は、その道を歩む人間の姿勢、価値観によって恐ろしいまでの異なりを見せる。年々、人としても教員としても輝きを増す人と、その逆の人とに。それは決して肩書きで決まるものではない。あくまでも、その人のもつ教員としての姿勢、その人の内面世界のあり方によって決まるものである。

（3）教員としてのあり方

　こんなとき、どのように指導したり、どのように対応したり、対処したりすればよいのか——教育現場に立てば、教育は貴方たちに次々と難問を突きつけてくる。貴方たちは疑問の渦の中に放り込まれる。

　しかし、ここで一つ覚えておいてほしい。教育から難問を突きつけられている学校や教員は、教育という事業に真剣に取り組み、戦っているから難問と出会えるのである。その結果、それらの学校、教員は、難問によって鍛えられ、難問に応えることで成果を上げ、難問のおかげで成長していく。難問に出会わない教員や学校は、自分たちはこれでよいのか、本当に大丈夫なのかと心配した方がよい。楽をしたつけは、必ず自分たちにまわってくる。

　では、教育が与えてくれる難問に、教員はどう答えればよいのか。

　その問いに対する答えは明瞭である。

　難問には、自分自身で答える。

　それ以外の方法があると思ってはならない。それ以外の方法はない。これが答えである。

　教育は、常に我々に教員としての、人間としてのあり方を問うているのである。注意して読み分けてもらいたい。あり方である。やり方ではない。

　やり方とは、上辺の、表面上の、目に見えやすい方法のことである。

　あり方とは、その人の内面の、目に見えにくい感覚、興味・関心・意欲、価値観、世界観、人生観といったことである。

　上手く指導している先輩教員の真似をしたつもりなのに、全然結果が出ないということが教育では簡単に起きる。当たり前である。先輩教員のやり方には似ていても、先輩教員の、人として、教員としてのあり方に自分が達していないからである。よく、目の前の子どもたちが違うのだから同じ方法でうまくいくはずがない、という話を聞く。それはもっともな意見である。しかし、見落としてはならない。教員としての、人としてあり方に違いがあるということを。これを真正面から考えられる人は、成長できる。

(4) 難問が自分を育てる

　教育が我々に与えてくる難問に答えていくためには、我々は、不断に己を磨くしかない。当然、管理職の先生方に相談にのっていただき、学校としての判断にそって行動しなければならない。しかし、自分で決めなければならないときには、自分なりに精一杯考えたのであれば、自分の決断を信じ、責任をとる覚悟で行うしかない。このことがわかっている人は、ブレない。

　対して、迷路にはまり込む人の思考を見ていると、開き直りがない、前向きさがないと感じることが多い。さらに言えば、難問には自分の力で主体的に応えていくという認識が根本にない。

　要は、自分の背丈が、内面が、どれだけなのかという問題である。例えば、3しか心の背丈がないのであれば、10の難問に答えていけるはずがない。ならばどうするのか。諦めるのか。諦められるはずがない。その難問には、子どもたちの成長がかかっている。自分の生きざまがかかっている。3は3なりに、3の力を出し切ればよいのである。自分は3だと開き直らなければならない。しかし、絶対に諦めず、その3の力を出し切るのである。3の力を出し切れば、必ず難問と格闘する中で自分の心の力は4になる。5にもなる。

　にもかかわらず多くの人は、自分の心の背丈を謙虚に受け止めず、心の背丈が3なのに、10の問題を解決できるベストの答えを求めようとする。だから苦しんでしまう。3なら3でよい。3の自分が精一杯考え、精一杯決意し、自分の今のすべてを出し切った答えはこれなのだ、と開き直って前に進むことが大切なのである。そうでなければ前向きに教育はできない。

　山登りをしている最中は、登っている山の姿は見えない。登っている山を見ようとすれば、登らず、麓から眺めていることが一番よい。藪の中を歩いているときは、先が見えず、これからどれぐらい登り続ければ山頂に辿り着くのかもわからず、辿り着けるのかさえもわからなくなる。しかし、歩き続けると突如として視界が開け、景色が広がり、見事な眺望が見渡せる所に辿り着く。こんなにも高い所まで自分は来たのかと実感するときがある。苦労してきたものへの神様のご褒美である。そして山頂に到着したとき、麓から眺めていた山を自力で登り切ったことを登山者は実感する。さらには、2度目の登山は、1度

目とは異なる感覚を登山者に与える。そこには登るたびに感じる発見がある。そして、明らかに先の経験が役に立ち、予測を立て、見通しをもって行動する自分が存在するようになる。

（5）難問への挑戦

　貴方たちも山に登ることである。
　教育が我々に与える難問という山に。
　そして、若い間に苦労することである。
　若いときほど山登りは熱心に行った方がよい。それが成長のコツである。難問を避けず、挑戦することである。少なくとも、校長先生、教頭先生から依頼された仕事は、「ありがとうございます。私でよければやらせていただきます。是非ご指導よろしくお願い致します」と言って、喜んで引き受ける方がよい。失敗を恐れる必要はない。恐れるべきは、苦労のない平板な毎日である。それに慣れると、人はだんだんと保身に傾く。苦労を恐れ、苦労を避けるようになる。人は、苦労なしには成長はできないのである。
　「失敗は、成功のもと」という諺は真実である。失敗や苦労のない教職の道は、成長のない道である。教員としては歩み甲斐のない道であり、得るものも自分が誇りをもって働いているという手応えも少ない道である。退職前に、自らが歩いた道を振り返って後悔するようなことがあってはならない。
　教職の道は、数多くの難問という山を通る道によってできている。貴方たちが立派な教員になるかどうかは、どれだけ難問という山を登ったかによって決まる。それならば、人より険しい山に登る方がよい。その方が、貴方の経験は豊かになり、苦労の結果、人として成長し、自らが学んだ内容は深まる。

（6）自分のせいにする

　失敗から学ぶためにも、苦労から学ぶためにも、上手くいかない原因を人のせいにしないことが重要である。上手くいかない原因は、自分のどこにあるのかを思考できる教員になろう。それは、教員としての大成の道である。
　成長する教員は、上手くいかなかったときにその原因を自分の指導に求める。

厳しく自分を問う。成長する教員は、謙虚で自分に厳しい。成長しない教員は、自分以外のものにその原因を求める。後者の教員は、すぐに自分の経験を絶対視し、その上に胡座をかき、口は出すが汗は出さず、肝心の時には姿が見えない。成長しない教員は、傲慢で自分に甘いのである。

　教員として成長するかしないかの分かれ目は、自分のせいにするのか、自分以外のものに責任転嫁するのかという姿勢にある。変えられるのは自分である。人はなかなか変えられない。社会もなかなか変えられない。自分のどこを変えればよいのかを、どん欲に、こだわって振り返ることは、教職経験から最も効果的、効率的に学ぶ方法である。

　人のせいにする教員になってはいけない。自分の利益や都合によって言うことを変え、都合のよいときは「子どもたちのため」、都合が悪くなると子どもたちのせいにする。そういう教員が進む道は、一見すると山も少なく、平穏そうに見えるが、その分成長の手応えは少なく、最後には後悔しなければならない危険な道である。

（7）指導と評価の一体化

　教育は、計画を立てて（PLAN）、計画に基づく実践、指導、取り組みを行い（DO）、その成果がどのように現れているのかを明らかにするための評価を行って（CHECK）、評価から分析、思考し、より成果を上げるために実践、指導、取り組みを修正したり、改善したり、強化したりして（ACTION）展開する。この（PLAN）、（DO）、（CHECK）、（ACTION）の頭文字をとって「PDCAサイクル」という。「サイクル」とあるように、PDCAは、目標が達成できるまで螺旋的に繰り返す。PDCA、D2C2A2、D3C3A3……と目標達成に向け繰り返される。単調な繰り返しではない。「螺旋的」に繰り返される。その中で、子どもたちに成果を生み出すために目標自体の見直しも行う。よりよい目標（P2）の誕生である。

　「PDCAサイクル」は、目指す目標に対して、結果を見ながら当面の指導を見直そうというものである。もし、教育が唯一絶対のベストな答えを簡単に見つけ出せる事業であれば、「PDCAサイクル」は必要ない。目標の見直しなど

も必要なくなる。

　しかし、教育では「PDCAサイクル」を確立させ、自分の指導や学校の取り組みを常に成果と照らし合わせて修正を繰り返す必要がある。常にベターを求めて自らを変容させていく。これが教育という事業における、いわばベストの形である。ベターを求めて必死の努力を行うことが、教育の質を高める。ベター・イズ・ベストである。

　本物の教員は、自分が出した答え（指導）が、本当に子どもたちによりよい効果を生み出しているかということを必ず観察する。

　もしも、自分が出した答えがよりよい効果を生み出していなければ、その原因を懸命に探る。上手くいっていない原因は、答えそのものにあるのか、その答えを具体化、実践化する方法にあるのか、それとも、その答えを実行している自分自身のあり方にあるのかを必死で考える。そして、その分析、思考に従って、すぐに自分の指導や実践、取り組みに修正を入れる。上手くいっていない原因とレベルに合わせ、迅速に、大胆に修正を行う。

　これを教育評価の理論では「指導と評価の一体化」といい、「目標と指導と評価の一体化」ともいう。

（8）主体性
　教育にベストな答えなど滅多にない。算数の計算の答えのように、極めて明確で、絶対にこれしかないという答えは存在しないと考えておいた方がよい。ましてや、その答えを誰かに尋ねて教えてもらえるとか、何かの「HOW　TO」本で答えを盗めるという都合のよいことも期待しない方がよい。もちろん、先輩方や先人の教えに学び、周囲の意見に耳を傾けることは重要である。とりわけ、管理職の先生の指導には従わなければならない。しかし、誰かに依存してはならない。教育の答えは、誰かや何かに依存して見つけられるものではない。教育の答えを見つけるということは、極めて創造的で、主体的な作業である。

　教員には、自らの責任において解答を生み出せるだけの主体性が不可欠である。主体性とは、自分勝手に振る舞うことでも、頑固なことでもない。その証拠に、貴方たちが子どもであった頃、自分勝手で頑固なだけの教員は、貴方た

ちが困った時に貴方たちを支えてくれたり、育ててくれたりしたことはなかったであろう。主体性は、自分がなければ発揮できない。

「自分がなければ」？

「自分がある」とはどういうこと？

逆に「自分がない」とはどういうこと？

自分は自分、ちゃんと生きていて、ちゃんと存在しているのに……と困惑する人がいるかもしれない。

「自分がない」ということは、「自分に自信がない」ことであり、「自分を鍛えてきた体験がない」ことであり、「自分に知識、技能、思考・判断力がない」ということである。18才ともなれば人は皆、立派な体格、外見を持つが、内面は豊かに、確かには育っていないということである。

「自分がない」人は、人の意見に安易に迎合するし、簡単に影響されたりする。だから、大事な決定になればなるほど、自分では決められない。人に決めてほしいと心から願う。

「自分がある」ということは、「自分に覚悟がある」ことであり、「自分を鍛えてきた体験がある」ことであり、「自分に知識、技能、思考・判断力がある」ということである。人としての内面世界が豊かに確立されている状態ともいえる。

したがって「自分がある」人は、人の意見に安易に迎合したりはしない。表面上はにこやかに対応するが、内心は怪しいなと批評の目を持って観察している。自分という軸がしっかりしているため、大丈夫なのか、怪しいのかという判断を的確に行う。だからこそ、人から積極的に、正しく学び、よい影響を受けることができる。大事な決定になればなるほど、さすがと周りが舌を巻くような判断の確かさを示し、そのことを通して存在感を発揮する。

このような人は、ある域に達している。

それは、自分のことが自分で見える域である。

幽体離脱の話ではない。しかし、そのようなものである。自分を自分で見ることができる。そういう視点を持っている。それができるのは、自分に関する知識、理解が深いからである。自分が持っている思考傾向を理解し、今抱えて

いるような困難に直面した場合に現れる自分自身の長所と弱点もわかっている。それだけではない。自分をその場に適応できるようにコントロールできる。多くの人びとから話を聞き、しかし子どもたちのためにという軸がブレることはなく、大事な結論を自ら出せる。これを「メタ認知」と心理学では呼ぶ。

（9）自分の磨き方
　では、どうすれば「自分がある」といわれるような人になることができるのか。教員を目指す貴方たちにとってはこの点が一番重要であろう。と同時に、すでに本章を読まれてきた貴方であれば、筆者の結論はおわかりではなかろうか。
　結論から述べよう。
　そのためには、苦労することである。
　追い込まれたり、困らされたりすることである。そして、苦労や失敗から学び、経験から学ぶ、仲間と共に頑張り、本をいっぱい読んで学ぶことである。
　苦労しようが、追い込まれようが、地面に強く叩きつけられようが、何があっても自分の足で立ち上がり、元のように前に向かって歩くことである。
　もちろん、初めは大変であろう。しかし、大変さを感じる人ほど、実は苦労体験が必要なのである。貴方たちの周りの心の強い人、打たれ強い人は、みんな苦労をしている。だからこそ、心の強い、打たれ強い人になることができたのである。「これぐらい大丈夫。私は頑張れます」と本心で思える人は、そう思えるだけの苦労をすでにしてきたのである。
　だから貴方も必ず強くなる。
　苦労を重ねれば、人として磨かれる。
　人として、大きく、大きく成長できる。
　そういう見事な学び方、生き方を貴方たちができることを心から祈る。

（10）大学で緩まない
　今、大学生はその苦労体験、失敗体験、追い込まれ体験をすることが困難となっている。大学は遊ぶ時期という「日本だけスタンダード」（日本だけにし

か存在しない変わったスタンダード）が存在し、それによって、大学4年間は好きなことが許される4年間と勘違いし、緩みの4年間となっている。

　かつて「受験戦争」と呼ばれる過酷な大学受験が存在した時に、「あれだけ節制して勉強ばかりしてきて、やっと念願の大学に入ったのだからゆっくりしなさい」という考えが成立した時があった。しかし、今では少子化の波の中、大学全入の時期となり、入学試験の方法もさまざまに変わり、一度も受験らしい受験（受験も立派な苦労体験、追い込まれ体験である）を体験せずに大学生になった人も生まれている。こういう変化があるにもかかわらず、相変わらず昔の「日本だけスタンダード」が存在している。そして、それを支えるものとして「入れたら（入学させたら）入れっぱなしの大学」も存在する。

　意図的に自らを鍛え、磨こうとしなければ、採用後の教員生活には対応できない。未来の教員は、大学4年間を緩んだ4年間にしてはならない。

（11）部活動をしている貴方へ

　もし、大学時代に、それまで続けてきたスポーツや武道に懸命に取り組み、仲間と共に規律を持って真摯に汗を流している人がいれば、それは今の時代に得難い体験、経験をしていることになる。

　貴方たちは、取り組んでいるスポーツや武道を通して、苦労体験、失敗体験、追い込まれ体験を学んでいるはずである。懸命に、真面目に部活動をしている人は、競技と部の規律、団結をつくるため、必死の努力をしているはずである。また、そうでなければ得難い経験はできない。懸命に努力している貴方は、自分の弱さと向き合い、その弱さと格闘することを通して、いっぱい自分自身と対話をしていることであろう。

　誰も好き好んで苦労などしたくはない。しかし、どの種目の道を進もうが、真剣にその道を進めば、必ず困難と向き合わざるを得ない。その困難のせいで予想以上の苦労をする。挫折や不条理にぶつかる。辛いし、大変であるが、その体験が貴方を磨く。その中から、貴方には「打たれ強さ」が備わっていく。

　授業後の1日3時間の練習。土曜日、日曜日には午前、午後にわたる長時間練習。そういう猛練習を3年間も続けることを通して、「粘り強さ」「体の強さ」

主体性や自分を磨く「打たれ強さ」は自分のものとなっていく。それが、真剣に部活動に取り組むよさである。

　もちろん、この成果は、部活動に取り組んでいれば自動的に身につくものではない。あくまでも懸命に、真摯に取り組んでいるものだけが獲得する能力である。才能に胡座をかいたり、上手に手を抜いたり、仲間との協力、団結、規律に無関心でいたりしていれば、部活動によって逆に狭い視野や安易な考えを身につけてしまう危険性がある。

　少なくとも教員を志すのであれば、部活動の練習を口実に大学の授業を休んだりしてはならない。練習の疲れに負けて授業中に居眠りをしてしまっても、それに備えた手を打たなければならない。

　部活動を本気でやっているのであれば、本気で教員を目指さねばならない。

　本気で教員を目指すのならば、本気で学ばなければならない。

　練習で疲れたからといって大学の授業中に居眠りし放題、友達に起こしてもらうように頼みもしないという日常の姿では、教職の道は前には進めない。一般教養、教職教養、専門教養を学ぶとともに、読書に励み、知識を増やすことである。そのことは、本気で取り組んでいるスポーツや武道の道に深みと豊かさを増す。なぜなら、スポーツの道、武道の道は、人間形成の道、自己統制の道、自分探しの道だからである。

　スポーツや武道で才能のある学生は、そのスポーツ、その武道さえできていれば、他のことはやらなくてもよいという特別待遇を与えられることがあると聞く。その結果、本気で学んだことのない人、受験らしい受験をただの1回も経験したことがない人もいると聞く。それでは何のためにスポーツや武道をやっているのかわからない。みすみす人間形成の機会、自己統制の機会、自分探しの機会を捨て去ってしまっているのに等しい。

　イチローは、愛知県豊山町で育った。筆者が講演でその町を訪れた時に、イチローの小学校、中学校の時の話を聞いた。それによれば、イチローは野球部の練習後、バッティングセンターで300球の球を打ったそうである。凄いのはその後である。疲れて帰ったはずのイチローは、家に帰って学校の宿題を必ずしたという。そして、食事や入浴をすませ、最後にはマッサージをして一日を

終えたという。学業も手を抜かなかった。結果、成績は非常に優秀であったそうである。その後のイチローの言動を見ると、彼がメジャーリーグで大活躍できた原因の一つには、肉体だけでない精神面の強さがあることがわかる。イチロー語録というものが生まれるほど、イチローのものの見方、判断力、思考力は優秀である。そこには、特別待遇を受けて、スポーツや武道を自分の苦手なことに対する免罪符に使う人とは対極にある人間イチローが存在する。

　もし、学生時代に真剣に学んでいない自覚があれば、今から学べばよい。とりわけ、漢字力の弱い人がいれば、真っ先に進んでその力を伸ばすことである。漢字検定に取り組むことは一つの目安となる。教員が、漢字を苦手にしていてはお話にならない。子どもたちは、漢字力を増やし、語彙を増やす。そして読書力をつける。教員を目指す貴方も、同じ道を通らなければならない。書ける漢字、読める漢字を増やし、語彙を増やし、読書量を増やすのである。

　部活動、武道を本気で極めようとしている貴方は、学ぶことを忘れなければ、素敵な教員になる資格を有する可能性が高い。

(12) 教員採用試験準備を始めている貴方へ

　もし、部活動を早目に辞め、教員採用試験に向けて勉強に取り組んでいる人がいれば、その人は、自らの有利さと不利さを自覚すべきである。有利さは、学ぶ時間が部活動をしている人たちより多いことである。それは、条件的有利さである。条件的有利を本当の有利に変えるためには、粘り強く学び、同時に、学びの中身を点検しなければいけない。一般教養、教職教養、専門教養を学ぶとともに、それにとどまらず、幅広い読書力を養い、自分の内面世界を鍛えなければならない。自分の読書力、読む能力を高めることは、教員になってからの貴方の人生を支える大きな力となる。

　同時に、学校支援ボランティアに行かなければならない。そうしなければ、貴方の苦労体験、失敗体験、追い込まれ体験は、不足気味となる。学校支援ボランティアは、学校現場の教員と子どもたちの関わりを学び、問題場面の対応を学ぶ機会である。そのこと自体が、教員採用試験の場面指導に生き、面接での答えに生きる。苦労体験、失敗体験、追い込まれ体験をするという目的が達

成できるように、積極的、自主的な学校支援ボランティアを行ってほしい。
　そのためにはまず、学校で働くための基礎知識をボランティア先の学校の管理職の先生、各主任の先生からしっかりと聴き、内容を理解し、吸収することである。それができた後は、指示待ちにならず、自分の頭で責任を持って判断をし、行動するよう心がける。そして、自分の判断を結果と照らし合わせて、しっかり自分で評価することである。苦労したり、困ったりした時は、自分で目的通りの学校ボランティアができていると、むしろ喜べばよい。苦労からしっかり学ぶことである。
　自分から進んで学校の仕事をし、立派な仕事をしている教員を見つけ、その教員の仕事をよく観察することである。その教員は、子どもたちにどんな関わりをし、どのようにして関わる努力をしているか、何よりどんな授業をしているかをよく観察して、学ぶ。一つひとつの意味を考えることである。意味がわからなければ、自分の意見を述べ、その先生に率直にお尋ねすることである。その繰り返しが、貴方を育てる。そうして、授業力と場面指導力を高める。今や、「授業力」と「生徒指導力」（学校現場では「場面指導力」という表現は一般的ではない。その場面、場面で児童・生徒を指導できる力は「生徒指導力」に含む。「生徒指導力」は、「生徒理解力」がなければ発揮できない。「学級経営力」がなければ児童・生徒の発達を保障できない。この点で、「生徒指導力」は、「生徒理解力」であり「学級経営力」である）は、教員に求められる必須の二つの能力、車の両輪ともいえる重要な能力だからである。

（13）アルバイトしかしていない貴方へ

　もし、何の部活動もせずに、アルバイトだけやっている人がいれば、貴方は、自分がピンチに立たされていて、このままでは、悪い意味で自分をどんどん追い込んでしまうことになることに気づいてほしい。
　何も意識しないまま、職場の安易な雰囲気に流されていては、アルバイトで学べることも学びそびれる。そのままでは、自分磨きや教員採用試験に通じる苦労体験、追い込まれ体験は不足する。不規則な夜のアルバイトであれば、その生活の中で「体の強さ」までも低下しかねない。

「楽してお金をもらいたい」と考える人は少なくない。先輩にそういう人がいて、知らず知らずのうちにその影響を受けてしまっては、自分磨きや教員採用試験とは真反対に通じる負の学びをすることにもなりかねない。アルバイトで楽をすることを覚えてしまうと、大事な、大事な「粘り強さ」は貴方の中から消えていってしまう。「打たれ強さ」を学べるほどの苦労体験、追い込まれ体験とは出会えないまま、大学生活が終わってしまう危険性も大きい。

できるだけ早く、できるだけ長く、学校支援ボランティアに行くべきである。学校支援ボランティアの取り組み方、その目的は先に述べた。そうしなければ、貴方の教職への道は閉ざされる。

(14) 覚悟

私たちを迷いに迷わせる問い——これが、教育が我々に与える問いの特質である。この問いに答えられるためには、主体性と責任感、そして覚悟が必要である。

担任の頃、悩みに悩み、それでも答えが見えてこないのに結論を出さなければならないときがあった。そんな時の私の拠り所は一つしかなかった。それは、「この答えなら、自分は後悔しない」であった。自分の答えが間違ったとき、それが本当に大きな失敗を招いたときには、「辞職」という責任も取らなければならない。そうなったときに、第三者の言うことを聞いてやっていたのでは後悔する。自分で納得のいかない答えなのに、よく考えもせず、真似て失敗したのでは、後悔しないはずがない。教員の答えは、結果が予想と異なる誤った方向に現れたときに、その責任を取っても本望であるという答えである。その答えを選ぶ決断力は、「覚悟」がなければ発揮などできない。私欲を捨てて行動することを説いた『葉隠』の「武士道と云ふは死ぬ事と見付けたり」という有名な一節は、教師道にも通じる。自分の答えとは、自分が「後悔しない」答えである。

(15) 自分磨き

教員は必死で自分磨きをしなければならない。そうでなければ、「後悔しな

い」答えの判断を間違う危険性が高まるからである。
　「自分は後悔しない」の「自分」とは一体何者なのか。
　「自分にはこの答えしかない」の「自分」とは何者なのか。
　もし、自分磨きを怠って、「自分」の質が小さく低ければ、後悔する、しないの基準も質が低いものになる。つまり、迷いに迷った結果、生まれる答えの質が、低くなったり、間違ったりする。
　自分磨きを通して、人は自分が見えていく。
　自分自身とは何かをわかった者、わかろうとする者でなければ、主体性は確立できない。自分とは何かを自覚していないのに、その自分を主体にすることなどできはしない。
　教員を目指す貴方たちは、自分が何者であるかを知らなければならない。
　自分の特徴、長所、短所、自分がこだわっているもの、こだわってしまうもの、成長したきっかけ、不足している体験……。自分磨きは、容易なことではない。上手くできない人もきっと多くいる。そこで、本章を読んだ人には、第9章の「教員採用試験」を読むことを進める。そこで4年生になると挑戦する教員採用試験を知り、大学の出口を知ることができる。出口で求められるものを知ることで、逆算して自分が求めなければならない自分を考えることになる。「自分の特徴、長所、短所、自分がこだわっているもの、こだわってしまうもの、成長したきっかけ、不足している体験……」を意識しやすくなる。
　教職の道は、人として生きる道に重なるところが多い。
　教員としても、人としても、自分を磨いてくれることを切に祈る。

(16) 授業力と生徒指導力
　最後に、教員が求められる二つの重要な力について述べる。二つの力とは、授業力と生徒指導力である。
　この二つの力は、子どもを育てる力である。そして、この二つの力は、車の両輪である。どちらかだけがあるのでは困る。片方だけが大きくても効果は薄い。片輪が大きくとも、もう一方の片輪が小さければ、その車はぐるぐるまわるだけで前には進まない。

かけ算で表してもよい。

子どもを育てる力＝授業力×生徒指導力　とする。

授業力が10でも生徒指導力が1なら　10×1＝10　となる。

どちらかが10でもどちらかが0なら　10×0＝0　となってしまう。

しかし、授業力が8で生徒指導力が8なら　8×8＝64　となる。

　授業は、子どもたちにわかる、できるの手応えを感じさせるものでなければならない。わかる、できるの手応えがあれば、子どもたちは自信を持ち、勉強が好きになる。もっともっとやってみよう、がんばってみようと思える。わかる、できるが自由自在であればあるほど、子どもたちはさまざまな知識と技能を組み合わせ、物事を考え、判断できるようになる。

　子どもたちにわかる、できるの手応えを感じさせるためには、何の力を育てているのかを明確にし、そのために必要な学習の仕方、言語活動の仕方を、順を追って、やさしい事から難しい事へと進めていなければならない。その計画が、単元指導計画なのである。

　学習は、先生の説明だけでは成立しない。実際にやってみないと手応えは感じられない。初めは先生の説明から始まっても、その後は先生とクラス全員とで、その後は先生と手を挙げた子どもたちとで、半数以上の子どもたちができそうになったら子どもたちだけで、集団の動きを生み出しながら、全体を動かすようにもっていかなければならない。

　自分が子どもたちにつけたい力は何なのか。

　その達成のための手立ては何なのか。

　達成のために絶対に大事にしなければならないことは、何と何と何なのか。これらの問いに答えることができなければ、その単元での学習は、行う前から怪しい、失敗の危険性の高いものとなってしまう。

　授業を進めていくときに、子どもたちのことが理解できない担任ではどうしようもない。子どもたちは困っているのかいないのか、子どもたちの言動の裏にある思いは何なのか、目に見えることを基に、目に見えにくいところを察することができる理解力がなければ授業はうまくいかない。子どもたちを理解する力、それが生徒理解力である。生徒指導力の本質は、この生徒理解力にある

といわれている。

　教員の一方的な思いにとらわれ、目の前の子どもたちが見えない教員がいる。そもそも目の前の子どもたちを見ようとしていない教員もいる。こういう教員は、基本的に子どもたちとのやりとりが苦手で、双方向の授業も苦手である。

　生徒指導力は、時に大きな力を発揮する。問題行動への対応もそうである。問題行動を通して子どもたちの育ちの課題がわかり、問題行動を通して子どもたちを育てることができる。再三述べてきたように、人は失敗なしには成長できないのである。問題行動という失敗を、その子の成長につなげることが重要である。したがって、問題行動の「対応」だけをいくら行っていても、それだけでは生徒指導を行っていることにはならず、生徒指導力が向上しているともいえない。

　この生徒指導力は、生徒理解力と学級経営力とで構成されていると述べてもよい。一人ひとりの思いを深く理解する力と学級づくりを押し進めていくことができる力、この生徒理解力と学級経営力もまた、子どもたちを育てる車の両輪である。

　中学校の教員で、時折生徒指導力にのみ走り、授業力をおろそかにする教員がいる。これは間違いである。そのままでは不足が発生する。学校の中で最も時間が長いのは、クラブでも放課後でもなく、授業時間である。問題は、授業中に起き、授業に参加しない生徒の中で起きるともいえる。本当に生徒を理解し、生徒を育てようと思えば、授業改善に懸命に取り組まなければ生徒指導は貫徹しない。授業改善なしに、子どもたちの確かな学力、生きる力の向上は実現しない。

　小学校で生徒指導力が弱い先生が担任をすると、すべての教科学習が停滞することがある。これは、決して珍しいことではない。小学校では基本的に、ほとんど全部の教科を一人の担任が教えるからである。先生と子どもたちとの関係がうまくいかなくなると、子どもたちのやる気のスイッチは壊れ、すべてのことにやる気を見せなくなる。安易な風は、想像以上に早くに蔓延する。

　したがって、小学校の先生にとって、生徒指導力、それを構成する生徒理解力と学級経営力を身につけることは本当に重要である。先ほども述べたが、学

校生活で一番長い時間は授業時間である。よい授業、子どもたちにわかる、できるの手応えがある授業、そういう授業ができると、何より子どもたちが安心し、安定する。「授業は生徒指導である」という名言がある。

　授業力を磨くために、以下のことをすべきである。これらをもって本章を終わりとする。

　① 教育委員会と連携している研究会に入る

　「この教科は苦手だ」「この研究会は……だから」と、ただあれこれ思案しているだけでは力はつかない。まず、主要教科を研究している研究会から一つを選び、入って1年活動してみる。自分に合わなければ翌年、別の教科研究会に移ればよい。教師になって初めの10年間にいろいろな教科を試すのもよい。しかし、その後は自分の専門教科を決め、腰を落ち着けて研究する。

　② 本を読む

　耳学問は効率的でよい。講師による講演も、自分にフィットすればよい。しかし、本を読まないのではいただけない。本を読んでも、それが趣味の本だけでは授業力向上にはつながらない。教科の本を読んでも、いつでもハウ・ツー本だけでは、学びの柱は大黒柱に育たない。ハウ・ツー本は「やり方」である。最後に教師の勝負を決めるのは「あり方」である。自分の問いを見つけ、その問いを解明するために骨太の本を読む。そういう時期が貴方たちにやってくることを切に願う。

　③ 自腹を切る

　講演会、研究会への参加代、本代で、お金を使うことをいとわない。いくら使っても、自分の身を磨くお金はそうそう大金にはならない。自腹を切ってでも自分を磨こうという姿勢は、必ずいつか実を結ぶ。

　④ 目から鱗を落としてくれる先輩、師匠といつか必ず出会えるよう努力する

　教員の成長は、人との出会いで決まる。その中で、自分の長年の疑問を解いてくれる、自分の気がつかなかった納得できる話をしてくれる、いわゆる目から鱗が落ちるような話をしてくれる先輩、師匠に必ず出会わなければ、我々は成長できない。そう思って、そういう素晴らしい人を探してほしい。

そして、そういう人を見つけたら、その人の属する研究会に自分も参加し、虚心坦懐に学んでほしい。

> **学習課題**

梶田叡一『教師力再興』（明治図書、2010.6）を読み、以下の課題に答えなさい。

（1）「教師としての不易の資質」とは何か。

　　ただし、〈初め〉に「教師としての不易の資質」を5つあげ、〈次に〉それぞれ資質が必要な理由を述べ、〈最後に〉自分の意見を述べなさい。

（2）教育において内面性を重視しなければならないのはなぜか。

　　ただし、〈初め〉になぜ教育において内面性を重視しなければならないのか自分の意見を述べ、〈次に〉その意見が正しい理由を述べ、〈最後に〉内面性を育てるために教員になった暁にはどのように頑張るつもりか、その決意を述べなさい。

（3）「真の授業力」とは何か。

　　ただし、〈初め〉に「良い授業」を実現するために重要なことを3点自分で選んで述べ、〈次に〉その3点がなぜ重要かという理由を述べ、〈最後に〉その3点を実現できる教師になるため、何をどのように頑張るつもりかを述べなさい。

【参考文献】
梶田叡一『教師力再興』明治図書，2010.6
梶田叡一・加藤明監修著『改訂　実践教育評価事典』文溪堂，2010.8
鎌田首治朗『真の読解力を育てる授業』図書文化社，2009.5
教職問題研究会編『教職論〔第2版〕』ミネルヴァ書房，2009.3
梶田叡一責任編集『教育フォーラム』金子書房から年2回発刊される書籍．テーマごとに編集され，各執筆者が小論を掲載．教育に対する深い認識を形成できる良書

第2章

日本の教育制度と教員養成の歴史

︙

　この章では、教育史の構成分野における日本教育史に特化し、中学校時代の歴史的分野や高校時代の日本史を思い出しながら学ぶこととする。教育史については、日本教育史の他に西洋教育史があり、いずれも内容が多岐にわたっている。前述の西洋教育史については取り上げず、教職科目の教育原理・教育心理学等の科目で習得をしてほしい。

　この章における学習内容は、教員採用試験を受験する各自治体〈都道府県教育委員会・政令指定都市教育委員会など〉で過去に出題されたもの及び出題傾向の高い分野・領域を踏まえて構成したものである。

　日本教育史や西洋教育史を学習することは、教員採用試験に出題されるから学ぶのではない。教職課程を履修する学生は、「なぜ、日本教育史や西洋教育史を学ぶのか」、その意味を十分に考えてほしい。

1．古代の教育・教育機関

　古代における日本の教育機関は、701（大宝元）年に作成された大宝律令により、大学や国学の制度が整えられたことに端を発する。それらの教育機関は、隣国の隋ないし唐をモデルとした律令国家体制の官吏養成機関として、平安時代末期に衰退するまで存続した。

　また、当時遣隋使や遣唐使として派遣された多くの留学生・学問僧が、帰国の際に漢籍や仏典を持ち帰ることで、文化使節としての役割を果たしたことは、日本の文化発展に寄与したことは見逃せない事実である。

（1）奈良時代

　日本の"教育の事始め"には諸説があり、むしろ大胆に不明であるといわざるをえない。しかるに、8世紀当初の日本では、最初の国家基本法である律令（大宝・養老律令）の学令により官吏の養成機関として、都の中央には**大学（大学寮）**が設置され、式部省の管轄に属した。教育内容は、『孝経』や『論語』などの儒教の聖典を教える明経道、律令などの法律を教える明法道や音・書・算などの諸道に分かれた。そしてこの教育機関で学んだ学生は官吏登用試験である「貢挙」の合格を目指した。また、地方の諸国には地方官吏の養成のために、国司が監督する国学が設置された。

　これらの教育機関では、貴族や豪族の子弟を対象に儒教中心の教育が行われた。しかし、この官吏養成機能も次第に貴族たちの一般教養を養うこととなり、この制度も平安時代には形骸化し、大学は衰退していった。ただ、九州を総括する太宰府に設置された府学は、国学の中でも稀有な存在であった。

　奈良時代の末に、私学的性格の教育機関として**石上宅嗣**が自宅に、日本で最古の図書館として**芸亭**を設けた。芸亭は、漢学を主に仏教の古典を備えた文庫であり、別説では学校的な機能を併せ持っていたとも言われ、8世紀の終わりごろまで存続した。

（2）平安時代

平安遷都から9世紀末にかけて、唐の文化の影響を受けた新しい仏教が盛んになり、現れたのが**最澄**〈天台宗＝比叡山〉と**空海**〈真言宗＝高野山〉であった。

その空海は、前述の石上宅嗣の芸亭をモデルにして、日本で最初の私立学校である**綜芸種智院**を設けた。前述の大学や国学のいずれもが貴族一族や子弟のための教育機関であったが、ここでは庶民教育の目的で、身分に関わりなく、より広い立場で儒教や仏教、道教の講義がなされた。校名の"綜芸種智"とは、「衆芸を兼ねて、菩提心を起こさせる」という意味である。

大宝律令によって創設された大学寮は衰退し、その大学寮内に有力な氏族は**大学別曹**〈寄宿舎〉を設けた。有力な氏族は、子弟教育のために**弘文院**(和気氏)、**勧学院**(藤原氏)、**学館院**(橘氏)、**奨学院**(在原氏)などを競って造った。

藤原氏の隆盛とともに、大学別曹の中で最も栄えたのが勧学院であった。これらは、図書館と寄宿舎の役割を兼ね備えた教育寄宿施設で、学生はここに起居して学び、官吏登用試験を受けて官吏となった。大学では、儒教を学ぶ明経道にかわって、中国の歴史や文学を学ぶ紀伝（文書）道が中心となった。

これらの別曹が盛んになると、大学そのものの存在価値が薄くなり、官吏への試験制度も形骸化し、一族本位の教育が行われるようになった。

2．中世の教育・教育機関

中世に入ると貴族社会から武士社会へと変化したので、奈良・平安時代に創設された大学・国学は衰退した。

武士社会では、特別な教育機関は設けられず、日常の生活場面での流鏑馬・笠懸などの心技の訓練を通して子弟教育が行われた。また武士は、読み書きや日常の作法を習得させるために、幼少の子弟を寺入りと称して寺院に預けた。

武士としての生き方を表した心得として、北条重時の家訓や武田信玄の「武田信玄家法」が有名である。

(1) 鎌倉・室町時代

　鎌倉時代になると、寺院で俗人教育もするようになり、これが近世の寺子屋の起源となった。そこでは往来物を教科書として使用するようになった。往来物とは、手紙のやりとりを集めたもので『庭訓往来』などがある。

　鎌倉中期の学問の中心として、以下の足利学校と並び称された**金沢文庫**（相模国の金沢＝神奈川県）を上げることができる。金沢文庫の創設者や設立時期については諸説があるが、**北条実時**が別宅内に設けた施設が発端であることは間違いないであろう。ここには仏典・漢籍・国書などの蔵書が保管されており、当時の図書館的役割を担っていた。しかし、鎌倉幕府の崩壊および北条氏の滅亡ともに文庫は衰退していった。

　律令国家の崩壊とともに、鎌倉初期に足利義兼によって創設され、鎌倉・室町時代の代表的な学校施設として、**上杉憲実**が再興した**足利学校**（下野国＝栃木県）がある。鎌倉円覚寺から僧快元を初代庠主（校長）として招聘した。講義は、易学を中心に儒学・兵学・医学・天文学など高度な教育が施された。全国から僧侶を主とする学生が一時期に3,000人が参集したともいわれている。学生の中には、武士や俗人もおり、上杉・北条・武田・徳川の各氏の保護を受けたが、明治時代に入ると次第に衰退し、1872（明治5）年に閉校となった。

写真2-1　足利学校の外観
（足利教育委員会史跡足利学校事務所提供）

(2) 安土桃山時代

　16世紀の中頃に、ザビエルの来航に始まるキリシタン文化が伝来する。当時、イエズス会（耶蘇会）をはじめとしてキリスト教（カトリック）の布教活動のために、スペインやポルトガルの宣教師が相次いで来日した。そして、大分や長崎の教会にキリシタン学校が併設されて、その数は、約200校に達したといわれている。

キリシタン信者の増加とともに安土には**セミナリヨ**（ポルトガル語で神学校の意味）というイエズス会の教育機関が設立され、伝道師や日本人司祭の養成を目的とした中等教育程度の神学教育を担った。また、豊後府内には、イエズス会士バリニャーノによりコレジヨ（宣教師の養成学校）が設立された。ここでは、聖職者の養成とヨーロッパ文化の伝達を目的とし哲学、神学、一般教養を教え、協議書や辞書の印刷出版を行った。

キリスト教の信者は西日本を中心に数十万人にも及び、大名の中にも進んでキリスト教を保護し、自らが洗礼を受けて信者となる者もいた。彼ら、有馬晴信・大村純忠・大友宗麟などはキリシタン大名と呼ばれた。この3大名は、1582（天正10）年に伊東マンショをはじめ、15～16歳の少年を使節に選び、ローマ教皇のもとに派遣した。彼らは、各地で大歓迎を受け、印刷機をはじめとする新しい知識を持ち帰った。

しかし、宣教師やキリシタン大名・少年使節団などは、西ヨーロッパの文化の伝達に努めたが、キリスト教を擁護した織田信長が本能寺の変で亡くなった後は次第に縮小され、豊臣秀吉や徳川家康の禁教政策によって圧迫されていった。

3．近世の教育・教育機関

（1）江戸時代

江戸時代の教育機関としては、武士の子弟には江戸幕府の昌平坂学問所や各藩の藩校、庶民には私塾や寺子屋などがあげられる。

江戸時代の前期は、儒学の中でも朱子学が幕藩体制社会の理論として、為政者の教養の学問として発展した。それゆえ、幕府や諸藩から手厚い保護を受けた。

このころ儒学の興隆とともに、薬用になる植物・動物・鉱物を研究する本草学や医学・天文学など諸学問の発達がうながされた。本草学や医学を修めた安藤昌益は、支配階級から農民らを擁護した。

自然科学の分野では、和算の関孝和が円周率や円の面積、筆算による代数学などに優れた研究成果を上げた。渋川春海は天文学の研究から改暦を幕府に建言した。

社会科学の分野における実証的な研究として、新井白石が『読史世論』を山鹿素行が『武家事紀』を著した。

大名の中にも学問を尊ぶ気風があり、水戸藩主の**徳川光圀**は『**大日本史**』の編纂を行った。加賀藩主の前田綱紀も、学問奨励のため木下順庵を登用し、古文書の収集保存に力を尽くした。学者の中には、各藩の大名に仕官して政治に携わる者もいた。

1）昌平黌・藩校（藩学）
① 昌平坂学問所

江戸時代に入ると学問の中心は、儒学の中でも朱子学が正学であった。幕府は、藤原惺窩の門人であった**林羅山**を京都から江戸に招き、代々子孫を江戸幕府の儒官として任じた。羅山は自宅に私塾を開き朱子学を講じた。それを、5代将軍の**徳川綱吉**が湯島に移して孔子廟や学寮を建て、その地を孔子生誕の地にちなんで昌平坂と名付け聖堂とした。その聖堂に付属する学問所が幕府の学問の中心となった。

18世紀末、老中松平定信は、寛政の改革の一環として、朱子学以外の学派を異学として学ぶことを禁じた。また、役人として幕府に登用する際にも、朱子学である正学を学んだものだけを登用した。このように、1790（寛政2）年に発した法令を**寛政異学の禁**と呼んでいる。そして1797（寛政9）年、昌

図2-1　昌平坂学問所での講義風景〈聖堂講釈図〉
（玉川大学教育博物館提供）

平坂学問所（昌平黌）は幕府直轄の教育機関となり、幕臣、旗本、御家人の子弟の教育にあたった。

② 藩校（藩学）

全国の諸藩では、藩士の教育機関として**藩校（藩学）**が、ほとんどすべての藩で設けられた。藩校設立当初の目的は儒教中心教育であるが、その代表的なものに、**萩の明倫館・水戸の弘道館・熊本の時習館・鹿児島の造士館・会津の日新館**などがあった。これらの藩校では、前述の儒学を中心に一般教養も教授した。

③ 郷学〈郷校〉

藩校に準ずる教育機関として、城下町以外の地で藩士教育と庶民教育にあたる**郷学（郷校）**が存在した。後者には、岡山藩主池田光正が1668（寛文8）年に設立した**閑谷学校**が有名である。民間レベルで設立されたものとしては、大坂の懐徳堂、摂津の含翠堂などがある。

2）私塾

各藩が学問的に名声のある人材をそれぞれに招いた結果、各地に洋学塾・漢学塾・国学塾などの私塾が発達した。近世の私塾は1,500余り存在し、近世後期や幕末に急増している。私塾は、幕府の昌平坂学問所や藩校と異なり、学問的には自由であり個性的であったが、子弟間の人間関係は緊密であった。塾では、入塾者に対して年齢・身分・家柄・学歴などを問わなかった。中でも松下村塾や適塾などは、明治維新期に活躍をする人材を輩出したところである。

① 洋学塾

1824（文政7）年にオランダ商館医師シーボルトが長崎郊外の鳴滝に**鳴滝塾**を開いた。この塾では、西洋医学や科学一般を教授し、門下生には高野長英などを輩出した。また、1838（天保9）年には**緒方洪庵**が大坂（＝大阪）で蘭学の**適々斎塾（適塾）**を開いて、福沢諭吉・橋本左内・大村益次郎などの人材を世に送り出した。

② 漢学塾

その人徳・学徳をもって近江聖人とも呼ばれた**中江藤樹の藤樹書院**が滋賀の近江に開設された。弟子に熊沢蕃山がいる。

また、京都堀川に開設された**伊藤仁斎の古義堂**は明治まで続き、その学派は堀川学派・古義学派と呼ばれた。

幕末には、山口の萩に開かれた**吉田松陰の松下村塾**などが有名である。門下生からは久坂玄瑞・高杉晋作・伊藤博文・山県有朋など多くの尊攘派・討幕派の指導者を輩出した。

漢学塾として他に、広瀬淡窓の咸宜園（かんぎえん）・荻生徂徠の蘐園塾（けんえんじゅく）なども注目すべきである。

③　国学塾

写真2-2　松下村塾

国学の四大聖人の一人で、賀茂真淵の教えを受けた**本居宣長**は伊勢松坂に**鈴屋**を開設した。彼は『古事記』の研究により、『古事記伝』を三十有余年かけて完成させた。著書には他に、『うひ山ぶみ』『玉の小櫛』などがある。

本居宣長の学風を継承し発展させた**平田篤胤**は、江戸に**気吹廼屋**（いぶきのや）を開いた。彼の教えは幕末の尊王攘夷運動に大きな影響を与え、明治初期の教学政策にも重要な役割を果たした。

3）寺子屋

庶民階層の教育機関として、日常的に必要な初歩的な読み・書き・算（そろばん）を教える**寺子屋**の普及があった。寺子屋における指導者は、神官・浪人・町人などさまざまな人たちであった。寺子屋の数は、江戸中期が最多で約1万5,000を超えていた。寺子屋では1人の師匠が30人程度の寺子を教えており、その際に使用された教科書には、『庭訓往来』『消息往来』などの往来物や『童子教』『女大学』などの教訓書が使用された。

以上、江戸時代における教育機関や指導者について縷々述べてきた。それらには該当しないが、商人の生き方や商道徳、庶民の啓発に尽くした**石田梅岩**（**心学**）や、農民に勤勉と倹約を説きのちに幕臣として登用された**二宮尊徳**らもいる。

4．近代の教育・教育機関

　大政奉還によって二百数十年続いた徳川幕府が倒れて、明治政府が発足した。こうして始められた一連の大変革は、封建的支配体制が崩壊し、天皇を中心とした中央集権的国家体制の基礎を固めた新しい時代の到来であった。
　この明治初期には、欧米の思想・制度・風俗習慣・生活様式などを取り入れた文明開化の風潮が日本全土に広まった。特に福沢諭吉が『学問のすゝめ』の中で「天は人の上に人を造らず、人の下に人を造らず」と封建制を批判し、人間の平等や自主独立などを主張した思想は、明治初期の「学制」の公布に大きな影響を与えた。
　日本の近代化を進めるためには、国民の知識水準を向上させ、欧米色の強い学校教育制度の導入を図ることが必要となった。

（1）明治時代
1）文部省の設置と「学制」の頒布
　明治維新後、中央集権国家体制が敷かれ、1871年（明治4）明治政府に教育行政機関として**文部省**が創設された。同省の責任者として江藤新平が文部大輔に就任した。
　明治維新後、江戸時代の寺子屋に代わり初等教育機関として、新たに小学校が誕生した。そのもとになったのが、1872（明治5）年に公布された「**学制**」である。「学制」は、欧米諸国の教育制度を基盤につくりあげた、日本で最初の近代的学校制度を定めた基本的な法規である。その「学制」の目指す趣旨として、1871（明治4）年の太政官布告214号（いわゆる「**被仰出書**（おおせいだされしょ）」）によってうかがい知ることができる。すなわち「人々自ら其身を立て、其産を治め、其業を昌（さかん）にして、其生を遂るゆえんのものは他なし、身を脩（おさ）め、智を開き、才芸を長ずることによるなり」とか、「必ず邑（むら）に不学の戸なく、家に不学の人なからしめん事を期す」と宣言し、立身治産昌業をその基本的な目標とし、学問は身を立てる財本であることを強調して、学問に心掛けることを勧めるものであった。

「学制」は、全国を8大学区に分け、各大学区に大学1校を置き、その下に中学校256校、小学校5万3,760校を設けることにした。これは、日本国民の子弟すべてが収容できる規模であった。

しかし、明治政府による学校設置の号令はあっても経済的援助はほとんどなく、校地確保や新築費用の捻出には苦労があり、取りあえず寺院等を借用して開校したのが実情であった。

当時の学校は寺院の本堂や神社の境内の建物を教室とし、教科書も今の本とは異なり、糸でとじた和とじで和紙に刷った木版刷りのものであった。子どもたちは、男女ともに着物で、草履を履き、石盤や石筆（今のノートや鉛筆）を風呂敷に包んで学校へ行った。そのころの小学（小学校とは言わなかった）は、下等小学と上等小学に分かれていて、6歳になると下等小学校8級に入学し、4年で1級となり卒業となった。修学科目は習字・綴字・読本・算術・地理・物理・口授（国体、修身、養生）などであった。しかし、学校へは月2銭の授業料を払わねばならず、その後も授業料が値上がりをして、月15銭にもなった。そのため、上級小学へ進学する者はわずかであった。農村では、授業料および学校設立費の負担が重いことへの反発や、貴重な労働力である子どもの通学への反対から、小学校廃止のための農民一揆も起こった。

2）「教育令」と「改正教育令」の公布

しかし「学制」の教育思想は、欧米諸国の個人主義や自由主義等の影響を受

図2-2　明治初年の小学校の授業風景
（国立教育政策研究所教育研究情報センター「教育図書館」提供）

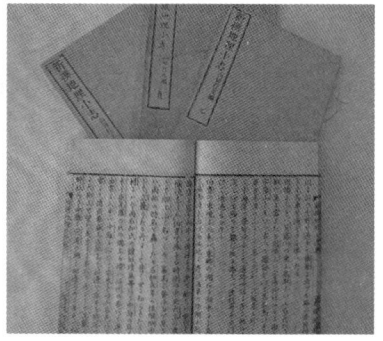

写真2-3　明治時代の教科書
（国立教育政策研究所教育研究情報センター「教育図書館」提供）

けたため理想に走りすぎ、当時の国家財政や国民生活の実情に合わず、地方では小学校廃止を要望した反対運動が起こった。これらのことから、1879（明治12）年に学校教育制度を規定する法令「**教育令**」（自由教育令）の公布がなされ、「学制」は廃止されることとなった。

　新たに公布された「教育令」は、アメリカの教育行政制度を参考に、自由主義の精神により、当時の教育事情を考慮して制定されたのである。内容を「学制」と比較すると、小学校の設置運営に関する規定の緩和、画一的な学区制の廃止、就学規定の弾力化など、地方に大幅な教育権限を与えた。しかし、かえって小学教育の停滞を招く結果となり、改正を求める声が起こった。

　そして公布からわずか1年3カ月後の1880（明治13）年に、教育機能の低下という実態に直面して「**改正教育令**」が公布され、学齢児童の就学が厳しく命じられた。

　「改正教育令」の内容として、学校の設置は府知事県令の指示に従うことや、就学年限については小学校は3年以上と強化された。また、教則は、文部省の定めた綱領に基づいて府知事県令が定めるとされ、修身が各科の最上位に置かれた。その一方で、小学校に対する補助金は廃止された。この「改正教育令」により、文部省が学校を統制していく制度、つまり地方教育行政への指導が整備された。

　「改正教育令」が出されて以降、国家統制が強化される中で儒教主義の復活が目立つようになった、明治天皇の側近であった元田永孚（もとだながざね）は、1879（明治12）年に『教学聖旨』を起草し、天皇を中心とした政教一致の国家体制を理想とした。その思想が、伊藤博文との間に論争を引き起こした。

　教学聖旨の精神は、1890（明治23）年の「教育に関する勅語」（＝教育勅語）へとつながっていった。

　前述のごとく、1880年代には自由民権思想や欧化主義思想が国内を支配し、儒教的な道徳教育の方針と激しく対立を生んだ。そこで政府は道徳的側面からの国民の教化・統合を図り、時の総理大臣山形有朋を中心に、井上毅・元田永孚が起草し、天皇の名において、日本の教育の理念を規定した勅語を発布した。学校では、儀式の際に、御真影（天皇の写真）とともに教育勅語を奉読して教

育の方針を徹底させた。その教育勅語も、1948（昭和23）年に衆議院で排除が決議され、参議院で失効が確認された。

　3）4つの「学校令」の制定

　教育課程の国家基準を示すものとして、1881（明治14）年5月に「小学校教則綱領」が定められ、同年6月に国家教育における教員の責務を説いた「小学校教員心得」が出された。内容としては、前者は道徳教育に力を入れること、後者は教員は政治活動に参加しないことであった。

　同年には、上等小学がなくなって、名前も小学校と改められ、3年ずつの初等・中等、2年の高等小学校と3つに分けられ合計8年となった。ところが1886（明治19）年に小学校の姿が変わり、尋常小学校は4年になり、子どもは尋常小学校への就学が義務化された。尋常小学校の上には、4年の高等小学校が造られ、授業料を修めることが法令により明確にされた。ところが、滞納者は珍しくなく、中には長期間にわたって滞納するものもあって、就学率も悪化していくばかりであった。

　1885（明治18）年に伊藤博文内閣が発足し、初代の文部大臣に森有礼が就任した。森有礼文部大臣は、1886（明治19）年に教育令に代わって各学校種別に応じた「帝国大学令（14条）・師範学校令（12条）・中学校令（9条）・小学校令（16条）」の4つの学校令を制定した。これ以降、第二次世界大戦の終結までは、4つの学校令を基礎としながら、近代的な学校体系が確立されていった。「学校令」の中で森大臣がいちばん力を入れたのが、初等教育の普及たる「小学校令」と教員養成の充実を図るべき「師範学校令」であった。以下、4つの学校令を各々取り上げて概観する。

　「帝国大学令」は、大学の目的を「国家ノ須要ニ応スル学術技芸ヲ教授シ及其蘊奥ヲ攻究スル」と規定した。これは、大学における教育と研究は国家の必要のためであると規定したものである。帝国大学は、当初東京に1校のみであったが、1897（明治30）年京都帝国大学が設置され、最終的には7校が全国に設置された。

「師範学校令」は、教員養成の制度を規定したものである。目的を「師範学校ハ教員トナルヘキモノヲ養成スル所トス但シ生徒ヲシテ順良信愛威重ノ気質ヲ備ヘシムルコトニ注目スヘキモノトス」と規定している。中でも教師の気質の基準として「順良・信愛・威重」が重視され、教育課程は実践的な教育内容や教授技術が中心に指導され、画一的で閉鎖的な教員養成が行われた。

　　＊順良とは、目上の人には恭しく素直に従うこと。
　　　信愛とは、教師同士が仲良く信頼し合うこと。
　　　威重とは、威厳をもって児童・生徒に接すること。
(師範学校についての詳細は、(4)教員の養成と師範学校の設置で述べる。)

「中学校令」は、尋常中学校(5年)と高等中学校(2年)の制度を規定し、中学校の目的は「実業ニ就カント欲シ又ハ高等ノ学校ニ入ラントスルモノニ須要ナル教育ヲ為ス」と規定した。

尋常中学校は卒業後実社会への道へ、高等中学校は上級学校への道を進む者とに分かれた。

「小学校令」は、初等教育の制度を規定したもので、16条から成立している。当時の国民の経済状況も反映し、教育機能の低下という事態を打破するために、第3条の「児童6年ヨリ14年ニ至ル8箇年ヲ以テ学齢トシ父母後見人等ハ其学齢児童ヲシテ普通教育ヲ得セシムル義務アルモノトス」から、義務教育制度の基礎固めを狙ったことが読み取れる。小学校を、尋常小学校と高等小学校の2段階に分け、修業年限を各々4カ年として、尋常科の4カ年を義務教育とした。

その後、小学校令は1890(明治23)年(第二次)と1900(明治33)年(第三次)に改訂が行われた。

前者の「小学校令」(第二次小学校令)は、1986年(明治19)年の小学校令を改正したものではなく、1889(明治22)年4月実施の市制・町村制などの地方自治制度の確立に伴う新しいものであった。改正小学校令は、8章96条からなり、その第1条では「小学校ハ児童身体・発達ニ留意シテ道徳教育及国民教

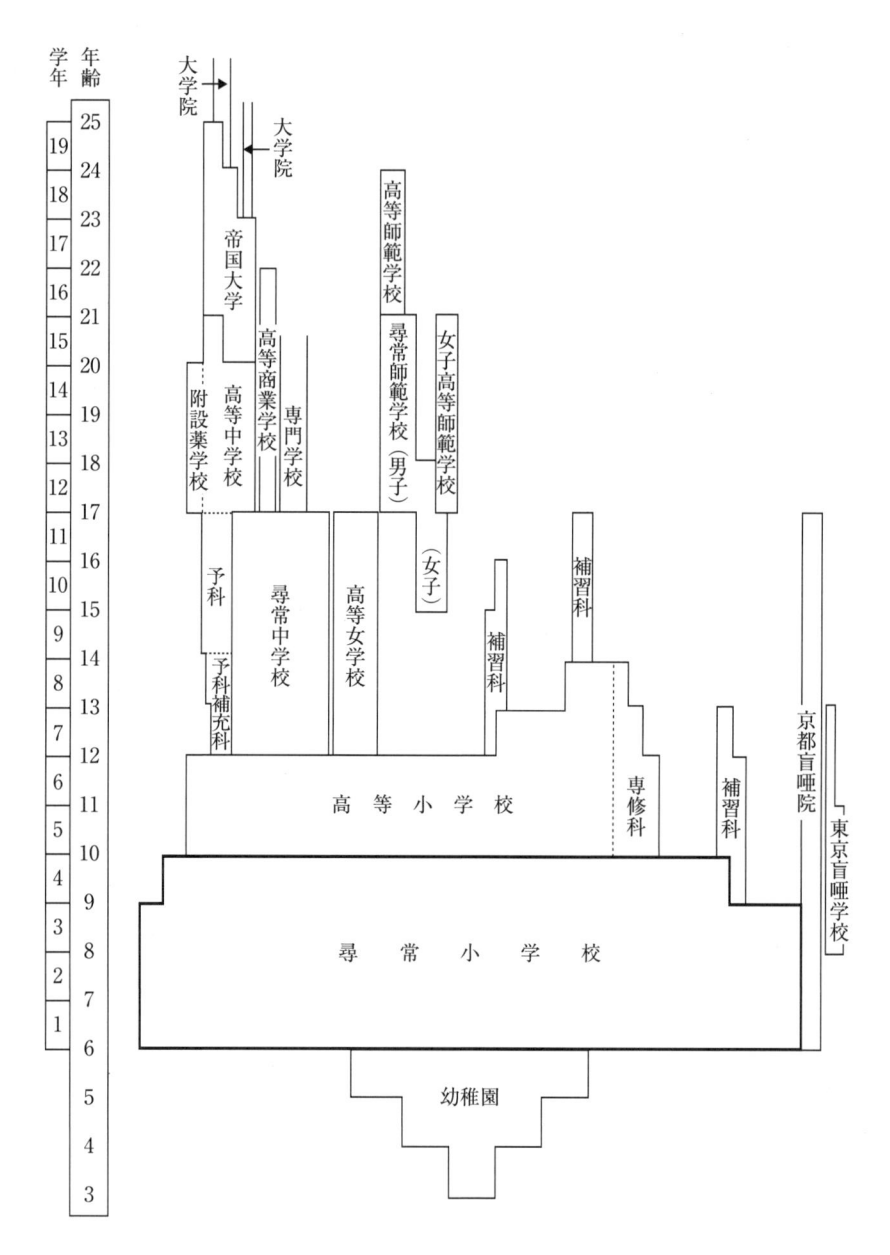

図2−3　戦前の学校の系統図（明治25年）
（出典）文部省『学生百年史』〈資料編〉

育ノ基礎並其ノ生活ニ必須ナル普通ノ知識技能ヲ授クルヲ以テ本旨トス」と目標を示している。以後、国民学校令までの50年間、幾度かの制度改正にもこの条文は変わらず、今までの法制を根本的に改革するものであった。前小学校令と異なった点は、各市町村はその市町村内の学齢児童を就学させるため尋常小学校を造らねばならないと、市町村の義務責任を明確にしたことであった。

この小学校令が発布された時期には、学校儀式が定着化し、運動会・遠足などの学校行事も全国の小学校で取り入れられた。入学式も4月に実施されるようになった。

後者の「小学校令」（第三次小学校令）の改正により、それまで徴収していた授業料が無償となり、就学率が飛躍的に上昇した。1903（明治36）年には教科書が国定化され、1907（明治40）年には尋常小学校が6年制となり義務年限が延長された。この頃には小学校就学率も100％近くなり、義務教育制度が確立した。

4）教員の養成と師範学校の設置

近代日本における教員の養成は、1872（明治5）年5月文部省が教員養成機関の設立を企図して「**小学教師教道場ヲ建立スルノ伺**」を明治政府に提出し、官立師範学校の創設を求め裁可されたことに始まる。

同年7月に文部省は、わが国初の小学校教員養成機関として東京に東京師範学校を設置した。同年9月に大学南校の教師**スコット**（Scott. M. M.）が、近代的な教員養成の基礎を築くべく、師範学校の教師に就任した。スコットはアメリカの小学校の教育方法を確立し、学生に対して教授するところから出発した。

師範学校には、いわゆる「師範学校」「高等師範学校」「女子高等師範学校」などがあり、初等教育の教員養成は師範学校で、また中学校・高等女学校などの中等学校の教員養成は高等師範学校や女子高等師範学校で行われた。

師範学校に入学する生徒は、小学校を卒業して15歳で入学、高等師範学校は原則として中学校及び高等女学校を卒業して17歳で入学した。師範学校の授業料は全額免除され、全寮制が採用されていた。そのため師範学校は、当時、経済的に進学を断念する人々にとっては学歴を獲得する一つのチャンスであっ

た。卒業後には教員になることが義務付けられており、就職の保障はなされていなかった。このように、公費によって養成された教員は国家への忠誠心を持つことを強制され、前述の三気質を兼ね備えた「師範タイプ」と言われる教員として養成されるのである。しかし、教職についても薄給のために経済的には恵まれていなかった。

1873(明治6)年に大阪府・宮城県に師範学校が設立される。翌1874(明治7)年には愛知・広島・長崎・新潟に官立師範学校が、同年3月わが国最初の女教師養成機関として東京女子師範学校が設立された。さらに1875(明治8)年石川県は、初の公立女子師範学校として、石川県女子師範学校を設立した。

ところが、政府は、1877(明治10)年、文部省の予算不足を理由に、愛知・広島・新潟の官立師範学校を、続いて1878(明治11)年に大阪・長崎・宮城の官立師範学校を廃止した。官立師範学校廃止により、東京師範学校と女子師範学校を残すのみとなった。そこで、各府県に設置されていた教員伝習所や養成所は師範学校と改称され、わずか半年や1年足らずの即席で教師を養成していった。

そして、1880(明治13)年の「改正教育令」は、府県立による師範学校の設置を各府県に義務付けるとともに、品行が不正なるものは教師には不適切であるとも定めていた。

1881(明治14)年に、全16項目からなる「小学校教員心得」を制定し、多識なる国民よりも善良なる国民の育成を重視することを教員に説いた。同年8月には「師範学校教則大綱」を制定し、師範学校に関する初の単行法規として師範学校を初等・中等・高等師範の3学科課程に分け、初等師範学校は小学校教員を養成する機関として明確に位置付けた。

1890(明治23)年、東京師範学校女子師範学科が独立して「女子高等師範学校」となった。名実ともに当時の女子教育における最高学府であった。1908(明治41)年には、奈良に奈良女子高等師範学校が設立され、従来の女子高等師範学校は東京女子高等師範学校と改称された。

1901(明治34)年4月に姫路師範学校、埼玉県に埼玉女子師範学校が開校した。

1902（明治35）年3月、広島高等師範学校（本科3年・予科1年）を設置、また高等師範学校を東京高等師範学校と改称する。この時期、中等学校の急増に対応するために、東京帝国大学に第一臨時教員養成所（漢文科・博物科の教員）を設置したのをはじめ、第五臨時教員養成所までを文部省直轄学校に設置した。1906（明治39）年3月には、第一臨時教員養成所の国語・漢文科および第四・第五臨時教員養成所を廃止するが同年4月、女子高等師範学校内に第六臨時教員養成所を設置した。

　さらなる中等学校の増設に対応するため、1922（大正11）年に臨時教員養成所を4校、1923（大正12）の4月には6校、1926（大正15・昭和元年）4月には3校を設置した。

（2）大正時代

　大正時代の大きな特色は政治面における民衆勢力の台頭で、1912（大正元）～1913（大正2）年の第一次護憲運動をきっかけに、大正デモクラシーは次第に高まっていった。1918（大正7）年に名古屋・大阪・神戸の各地で起こった米騒動以後、社会主義や労働運動が盛んとなり、普通選挙を要求する声も次第に高まった。1924（大正13）年の第二次護憲運動のころ、特に第一次世界大戦後には工業の発展により、都市化と大衆化が進行した。

　1）「臨時教育会議」と「大学令」・「高等学校令」の制定

　大正期に入ると大正デモクラシーの風潮の中で文化も大衆化の時代を迎えた。教育面でも義務教育が普及して、1920（大正9）年には就学率が99％を超え、文字の読めない人はほとんどいなくなった。1918（大正7）年には「大学令」の制定により公・私立大学・単科大学の設立が認められた。このように高等教育機関の拡大により、都市における知識層が増加した。その結果、大正時代における教育は画一的、注入的な教育を批判し、子どもの自由や個性を重視した教育を求める動きを促すこととなった。

　1914（大正3）～1918（大正7）年の第一次世界大戦が起こる中で、1917（大正6）年に、内閣総理大臣の教育政策に関する諮問機関として設けられたのが「**臨時教育会議**」であった。この会議が設置された背景には、前述の民本主

義・社会主義や労働運動の激化に対する対応、中等教育・高等教育の量的拡大、地方教育財政の矛盾があった。会議では、小学校教育・高等普通教育・大学教育および専門教育への改善など、学制改革の全般について審議し答申が出されたが、根本的な提案はなされなかった。

「臨時教育会議」の答申に基づいて、1918（大正7）年「大学令」「高等学校令」の両令が制定された。この両令とも、1947（昭和22）年の学校教育法の施行まで、男子の高等教育を規定した。

この「大学令」により、それまで大学といえば官立の帝国大学に限られていたが、公立・私立大学および単科大学の設置が認められた。また、この制度以前に専門学校として認可されていた私立の学校が、大学として認可された。これにより、一挙に大学教育が拡大していった。

一方の「高等学校令」では、公立・私立の高等学校を認め、修業年限は尋常科4年と高等科3年の7年生を原則とした。

なお、1926（大正15・昭和元）年にはわが国における最初の幼稚園に関する単独の「幼稚園令」が公布され、初めて幼稚園制度が確立された。それまでの幼稚園は、小学校令の施行規則の中に規定されていた。しかし、大正期に入り、幼稚園が増加（1916年 園数665→1926年 園数1,066）し、教育内容も発展して、幼稚園の独自性目指す動きが強くなったため制定に至った。この幼稚園令は、1941（昭和16）年に一部改正されるが、1947（昭和22）年に学校教育法が制定されるまで、幼稚園制度を規定した。

2）大正新教育運動の展開

明治・大正と時代が経過する中で、政府主導の強力な国民教育は、画一性や硬直性を招く結果となった。新教育運動は、19世紀末から20世紀の初頭にかけて、詰め込み型の指導や管理主義的な訓練を批判するもので、子どもの興味や関心、自発性や個性を尊重する教育の改革運動が欧米諸国で起こった。

このような思想や実践が日本にも伝わり、新教育の提唱が最初に行われたのは、明治時代末の20世紀に入ってからである。この時期にすでに実践されていたのが樋口勘次郎の「活動主義」や谷本富の「自学輔導」、芦田恵之助の「作文教育」であった。新教育運動が本格的に行われたのは大正デモクラシー

の時期と重なるのである。

新たな教育改革に挑戦する**大正新教育運動**は、師範学校附属小学校や私立小学校において行われた。前者では、千葉師範附属小学校での**手塚岸衛**の「**自由教育**」、奈良女子師範学校での**木下竹次**の「**自立学習・合科学習**」、明石女子師範学校附属小学校の**及川平治**の「**分団式動的教育**」が有名である。後者では、「成城学園」の沢柳政太郎（ドルトンプランの導入）、「自由学園」の羽仁もと子、野口援太郎らによる「児童の村小学校」などが有名である。

これらの新教育運動に対する関心が全国的に高まり、1921（大正10）年8月に東京で開催されたのが、「**八大教育主張講演会**」であった。この講演会では、8人の新しい教育への試みが紹介された。その8人とは、稲毛金七「創造教育論」、及川平治「動的教育論」、小原國芳「全人教育論」、片上伸「文芸教育論」、河野清丸「自動教育論」、千葉命吉「一切衝動皆満足論」、手塚岸衛「自由教育論」、樋口長市「自学教育論」である。8人の講師が主張した中身についてはいろいろであるが、それまでの画一的な教師中心主義的な教育を批判し、子どもの自主性や創造性、個性を重視する自由な教育の提案という点でははは共通していた。

このほかでも、文学者・芸術家の鈴木三重吉や北原白秋の活動も見逃せない。特に鈴木三重吉は児童文学雑誌『赤い鳥』を創刊し、綴り方や自由画の指導を通して芸術教育運動に貢献した。

この時期の教員の給料は薄給であり、物価の高騰とあいまって、教員の生活難はますます深刻化してきた。教員の社会的・経済的地位が著しく低下をきたしていたので、教員の待遇改善と質的向上を図るために、1918（大正7）年臨時教育会議の答申を受けて「**市町村義務教育費国庫負担法**」が制定された。こうした中、大正デモクラシー運動に触発された下中弥三郎は、小学校教員の処遇改善のために、「日本教員組合啓明会」を発足させた。

（2）昭和時代

昭和期に入り戦時体制が強化される中で、教育も軍国主義の色彩を強めていった。一方、経済界では第一次世界大戦後の不況が慢性化し、関東大震災の打

撃も加わって、1927（昭和2）年には金融恐慌が起こった。1929（昭和4）年に始まる**世界恐慌**は、アメリカからヨーロッパに波及して全世界へと広まった。日本も世界恐慌の影響で深刻な経済不況に見舞われた。世界恐慌は1930年の初めには一応終息するが、西欧の列国が経済の保護政策をとり始めたので、日本もこれに対抗するために大陸への侵略を開始した。

　柳条溝事件に始まった日本の満州（中国北部）に対する軍事行動は、1931（昭和6）年には、満州事変となった。ついで、1932（昭和7）年の五・一五事件、1936（昭和11）年の二・二六事件を経て、日本各地で労働・小作争議が頻発したり、社会主義勢力が伸長したりしたが、それらも次第に弾圧されて、日本はひたすらファシズムへの道を突き進むこととなった。

１）戦時体制下の教育

　昭和期前半の日本の教育は、戦争と連動しながら展開されていくことになった。特に思想面において国家は、国体に反すると認められる思想や運動［社会主義・無政府主義・共産主義］に対して厳しく弾圧を加え、思想等に対して国家統制を実施した。例えば、大学から学問の自由を奪った「京大滝川事件」や国体に反する学説とした「美濃部達吉の天皇機関説問題」がそれである。

　そして、戦時国家体制下の教育の在り方（思想的な面が主）を論議するために、1935（昭和10）年に「教学刷新評議会」が設置された。

　文部省は1937（昭和12）年皇国史観徹底のため『**国体ノ本義**』を刊行して、全国の学校等に配布した。本書は、戦時下の国家主義的な教育理念を示したものといえる。よって中等学校では『国体ノ本義』を修身の教科書として使用した。

　同年12月、日中戦争など全面戦争突入に際して国家総動員体制の中での教育や学校制度の改革に取り組むため、内閣直属の教育諮問機関として「**教育審議会**」が設置された。答申では「国体ノ本義」「臣民の道」に基づき、「皇国の道に則（のっと）る国民の練成」が教育の指導理念として掲げられ、1941（昭和16）年までに、国民学校、青年学校、師範学校、中等教育、高等教育など多岐にわたり答申が出された。

2）民間教育運動の動向

一方、大正新教育の影響を受けた教育運動も戦時色の強まる中で展開されていった。

① 生活綴方教育運動

綴方教育の分野で大正新教育の一翼を担った芦田惠之助・鈴木三重吉らの取り組みは、小砂丘忠義、野村芳兵衛らに引き継がれた。彼らは1929（昭和4）年『綴方生活』を創刊し、各地の教師の実践活動を促した。

この取り組みは、子どもたちの現実の生活について、見たり聞いたり感じたりしたことを素直に作文に表現させ、それをもとに学級集団の中で討議し合うことで、子どもたちに主体的な生き方を求めさせるというものである。

② 北方性教育運動

生活綴方教育運動が、東北地方の綴方教師たちによって生活に根差す教育として展開されたのが北方性教育運動である。1929（昭和4）年に秋田で北方教育社が設立され、成田忠久が主幹となり『北方教育』が発行された。その巻頭言で、「三　『北方教育』は綴方教育のみならず児童の芸術分野に精神洸淵たる理性と情熱をもって開拓を進め、ひいては教育全円の検討を意図するものである」と述べている。

③ 郷土教育運動

日本では、経済恐慌による農村疲弊の状況のもと、農村の更生を目指す郷土教育が導入された。文部省は1930（昭和5）年から先述の師範学校に補助金を交付し、郷土教育の推進を図っていった。郷土教育には、2つの方向性があり、1つは郷土愛を育てて愛国心の形成へと導き出そうとするものであった。これには、農村で生起している矛盾を隠そうとする意図が見受けられた。もう1つは、農村の疲弊の現実を直視し、農業と農村の向上を図る立場からの郷土教育である。これは民間から起こり、同年11月に「郷土教育連盟」が発足した。

④ 新興教育運動

1930（昭和5）年、教員組合の結成を進めてきた教師などによって、新興教育研究所が設立され、機関誌『新興教育』が刊行された。

3）戦時下における諸学校の改革
① 「青年学校令」

　青年学校とは、1935（昭和10）年に実業補習学校と青年訓練所を統一して発足した学校である。勤労青少年に対する職業教育機関として以前から発足していたのが実業補習学校で、1926（大正15・昭和元）年に一般勤労青年男子を対象として軍事訓練を行う機関として成立したのが青年訓練所である。

　両教育機関は、市町村に併設され対象者も重複していたので、市町村もその二重運営に悩まされていた。そこで、両制度は廃止され、両者の特質を生かして新たな青年学校制度が発足した。

　同令では、青年学校の目的を「青年学校ハ男女青年ニ対シ其ノ心身ヲ鍛練シ徳性ヲ涵養スルト共ニ職業及実際生活ノ須要ナル知識技能ヲ授ケ以テ国民タルノ資質ヲ向上セシムルヲ目的トス」と定めた。同校には普通科〈2年間〉と本科（男子5年間・女子3年間）が設置され、定時制を原則としながら、修身および公民科、普通学科、職業科、教練科〈女子は体操科〉、家事および裁縫科〈女子〉が教育内容であった。

　1937（昭和12）年の日中全面戦争への突入を契機に、1939（昭和14）年から、青年学校の男子義務化が実施されることになった。

② 「国民学校令」

　1938（昭和13）年の教育審議会の答申「国民学校・師範学校・幼稚園ニ関スル件」に基づいて、1941（昭和16）年3月に制定され、4月1日より国民学校制度が発足した。

　同令により、従来の尋常小学校、高等小学校は国民学校に改組され、国民学校の目的は第1条「皇道ノ道ニ則リテ初等普通教育ヲ施シ国民ノ基礎的錬成ヲ為ス」と定められた。国民学校は、初等科6年、高等科2年とされ、合計8年間の義務教育となった。しかし、戦争激化のため義務教育年限の8年への延長は実施されなかった。

　教育内容・方法では、従来の知識注入から合科教授による知識の統合が求められ、国民科（修身・国語・国史・地理）、理数科（算数・理科）、体錬科（体操・武道）、芸能科（音楽・習字・図画および工作・裁縫・家事）、実業

科（農業・工業・商業・水産業）の5科目に統合された。また、戦争に役立つ教育として皇国民の錬成が重視され、少年団活動による心身の鍛錬や団体訓練が行われ、軍国主義的傾向が強まった。

④「中等学校令」

従来の中学校令、高等女学校令、実業学校令が廃止され、中等教育は「中等学校令」に一元化された。

同令は、中等学校の目的を「皇国ノ道ニ則リテ高等普通教育ハ実業教育ヲ施シ国民ノ錬成ヲ為ス」と定めて、「中等学校ヲ分チテ中学校、高等女学校及実業学校トス」とした。この三種の中等学校の修業年限は、従来は5年間であったが4年間に短縮され、入学資格は一律とした。

⑤「師範教育令」

師範教育令は、1943（昭和18）年に教育審議会の答申を受けて改正された。道府県立の師範学校は国立に移管されるとともに、入学資格は中学校・高等女学校卒業者とされ、その他の師範学校は中等教育機関という位置づけであった。

文部省が苦慮したのは、戦時体制下における教員養成であった。戦争の拡大により給与の低い教員への志願者は激減し、教員の質の低下が懸念されたので、公費生の募集や優秀な学生の勧誘を行った。さらに文部省は、理科教員養成のため、1944（昭和19）年に金沢高等師範学校を、1945（昭和20）年に岡崎高等師範学校と広島高等師範学校を新設したが、戦局の悪化のために成果を上げることはできなかった。

4）日本の教育の崩壊

はじめ日本に有利だった戦局も、1942（昭和17）年6月ミッドウェー海戦を転機に次第に不利となり、翌年にはアメリカ軍を中心とする連合国軍の反撃が始まった。南洋諸島では各地で日本軍の後退が続き、1944（昭和19）年にはサイパン島が陥落した。

働き盛りの青年が、学徒兵として中国大陸や太平洋の戦場に駆り出されたため、日本では労働力不足が深刻な状況となった。そこで、学校に在学中の児童・生徒に授業を中止させ、労働力の補充要員として勤労作業に従事させた。

これが学徒勤労動員と呼ばれている。学徒勤労動員は、主に都市の軍需工場で行われたため、その軍需工場が空襲の目標となり、多くの学生が亡くなった。

国内では次第に主要都市への空襲が始まるなど戦局が悪化する中、被害を減らすために、本土空襲が避けられない地域の子どもたちを安全な場所に避難させた。最初は東京だけだったが、軍事都市、軍需工業地域などにも学童疎開は拡大されていった。そして、1945（昭和20）年閣議決定で「決戦教育措置要綱」が出され、国民学校初等科以外の授業が停止され、動員一色の生活となった。

これらにより、学校教育の機能は事実上停止したのである。

5．現代の教育・教育機関

1945（昭和20）年8月14日、日本も**ポツダム宣言**を受諾し、翌15日に連合国に無条件降伏をし、第二次世界大戦が終結した。この敗戦により、日本の政治・経済・文化などが崩壊し、すべての面で復興のための変革が行われた。

1946（昭和21）年11月3日、日本国憲法が制定され、戦争放棄・国民主権・基本的人権の尊重を明らかにし、第26条では国民の教育を受ける権利を明確にした。

教育改革の面では、1947（昭和22）年3月、前文において平和主義・民主主義を基本理念とする**教育基本法**、六・三・三・四制の新しい学校体系を定めた学校教育法が制定された。またアメリカの地方教育行政の手法を取り入れた教育行政に関する法律として、1948（昭和23）年「**教育委員会法**」が制定された。戦後の日本の教育は、民主主義国家を標榜するアメリカの影響を強く受けたものとなった。

（1）戦後の教育改革
1）新教育制度への転換

1945（昭和20）年9月15日に、戦後教育について文部省は基本的な方策として「**新日本建設ノ教育方針**」をはじめて発表し、国体護持・平和国家建設・科学的思考力などを強調した。

当時GHQ（連合国総司令部）がわが国を支配（実質的にはアメリカの単独支配）していたが、そのGHQで教育分野を主として担当したのがCIE（民間情報教育局）であった。

　同年10月にGHQは基本的な教育管理政策「**日本教育制度ニ対スル管理政策**」の中で、軍国主義的・超国家主義的教育の禁止を指令し、具体的な教育改革に乗り出した。その1つが、すべての学校教育における神道教育排除である。使用中の一切の教科書並びに教師用参考書などから神道教義に関する事項が削除された。ついで、修身・日本歴史および地理など3教科の授業停止、および教科書の回収が行われた。これらの指令を受けた日本政府は、教科書の単語部分を墨で塗りつぶしたりして使用する（「**黒塗り教科書**」）など、実施に移す措置をとった。

　CIEは日本の教育制度を否定するばかりでなく、積極的に新たな提言を行った。1946（昭和21）年3月にストッダード（Stoddard. G. D）を団長とする「**米国教育使節団**」が来日し、日本の教育事情を約1カ月程度視察・調査し、今後の日本の教育再建の方向性を報告書としてまとめ、GHQの最高司令長官マッカーサー（MacArthur. D）に提出した。それが「**米国教育使節団報告書**」として公表された。

　報告書の勧告内容は、①自由なカリキュラムの編成、②教科書国定制の廃止、③国語の簡易化、④ローマ字の採用、⑤六・三・三・四制の単線型学校体系、⑥男女共学、⑦教員養成制度の改革、⑧高等教育機関の増設などであった。

　教育使節団に協力するため、日本側に「日本教育家ノ委員会」が組織された。ここでの提案内容は使節団報告とほぼ一致しているが、使節団報告書は教育勅語・御真影の使用停止とともに天皇制教育の否定を主張したのに対し、日本側は新教育勅語の制定と国語国字の簡易化を提案したのが対立点である。

　「米国教育使節団報告書」に基づいて、日本政府は教育改革を進めた。同年5月に文部省は「新教育指針」（第5分冊まで順次刊行）を公表し、新しい戦後教育の手引書として全国の教師・師範生徒に第1刷を配布した。

　「新教育指針」で新しい教育理念が示され、政府も新しい日本の教育制度の具体的改革に着手した。アメリカ教育使節団に協力する目的で設立された日本

教育家ノ委員会は、「**教育刷新委員会**」として同年8月に発展的解消がなされた。「教育刷新委員会」は内閣に設置され、内閣総理大臣の諮問機関という性格を持ちながらも、委員会独自の審議、内閣総理大臣に建議を行う権限など、日本の戦後教育の改革を強力に推進する権限を保持していた。

委員長には、初代・安部能成、2代・南原繁が就任し、委員には広く学界や教育界から多数選出された。1946（昭和21）年12月の第1回建議では、①教育の理念および教育基本法に関すること、②学制（六・三・三・四）に関すること、③私立学校に関すること、④教育行政に関することなどが建策された。委員会は、建議を35回および4回の声明を行い、1949（昭和24）年6月には、**教育刷新審議会**と名称を変更し、最終の総会は、1951（昭和26）年11月であった。任務を終了した教育刷新審議会は、「民主的教育の完全な実施と広く国民文化の向上を図るため中央教育審議会を置く必要がある」と建議した結果、中央教育審議会に引き継がれた。

2）新教育制度の成立
① 日本国憲法の成立

第二次世界大戦の敗戦後、大日本帝国憲法の改革が問題となり、政府はそれを部分的に改正した案をGHQに提出したが拒否された。GHQは国民主権や戦争放棄の原則を盛り込み、帝国憲法を全面的に改めた新憲法案を作成して日本側に提示した。政府はGHQ案の方針に沿って新しい憲法を起草した。帝国議会の審議を経て、**日本国憲法**は1946（昭和21）年11月3日に公布され、1947（昭和22）年5月3日に施行された。

本憲法は前文と103条からなり、**国民主権・基本的人権の尊重・平和主義**を基本理念として明らかにし、戦後の民主主義の発展の中核となった。
② 教育基本法・学校教育法の公布

1947（昭和22）年には、国民学校令などが廃止され、「**教育基本法**」と「**学校教育法**」が公布された。

「**教育基本法**」は、1947年3月31日に公布され、前文と11条から成立している。前文において「われらは、先に、日本国憲法を確定し、民主的で文化的な国家を建設して、世界の平和と人類の福祉に貢献しようとする決意を示

した。この理想の実現は、根本において教育の力にまつべきものである」と謳われている。これは、日本国憲法との密接な関係を明らかにし、さらに「個人の尊厳を重んじ、真理と平和を希求する人間の育成を期するとともに、普遍的にしてしかも個性ゆたかな文化の創造をめざす教育を普及徹底しなければならない」ことを明らかにしている。

その第1条には「教育の目的」を掲げ、「教育は、人格の完成をめざし、平和的な国家及び社会の形成者として、真理と正義を愛し、個人の価値をたつとび、勤労と責任を重んじ、自主的精神に満ちた心身ともに健康な国民の育成を期して行われなければならない」とした。第2条においては「教育の方針」を明記しているのだが、この教育の目的は「あらゆる機会に、あらゆる場所において実現されなければならない」ものであって、そのためには、「学問の自由を尊重」しなければならないとしている。

その他に、第3条では「教育の機会均等」を、第4条以下では公教育の中立性を守るべき政治教育・宗教教育、9年の義務教育・男女共学・学校教育・社会教育・教育行政などの重要事項に関する基本的規定を設けている。

戦後の学校制度は、戦前の諸学校令を一本化した「学校教育法」に基づいて行われた。1947（昭和22）年3月31日に公布された同法は、第1条に定められる学校（一条校）を中心に、総則で、設置者、管理・経費負担、校長・教員の配置・資格、学生・生徒・児童の懲戒と体罰禁止等について規定している。また、幼稚園・小学校・中学校・高等学校を各章で、それぞれ学校園の目的、教育課程、修業年限などについて規定している。

当初は、6・3・3・4の単線型学校体系を基本理念として示していたが、その後は、1961（昭和36）年に高等専門学校、1975（昭和50）年に専修学校、1998（平成10）年に中等教育学校などが創設された。細かい運用上の規定については、学校教育法施行規則で定めている。

3）大学における教員養成と教員免許状の開放性

前述のアメリカ教育使節団の報告書および日本側の教育刷新委員会の論議を踏まえて、教員は、大学レベルで養成されるべきであるとなった。これは、戦前の教員養成は、師範学校が独占していた結果、画一的な「**師範タイプ**」と呼

ばれる閉鎖的教師をつくった反省から生まれたものである。

新たな教員免許制度として、1949(昭和24)年5月に「**教育職員免許法**」、同年9月に免許状の授与や検定の手続きなどを規定した「**教育職員免許法施行令**」、さらに同年11月にその具体的な実施内容や維持特例などを定めた「**教育職員免許法施行規則**」が出された。

戦後の教員養成は、高い教養、学問の自由、専門的な学識に立脚した大学で行い、しかも特定の大学・学部に限定せず、あらゆる大学・学部の教職課程における教科・教職科目の単位さえ修得すれば、教員免許状が取得できるようになった。これを**教員免許状の開放性**という。

しかしこの免許状の開放性は、免許状を安易に取得でき、教員になる予定がないにもかかわらず、将来のために資格を取得するペーパー・ティーチャーを生み出し、教員の質・水準低下を招いているという指摘も出された。1953(昭和28)年には免許法を一部改正し、文部大臣が認めた大学に限る(課程認定行政の導入)とした。

教員の資格を得るためには免許状が必要となり、教育職員免許法第3条は「教育職員は、この法律により授与する各相当の免許状を有するものでなければならない」と規定している。また同法第4条には、「免許状は、普通免許状、特別免許状及び臨時免許状とする」とある。この普通免許状には学校の種類ごとの教諭の免許状、養護教諭の免許状および栄養教諭の免許状とがあり、それぞれ専修免許状(大学院修士卒業)、一種免許状(大卒)および二種免許状(短大卒)の3段階に区分されている。これらは教育職員免許法が1988(昭和63)年に改正され、従来の一級と二級の2種類から免許の基準が引き上げられた。この基準の引き上げについては、教員の序列化につながると批判が出たが、現在のところ給与との連動はなされていない。

1986(昭和61)年、臨時教育審議会(第43回総会)で、「**初任者研修制度**」の創設が提言された。翌年の教育職員養成審議会答申において、その具体的内容が示された。ついで、1988(昭和63)年の「教育公務員特例法及び地方教育行政法」の一部改正が行われ、初任者研修が義務化された。1989(平成元)年度から段階的(小学校から開始)に実施された。

内容としては、初任者に対して現職研修の一環として、1年間の研修を実施し、実践的指導力と使命感を養うとともに、幅広い識見を得させることを目的としている。

具体的には、①指導教員の指導・助言による校内研修（週2日、年間60日程度）、②教育センター等における受講、他校種参観、社会教育施設等の参観、ボランティア活動体験等の郊外研修（週1日、年間30日程度）、③四泊五日程度の宿泊研修、④都道府県等指定都市教育委員会の推薦に基づく洋上研修などがある。

＊臨時教育審議会

1984年（昭和59）年8月に総理府に設置された内閣総理大臣の諮問機関で、教育およびこれに関連する分野にかかわる諸施策に関し、総合的に検討を加えることを目的としている。すでに教育・学術・文化に関する基本的な重要施策を審議する機関としては中教審が文部省に設けられていたが、今日の教育改革は文部省だけでなく総理大臣の強い指導力のもとに関係省庁挙げて取り組むべきとの判断から設置された。

（2）21世紀の教育を担う教員養成

第2章を終えるに当たり、大学の教職課程で学ぶ学生諸君には21世紀に生きる子どもたちの教育を担う重要な使命が課されていることを自覚するとともに、社会の変化に積極的かつ柔軟に対応できる教員として、必要とされる資質・能力を一つひとつ着実に身につけてほしい。

1）教員免許制度の改正と問題点

文部科学省は、大学での教員養成ばかりでなく、現職教員の再教育を図るべく、公費でもって大学院修士課程を利用した派遣のために、1980（昭和53）年創設の国立兵庫教育大学大学院をはじめとして、鳴門（徳島県）・上越（新潟県）の新構想3教育大学を新しく設けた。この背景には、学校で生じるさまざまな問題があった。暴力行為（対教師暴力・荒れる中学校）、いじめ（原因による自殺）・不登校・高校中退者の増加など問題の深刻化から、教員の指導力が問われるケースが多く見受けられるようになった。ここで言われる教員の指

導力とは、児童・生徒に対する生活指導や生徒指導におけるものである。

教育職員養成審議会は1997(平成9)年7月、「新たな時代に向けた教員養成の改善方策について」の第一次答申を文部省に出した。これを受けて、文部省は1998(平成10)年教育職員免許法を改正した。

小学校一種免許状を例にとると、1988(昭和63)年の改正では、教科18単位教職41単位、合計59単位であった。しかし、1998(平成10年)の改正では、教職科目の履修強化が行われるなど、再び閉鎖的な性格が強められた。教職41単位は変わらず、教科8単位、教科または教職は10単位となり、教科に関する単位数は1/2以下に減少したが、教科または教職関係の単位数は新たに10単位の修得が必要となった。中学校では、1988(昭和63)年の同法では、教科40単位、教職19単位の合計59単位であった。しかし、1998(平成10)年の改正では、教科20単位、教職31単位、教科または教職8単位となり、教科の単位数は1/2となったが、小学校と同様に教科または教職が8単位となり、新しく修得しなければならなくなった。

以上のように改正が行われたが、教職科目と教科科目のどちらを多く修得させるかは、教育学を専門とする教員の間でも論争が長く続いているところである。

小学校の教育実習は、5単位(ただし1単位が事前・事後指導)と変化はなかったが、中学校は学校現場での実習が3単位(2週間)から4単位(4週間)となった。また、小・中学校の教育実習の事前・事後指導として1単位が上乗せさせられた。

また、1997(平成9)年6月には、「小学校及び中学校の普通免許状授与に係る教育職員免許法の特例等に関する法律」(略して「介護体験等特例法」)が制定され、義務教育学校教育職員免許取得者(小・中学校の普通免許状を取得しようとする者)には、介護等の体験(特別支援学校で2日以上・社会福祉施設で5日以上の計7日間以上)が義務付けられた。これらは、障害者や高齢者に対する介護・介助・交流等の経験を義務付けた法律である。

このように、大学における教職科目の履修が強化された。このため、教員養成系の大学・学部以外では教職課程存続のための負担が大きくなっている。

これらの背景には、小学校では学級経営の崩壊、中学校では不登校やいじめの増加、高校では中退者の増加や教職員の不祥事問題など、教員の指導力が問われる多くの教育課題が存在することがある。

　それゆえ、法令の改正により「生徒指導」に関する科目を増やしたり「教育実習」の単位を増やしたりしている。たとえば「総合演習」（2単位）という新しい科目では、「(1) 人類に共通する課題又は我が国社会全体に関わる課題のうち一以上のものに関する分析及び検討、(2) (1) に関わる課題について幼児、児童又は生徒を指導するための方法及び技術」とあり、新たに、2000（平成12）年度入学生から適用されることとなった。

　このような、文部科学省の教員養成の取り組みについてみてきたが、ただ単に科目数を増やしたり実習期間を増やしたりすることだけで、教員免許状取得者に実践的指導力や使命感を養ったり、幅広い知見を身につけさせたりすることができるのだろうか。

　2）今こそ求められる教員の資質・能力

　ここで述べる教員の資質問題に関しては、先述の中教審や教養審の答申で触れてきたが、少し復習をしてから先に進みたい。

　まずは、1978（昭和53）年に中教審が「教員の資質能力の向上について」を提言する。ここでは、教員の資質として、これまで以上に教員の使命感を強調した。1983（昭和58）年の教養審の「教員の養成及び免許制度の改善について」には、教員の専門性の向上を図るため、3段階免許、教育実習の延長が盛り込まれていた。その後、1984（昭和59）年8月に設置された臨教審に引き継がれ、1987（昭和62）年の教養審答申「教員の資質能力の向上方策等について」で提言された初任者研修制度の創設、免許制度の改善を経て、1988（昭和63）年「教育職員特例法」の一部改正を行い、初任者研修の制度化が図られた。

　1996（平成8）年に中央教育審議会（第15期）は、「21世紀を展望した我が国の教育の在り方について」第一次答申を提言した。答申の要点は、「生きる力」の育成と「ゆとり」の確保を今後の教育の基本的方向と位置付け、教育内容の厳選による授業時数の縮減を求めるとともに、①教科の枠を越えた「総合的な学習の時間」の設定、②小学校でも外国語や外国文化に触れられるようにする、

③学年間や教科間で重複する内容を精選することであった。また、家庭教育の重要性を指摘するとともに、社会体験や自然体験など地域社会における教育の充実を促したことである。

「生きる力」について、同答申は詳細に述べている。「我々はこれからの子どもたちに必要となるのは、いかに社会が変化しようと、自分で課題をみつけ、自ら学び、自ら考え、主体的に判断し、行動し、よりよく問題を解決する資質や能力であり、また、自らを律しつつ、他人とともに協調して、他人を思いやる心や感動する心など豊かな人間性であると考えた。たくましく生きるための健康や体力が不可欠であることは言うまでもない。我々は、こうした資質や能力を、変化の激しいこれからの社会を〈生きる力〉をはぐくむということは、社会の変化に適切に対応することが求められるとともに、自己実現のための学習ニーズが増大していく、いわゆる生涯学習社会において、特に重要な課題であるということができよう」。

1997年（平成9）年4月には第16期の中教審が発足、6月に答申として、①入学者選抜の改善、②中高一貫教育の導入、③大学入学年齢の特例措置などを提言した。

この時期、学校基本調査および生徒指導上の諸問題の現状調査で、1996（平成8）年には高校の中退者が約9万6,500人、1997（平成9）年に不登校児童・生徒が約9万4,000人と過去最高を記録した。このように、21世紀を目前にしたこの時期は、学校教育にも課題がかつて予想できなかったほど山積していた。

その学校教育の成否は、学校園において教育に直接携わる教員の資質能力に負うところが極めて大きい。これからの時代に求められる学校教育を実現するためには、教員の資質能力の向上が重要な条件となる。前述したように学校現場では、日常茶飯事のごとくいじめや不登校の問題が生じており、教科指導はもちろんのこと、生徒指導や学級経営の面でも、教員には新たな資質能力が求められている。

＊中央教育審議会
　1952（昭和27）年6月に「中央教育審議会令」が公布され、1953（昭和28）年に設置された。教育刷新審議会のあとを受けて文部省に設けられた教育諮

問機関で、教育・学術・文化等に関する基本施策について文部大臣の諮問に応じ答申するものである。

このような中で、中央教育審議会の答申を受けた教育職員養成審議会は、1997（平成9）年7月に第1次答申「新たな時代に向けた教員養成の改善方策について」を発表した。その中で、教員に求められる資質能力を、「未来に生きる子どもたちを育てる教員には、まず、地球や人類の在り方を自ら考えるとともに、培った幅広い視野を教育活動に積極的に生かすことが求められる。さらに、教員という職業自体が社会的に特に高い人格・識見を求められる性質のものであることから、教員は変化の時代を生きる社会人に必要な資質能力をも十分に兼ね備えていなければならず、これらを前提に、当然のこととして、教職に直接関わる多様な資質能力を有することが必要と考える」と捉えている。そして、「資質能力」の中には、①いつの時代にも教員に求められる資質能力と②今後特に教員に求められる資質能力と2つに区分している。

① いつの時代にも教員に求められる資質能力

　1987（昭和62）年12月18日付けの本審議会答申「教員の資質能力の向上方策などについて」（以下「昭和62年答申」という）の記述[注]等を基に考えてみると、教員の資質能力とは、一般に、「専門的職業である『教職』に対する愛着、誇り、一体感に支えられた知識、技能等の相対」といった意味内容を有するもので、「素質」とは区別され、後天的に形成可能なものであると解される。

② 今後特に教員に求められる資質能力

　昭和62年に掲げられた資質能力は教員である以上いつの時代にあっても一般的に求められるものであると考えるが、このような一般的資質能力を前提としつつ、今日の社会の状況や学校・教員をめぐる諸問題を踏まえたとき、今後特に教員に求められる資質能力は、具体的にどのようなものであろうか。

　「学校教育の直接の担い手である教員の活動は、人間の心身の発達にかかわるものであり、幼児・児童・生徒の人格形成に大きな影響を及ぼすものである。このような専門職としての教員の職責にかんがみ、教員については、

教育者としての使命感、人間の成長についての深い理解、幼児・児童・生徒に対する教育的愛情、教科等に関する専門的知識、広く豊かな教養、そしてこれらを基盤とした実践的指導力」（昭和62年答申「はじめに」）などであろう。

「今後特に教員に求められる資質能力」を、3点に分類し、さらに3点に整理する。

　ア）地球的視野に立って行動するための資質能力
　　　＊ 地球、国家、人間等に関する適切な理解
　　　＊ 豊かな人間性
　　　＊ 国際社会で必要とされる基本的資質能力
　イ）変化の時代を生きる社会人に求められる資質能力
　　　＊ 課題解決能力等にかかわるもの
　　　＊ 人間関係にかかわるもの
　　　＊ 社会の変化に適応するための知識および技能
　ウ）教員の職務から必然的に求められる資質能力
　　　＊ 幼児・児童・生徒や教育の在り方に関する適切な理解
　　　＊ 教職に対する愛着、誇り、一体感
　　　＊ 教科指導、生徒指導等のための知識、技能および態度

「教員に求められる資質能力は、語る人によってその内容や強調される点がまちまちであり、それらすべてを網羅的に掲げることは不可能であるが、今日の社会の状況や学校・教員を巡る諸課題を念頭に置くと、主として上記のようなものを具体的に挙げ得るものと考える。

このように教員には多様な資質能力が求められ、教員一人ひとりがこれらについて最小限必要な知識、技能等を備えることが不可欠である。しかしながら、全ての教員が一律にこれら多様な資質能力を高度に身に付けることを期待しても、それは現実的ではない。

むしろ学校では、多様な資質能力を持つ個性豊かな人材によって、構成される教員集団が連携・協働することにより、学校という組織全体として充実した教育活動を展開すべきものと考える。またいじめや登校拒否の問題をは

じめとする現在の学校を取り巻く問題の複雑さ・困難さの中では、学校と家庭や地域社会との協力、教員とそれ以外の専門家（学校医、スクールカウンセラーなど）との連携・協働が一層重要なものとなることから、専門家による日常的な指導・助言・援助の体制整備や学校と専門機関との連携の確保などを今後さらに積極的に進める必要がある。

　さらに、教員一人ひとりの資質能力は決して固定的なものではなく、変化し、成長が可能なものであり、それぞれの職能、専門分野、能力・適性、興味・関心等に応じ、生涯にわたりその向上が図られる必要がある。教員としての力量の向上は、日々の教育実践や教員自身の研さんにより図られるのが基本であるが、任命権者が行う研修もまたきわめて重要である。現職研修の体系や機会は着実に整備されつつあるが、今後一層の充実が期待される」と、答申は「得意分野を持つ個性豊かな教員の必要性」について述べている。

　また答申は教員に求められる資質能力について、「このようなことを踏まえれば、今後における教員の資質能力の在り方を考えるに当たっては、画一的な教員像を求めることは避け、生涯にわたり資質能力の向上を図るという前提に立って、全教員に共通に求められる基礎的・基本的な資質能力を確保するとともに、さらに積極的に各人の得意分野づくりや個性の伸長を図ることが大切である。結局は、このことが学校に活力をもたらし、学校の教育力を高めることに資するものと考える」とまとめている。

　このように、教養審の答申を受けて、1998（平成10）年6月、教育職員免許法が改正された。さらに前述したように大学の教職課程の改訂がなされ、科目の新設や単位の増加など大幅に教職科目が改定されたのである。

　また、2002（平成14）年の中教審答申「今後の教員免許制度の在り方について」、2006（平成18）年の中教審答申「今後の教員養成・免許制度の在り方について」では、述べてきた考えを継続しつつ、さらに「教職実践演習」の導入や「教育実習の改善・充実」などを提案している。

| 学習課題 |

（1）古代・中世時代の歴史の流れを大きく捉え、歴史的事象について復習をしておこう。

（2）古代・中世の教育機関名や教育制度にかかわる人物名は、整理して覚えておこう。

（3）日本の中世の教育を概観するときに、仏教の影響を見逃すことはできないので、鎌倉・室町時代の仏教名と創立者名も覚えておこう。

（4）江戸幕府における武士の子弟の教育にあたった機関名と諸藩の藩士の教育機関で有名なものを整理して、地図上で確認をしながら記憶しておこう。

（5）江戸時代における各私塾の種類別に、名称と創立者の名前を整理しておこう。

（6）明治時代における教員養成の流れを正確に把握しておこう。

（7）戦前の師範学校がつくり上げた教師像を学ぶために、壺井栄の『二十四の瞳』や新田次郎の『聖職の碑』を読んで感想文を書いてみよう。

（8）大正期の新教育運動を日本に紹介した新教育論者の名前と著書名を整理しておこう。

（9）戦後の教育改革で、教員養成についての臨時教育審議会・中央教育審議会および教育職員養成審議会の諮問および答申を年代順に整理しておこう。

【参考文献】
1）寄田啓夫・山中芳和編著『日本教育史』教職専門シリーズ②，ミネルヴァ書房，1993
2）三好信浩編『日本教育史』教職科学講座第2巻，福村出版，1993
3）池ケ崎暁生・松島栄一編『日本教育史年表』三省堂，1990
4）歴史学研究会編『日本史年表』岩波書店，1969
5）柴田義松・宮坂琇子・森岡修一編『教職基本用語辞典』学文社，2004
6）岩内亮一・萩原元昭・深谷昌志・本吉修二編『教育用語事典　第三版』学文社，2002
7）五味文彦・鳥海靖編『もういちど読む山川日本史』山川出版社，2009
8）佐藤春雄『教職概論　教師を目指す人のために』学陽書房，2003
9）西林克彦・近藤邦夫・三浦香苗・村瀬嘉代子編『1教師をめざす』新曜社，2004
10）古橋和夫編『教職入門　未来の教師に向けて』萌文書院，2009
11）長尾和英編著『教職と人間形成』八千代出版，2004
12）山崎英則・西村正登編著『求められる教師像と教員養成──教職原論──』ミネルヴァ書房，2001
13）小島弘道・北神正行・水本徳明・平井貴美代・安藤知子『教師の条件　授業と学校をつくる力』学文社，2006
14）教職問題研究会編『教職論［第2版］教員を志すすべてのひとへ』ミネルヴァ書房，2009

第3章

教員の資質向上と研修

　本章では、教員を巡る現代社会の厳しい状況と、だからこそ求められる資質と能力につい述べる。そして教員の「使命感」と「職務遂行能力」を高めるためには計画的で継続的な研修が必要であることを、法的な根拠に基づきながら明らかにする。

　まず大学の学部で教員養成時における教科指導や生徒指導に関する最小限身につけるべき資質能力について述べる。次に採用された年度に受ける初任者研修について述べる。最後に教師になって10年が経過してから受ける、10年経験者研修に視点を当てて学ぶこととする。

　また社会的な問題となった指導力が不足している教員のための研修及び夏休みなどの長期休業中の研修の在り方についても、職務専念義務と関係付けながら考えることとする。

1. 教員になるために

今日の日本社会は、グローバル化・情報化・少子化・高齢化・社会全体の高学歴化を背景に、大きく変わってきている。この変化のスピードは私達が経験したどの時期よりも格段と速くなっている。

このような変化の激しい社会においてこそ、一人ひとりの子どもたちが自分の可能性を伸ばし、自立した個人として、心豊かにたくましく生き抜いてほしい。そのための基礎的な学力や体力が求められ、学校教育に対しては「成長に必要な学力や体力、道徳性などを確実に育成する教育を与えてほしい」との要望が高まっている。

「教育は人なり」という言葉は使い古された文言であるが、これは現在でも変わらないことである。どのような新しい教育改革が行われようとも、優秀な人材が学校で活躍しなければ、教育は良くはならない。ここで指す優秀な人材とは、単に有名大学教育学部出身ということではない。教員という仕事は子ども一人ひとりの未来を創るものであるとともに、この社会の未来をも創るものであるという自覚を持った人に教員という仕事を選んでほしい。これから教職に就こうと準備中の学生は、教員の仕事が持つこのような意義をぜひ理解していただきたい。

教育基本法には、「法律に定める学校の教員は、自己の崇高な使命を深く自覚し、絶えず研修と修養に励み、その職責の遂行に務めなければならない。

2　前項の教員については、その使命と職責の重要性にかんがみ、その身分は尊重され、待遇の適正が期せられるとともに、養成と研修の充実が図られなければならない」(2006《平成18》年12月22日に公布試行) と規定されている。ここでは以下の3つの重要なキーワードが示されている。

① 「使命を自覚し」＝使命感
② 「職務の遂行に務める」＝職務遂行能力
③ 「身分の尊重」と「待遇の適正」＝教育公務員としての身分や待遇の保障

教員が使命感と職務遂行能力を備えていることを前提として、次の身分の尊

重や待遇の適正などの人材確保の条件整備が強調されているのである。教師は公務員であるから不況に強く安定した仕事であるという理由だけで教員になるのは間違いであるし、そのような人に指導される児童・生徒にとっても迷惑な話である。

2．教員を取り巻く現在の状況

　では、具体的に現在の教員は、教育基本法で求められている「使命感」と「職務遂行能力」を十分に備えているのだろうか。大多数の教員は教員としての使命感や誇り、児童・生徒への教育的な愛情を持って教育活動に当たり、研究と修養に務めているといえる。そのような教員の真面目な姿は、子どもや保護者はもとより、広く社会から尊敬され高い評価を得てきたといえる。しかしながら、現在教員を取り巻く社会状況は大きく変化している。そして、その変化に応じた教員の資質能力が改めて問い直されている。ではいったい、教員にはどのような資質や能力が求められているのかを、次に述べていこう。

（1）急激な社会の変化への対応力
　先に述べたように、日本の社会構造はこれまでになく大きくかつ急激に変わっている。学校や教員はこの変化に合わせた教育活動をすることが求められているが、適切に対応できていない現状が見られる。かつての学校は、地域社会の文化の発信地であり拠点であった。そして新しい知識は、知識人として尊敬されていた学校の教員を通して、地域の人びとに広がっていった。しかし、今ではインターネットが発達し、教員よりも地域住民のほうが情報を早く知っているという現状がある。また、パソコンを使いこなせない教員や、視聴覚機器を有効に活用した授業ができない教員もいる。

　教員はこれまで以上に、必要かつ高度な専門的知識・技能を習得し、それを次々と新しくしていくなど、資質能力の維持向上を図る取り組みをしなければならない。

（2）地域や家庭の教育力の肩代わり

　都市化や核家族化の進行等が原因となり、家庭や地域の教育力が低下している。そのため、挨拶や食事マナーやトイレの使い方などの本来は家庭や地域で教育されるべき基本的生活習慣の育成において、新たな課題が出てきている。それに伴い、子どもの躾についての指導までも学校教育にお任せするという過度な期待が学校に寄せられている。また、市民の権利意識の高まりを背景にして、保護者の中には教員に対して、一定の目に見える教育成果を出すことを強く求める傾向も出ている。

　学校と家庭・地域社会との役割分担については、相反する2つの考え方がある。1つは、本来家庭や地域社会が果たすべき機能を学校に持ち込むのでなく、家庭や地域社会がその責任を果たすべきであるという意見である。もう1つは、家庭や地域社会の教育力を急に取り戻すことが難しい現状では、学校や教員が一定の役割を果たすこともやむを得ないという意見である。これはどちらかが正解という問題ではない。地域や学校によっても事情が異なり、一概に固定的な役割分担の方向性を示すのは困難であろう。例えば住宅地と下町にある商店街のような地域では、保護者の要望は異なるだろう。

　今後は、社会全体として子どもの教育を支えることが、ますます重要になる。このような意味で、保護者や地域住民の学校運営への参画を進め、その理解と協力を得ながら教育活動を進めなければならない。学校や教員は、家庭や地域社会のニーズを踏まえながら、職務を行うことがますます強く求められている。

（3）複雑で多様化する教育課題への対応力

　社会状況や子ども・保護者の変化等を背景にして、学校教育が抱える課題も多様化・複雑化が進んでいる。

　まず、子どもの学力低下の問題がマスコミ等で騒がれているが、それ以上に深刻なのは学ぶ意欲が低下していることである。子どもの意欲を高めるには、本物に触れ合うさまざまな体験を準備するとともに、社会性やコミュニケーション能力を付ける参加型の授業を進めることが大切である。しかし、安全で安心な環境という名目で、寄り道や地域の人と触れ合うような体験が不足し、子

どもにとって納得や実感を伴った学びが不足しているといえる。

またいじめや不登校・校内暴力等の問題が、形を変えながら依然として深刻な状況にある。仮想現実やインターネットの世界にはまってしまい、凶悪な事件が発生するなどしている。

LD（学習障害）やADHD（注意欠陥/多動性障害）等、特別支援教育の新たな展開とそれに関する知見などが次々と明らかになっているが、教員の意識変革や研修がそれに追いついていない状況である。

そんな中で、保護者や地域住民が学校運営に参画することが多くなり、学校に対して自己評価や外部評価が義務付けられるようになった。自己評価や外部評価を学校内外に公開することにより、学校には説明責任が求められるようになった。しかし、狭い教室の中で学級の子どもに向き合うことを主な仕事としてきた教員の中には、この制度に戸惑っているものもいる。

（4）教員としての信頼性

多くの教員は真摯に教育に取り組んでいるが、一部であるが、子どもに関する理解が不足していたり、教材への理解が不十分だったりと「職務遂行能力」に欠ける「指導力不足教員」の存在が明らかになってきた。また、ごく一部であるが勤務時間が守れないなど社会人としての規範意識に欠け、教職に対する使命感にも欠ける「不適格教員」も存在する。このような問題は一部の教員であるが、保護者や地域からの批判の対象となり、教員全体の信頼を損なうことになっている。

（5）教職員同士で支え合う同僚性

このような社会の変化への対応や、保護者からの期待の高まりを背景にして、教員はますます多くの業務を抱えるようになっている。その中で、日々子どもと接しその人格形成に関わっていくという使命を果たすことに専念できない者も出てきている。多忙感をもち仕事を効率よく進行できず、保護者等の要望にストレスを感じて教職を去る者も少なくない。

また、教科指導や生徒指導など教員としての本来の職務を進めるためには、

教員間の学び合いや支え合いという組織的な取り組みが必要である。しかし、現在の学校では、そのような意識がだんだんと希薄になっているのではないだろうか。かつては、個別懇談が終わった後に、職員室でストーブを囲んで教員がお茶を飲みながら情報交換する姿が見られたものである。

（6）退職者の豊かな経験の継承
　現在の教員の構成年齢を考えると、大量採用期の50歳代前後の層が厚くて、いわゆる中堅層と呼ばれる30代から40代前半の教員が少ない。現在大量採用期の世代が退職を始めていることから、量と質の両面から、優れた教員を養成・確保することがとても重要な課題となっている。ベテランといわれた教員から若手の教員へ、教材研究や児童・生徒指導の基本的な考え方や方法を上手く受け継がれることが求められている。

3．教員に求められる資質能力

　すでに述べてきたような教育を取り巻く社会状況の変化の中で、この変化や諸課題に対応できるような高度な専門性と豊かな人間性・社会性を備えた力量のある教員が求められている。そのような教員に不可欠な資質能力とは何かについて考えたい。2005（平成17）年の中央教育審議会答申「新しい時代の義務教育を創造する」においては、次の3点が重要だと述べられている。
①教職に対する強い情熱
　　教師の仕事に対する使命感や誇り、子どもに対する愛情や責任感など
②教育の専門家としての確かな力量
　　子どもへの理解力、児童・生徒指導力、集団指導の力、学級づくりの力、学習指導・授業づくりの力、教材解釈の力
③総合的な人間力
　　豊かな人間性や社会性、常識と教養、礼儀作法をはじめ対人間関係能力、コミュニケーション能力などの人格的資質、教職員全体と同僚として協力していくこと

教員としてのこのような資質や能力は、採用試験に合格して教壇に立ったとしても、短い期間で簡単に身に付くようなものではない。例えば、昨日までうまく指導できなかった算数の掛け算の文章問題が、突然に指導できるようになるはずがない。これには単位量当たりやいくつ分という掛け算の意味や、児童がつまずきやすいポイントがどこにあるのかなどの算数の専門的な知識が必要である。そして、児童一人ひとりの考え方などの傾向を把握するために、どのような手立てをとるかという指導の技術も必要である。さらにはその知識や技術とともに、子どもを授業で引き付ける人間的な魅力も求められることになる。いくら専門的な知識が豊かで、指導の技術がすぐれていても、人間として子どもから慕われないようでは教員としてはふさわしくないのである。

4．大学における教員養成課程の質的向上

　大学の教員養成課程が、教員としての最低限の資質能力を学生に確実に身に付けさせるためには、何よりも大学自身の教育課程の改善・充実に向けた取り組みが必要である。大学では学生に教職についての理解を含め、自分が教職への適正があるのかどうかを考察させなければならない。また個々の科目の履修により身に付けた知識・技能を自己の中で関連付け、教科指導や生徒指導を実践できる資質や能力を身に付けるよう指導・助言・援助しなければならない。免許取得に必要な科目を履修すれば、免許を得るという時代は終わったのである。
　そのため、2013（平成25）年度の大学4年生の後期から「教職実践演習」という科目の履修が位置付けられた。この教職実践演習は、大人数による講義形式は極力避け、演習（指導案の作成や模擬授業・場面指導の実施等）や事例研究、グループ討議等を適切に組み合わせて実施することが求められている。教職経験者を含めた複数の教員の協力方式により、実施することとなる。
　また教職課程の履修者に対して、早い段階からインターンシップ等の学校現場や教職関連施設を体験する機会や子どもと触れ合う機会、現職教員との交流の機会を提供するなどが求められる。さらに個々の学生について履修履歴等を確認しながら、各学年の終了ごとに必要な教職指導を行うなど、きめ細かい指

導の工夫を図らなければならない。

　特に教育実習については、学校現場での教育実践を通して自らの教職への適性や進路を考える貴重な機会である。そのため、教育実習の実施に必要な知識・技能を学生が身に付けていることを十分確認した上で実習を認めるようにする履修要件の厳格化が進められている。

5．現職教員の研修

（1）研修の法的根拠

　教育基本法第9条では、「法律に定める学校の教員は、自己の崇高な使命を自覚し、絶えず研究と修養に励み、その職責の遂行に努めなければならない」と規定されている。

　また、教育公務員特例法第21条第1項は、「教育公務員は、その職責を遂行するために、<u>絶えず研究と修養に努めなければならない</u>」として、日ごろから研修に努める義務を定めている。同条第2項では、「教育公務員の任命権者は、教育公務員の研修について、それに要する施設、研修を奨励するための方途その他研修に関する計画を樹立し、その実施に努めなければならない」と研修の条件を整備することとその実施を義務付けている。

　地方公務員法第39条第1項は「職員には、その勤務能率の発揮及び増進のために、<u>研修を受ける機会が与えられなければならない</u>」と定めている。一般の地方公務員の研修は直接「勤務能率の発揮及び増進」に関することを目的として行われるのに対して、教育公務員の研修は広く「その職務を遂行する」ことを目的としている。さらに下線の部分を比較してみると明らかなように、教育公務員に対しては研修することを義務付けており、一般の地方公務員より研修の重要性が述べられている。

　なお、地方公務員法による研修の実施者は任命権者（教員を採用する権限を持つところ）であり、市町村立義務教育諸学校の教職員は、多くが県費負担の教職員であるため、地方公務員法に基づく研修は都道府県教育委員会が行うことになる。地方教育行政の組織および運営に関する法律第45条により、県費

負担教職員は任命権者だけでなく、市町村教育委員会も研修を行うことができるとされている。さらに、市町村教育委員会は、都道府県教育委員会が行う県費負担教職員の研修に協力をしなければならないと定められている。

指定都市（神戸市とか大阪市など都道府県とは別に教員採用を実施する市）の県費負担教職員の研修は、地方教育行政の組織及び運営に関する法律第58条第2項により当該指定都市の教育委員会が行うことになっている。中核市（人口30万人以上）の県費負担教職員の研修も同様に中核市が行うことになっている。

教育公務員特例法第22条には、研修について次のように定められている。
①教育公務員には、研修を受ける権利が与えられなければならない。
②教員は、授業に支障がない限り本属長（通常は校長）の承認を受けて、勤務場所を離れて研修を行うことができる。

　これは職務専念義務の免除を受けて勤務時間内にいろいろな研修会に参加することである。例えば夏休みなどの長期休業中に自宅で研修したりするのはこの特例を生かしているものである。
③教育公務員は任命権者の定めるところにより、現職のままで、長期にわたる研修を受けることができる

　近年現職教員に本格的な研修の機会を与えるために教職大学院が設置され、長期研修が進んでいるのが例である。例えば小学校に外国語活動が導入されたので、英語力をつけるために休職して海外の大学院において学ぶことも可能である。または、新たな課題であるLD（学習障害）やADHD（注意欠陥/多動性障害）等、特別支援教育を専攻して、その教員免許を取得することもできる。

（2）研修の分類

教員の研修は、その内容に応じて法的に以下のように分類できる。
①勤務そのものとして行わせる命令研修

　文部科学省や都道府県教育委員会・市町村教育委員会などが主催する研修会へ出張命令で参加する研修である。これらは勤務の一部であり、研修

を受講することそのものが職務となる。勤務場所を離れての研修は公務であるから、当然旅費や日当などが支給される。参加する途中で交通事故等に遭遇した際も、公務災害とされる。例えば学習指導要領が改訂される際の行政研修などは、教員の研修の中では不可欠なもので、職務命令によって参加が求められる。これを正当な理由なくして参加を拒否すれば、職務命令違反となる。

②勤務に有益なものとなると判断して、職務専念義務免除の便宜を与えて行わせる職専免研修

これは、研修に参加することが教員としての成長を促すと判断される場合に許可されるものである。「服務の専念に関する条例」などの規定に基づいて職務を免除して参加させるものである。職専免による研修は、命令研修と異なって、旅費の支給もなく、公務災害の適用もない。さらに職専免による研修の場合には、事前に研修の承認願いを出して許可をもらう必要がある。

③勤務時間以外を利用して行う、自主研修

これは勤務時間以外の時間を使って行う個人的なレベルでの研修である。原則として年次休暇をあてて研修をすることとなる。そのため研修期間が長期になると実質的には参加が難しくなる。研修への参加費用もすべて自己負担となる。

当該研修が上記のいずれになるかを考え、どのように取り扱うかは、服務監督権者（通常は校長）が研修の内容に応じて判断して決定することとなっている。なお、長期にわたる研修は、任命権者である教育委員会の人事上の問題（代替教員の配置など）にも関係してくるので、当然その承認は教育委員会の判断が必要となる。

命令研修や職専免研修を承認するか否かは校長の裁量権に属することであるから、校長としては服務監督権者の立場で「授業への影響はあるのか」「研修内容が教員の職務内容に密接に関連しているのか」「研修成果が今後の職務遂行に役立つか」などを総合的に判断して、承認の可否を決めなければならない。

例えば、音楽科教員と英語科教員から、海外で行われる歌唱指導研修会に参

加したいと申し出があった際、職務内容との関連や今後の職務遂行への貢献度から判断すると、音楽科教員には許可されるが、英語科教員には許可されないことになる。

6．初任者研修

　初任者研修の目的は、初任者に学級や教科・科目を担当しながら、教師としての基礎的素養、学級経営、教科指導、道徳、特別活動、生徒指導など職務遂行に必要な事項を習得させることにある。1988（昭和63）年5月に「教育公務員特例法及び地方教育行政の組織及び運営に関する法律の一部を改正する法律」が公布され、翌年4月1日から「初任者研修」制度が実施された。このとき追加された教育公務員特例法第23条では、初任者研修を次のように位置付けている。
①公立の小学校等の教諭等の任命権者、当該教諭に対して、その採用の日から1年間の教諭の職務の遂行に必要な事項に関する実践的な研修（以下「初任者研修」という）を実施しなければならない。
②任命権者（県費負担教職員については市区町村教育委員会）は初任者研修を受ける者の所属する学校の教頭、教諭または講師のうちから、指導教員を命ずるものとする。
③指導教員は、初任者に対して教諭の職務の遂行に必要なことについて指導および助言を行うものとする。
　また、同法第12条は、教諭等の条件付き採用期間を6カ月から1年に改めている。地方教育行政の組織及び運営に関する法律第47条の4は、市（指定都市は除く）町村教育委員会は、必要がある場合、都道府県教育委員会に初任者研修に係る非常勤講師の派遣を求めることができるとしている。
　校内における研修は週2日程度、年間60日程度で指導教員を中心に各教師が協力して指導に当たる。授業の実施、評価の方法、生徒理解やカウンセリング、学級経営の方法等、学校が編成した構内研修カリキュラムを実施することになる。校外における研修は週1日程度、年間30日程度行うものである。教

職センター等での講義、演習、実技指導のほか、他校種の学校や社会教育・児童福祉施設、デパート等の民間企業等での体験学習もある。その他、教育委員会主催の年間4泊5日程度の宿泊研修もある。

初任者研修は、市町村教育委員会が作成する年間指導計画および研修計画に基づき、各学校が作成する年間指導計画に基づいて実施される。したがって各学校の年間研修プログラムを作成するに当たっては、何でも研修ではなく、研修内容の重点化・精選を図るとともに、初任者の適性や能力に対応するものでなければならない。また、校内と校外との内容の相互関連も大切である。

このようにして導入された初任者研修であるが、10年後に見直し改善が図られた。1999（平成11）年12月、教育職員養成審議会は「養成と採用・研修との関連の円滑化について（第3次答申）」で次のように提言をしている。

①授業実践について指導教員等がきめ細かく初任者を指導していく時間を確保する。
②参加型・体験型研修、課題解決的な研修を多く取り入れるなど、研修カリキュラムをより魅力あるものとするよう工夫する。
③他校種間研修等を取り入れる。

7．大学院修学休業

2000（平成12）年4月28日「教育公務員特例法の一部を改正する法律」が公布され、翌年から試行されることになった。改正の趣旨は教員の専修免許状の取得を促進し、その資質の向上を図るため、国公立の小学校等の教員が職務に従事せず国内外の大学院の課程等に長期にわたり在学し、その課程を履修することができるようにしたことである。これが大学院修業休業制度である。

教育公務員特例法第22条第3項では、「教育公務員は、任命権者の定めるところにより、現職のままで、長期にわたる研修を受けることができる」と定めている。この規定により、現職のままで兵庫、上越、鳴門教育大学等の大学院への派遣による長期研修が行われている。これは現職のままで大学院で勉強できる制度である。しかし代替教員に要する財政的問題や学校運営への影響が大

きいので、最近は承認は厳しくなり、その人数は制限される傾向となっている。

現在、兵庫、上越、鳴門の教育大学の大学院の受験に当たって教育委員会が与える要件として、①教職経験が3年以上で積極的な勉学意欲を有するもの、②大学院終了後も当該都道府県に勤務する意志を有するもの、③大学院への派遣が学校運営上支障がなく、かつ、有益であること等が挙げられている。

教育公務員特例法第26条は「公立の小学校の教諭、養護教諭、栄養教諭又は講師で次の各号のいずれにも該当するものは、任命権者の許可を受けて、3年を超えない範囲内で年を単位として定める期間、大学（短期大学を除く）の大学院の課程若しくは専攻科の課程又はこれらの課程に相当する外国の大学（省略）に在学しその課程を履修するための休業（以下「大学院修学休業」という）をすることができる」と定めた。第1項各号では、対象教員について、国公立の幼稚園から高校までの教諭、養護教諭、栄養教諭または講師で、一種免許状または特別免許状を有するなど一定の要件を満たす者、専修免許状を取得するための国内外の大学院などにおけるフルタイムの修業を目指していることなどを定めている。第27条では、大学院修業休業している者は、国家公務員または地方公務員の身分を保有するが、服務に従事せずに給料も支給されないことを定めている。

多くの教員がこの制度を活用して大学院などで修学し、教員としての自己の専門、得意分野の伸長等、その力量の向上を図っていくことが期待されている。

8．10年経験者研修

教員として10年が経過すると、教育を取り巻く社会の状況も大きく変わり、該当の教員が大学で学んだ指導方法や子ども理解が、現実とはかけ離れ通用しなくなる可能性が出てくる。またベテランの教員のクラスで、学級崩壊が起こるなどの新たな現象も出てきた。このような社会的な背景から10年経験者研修が出てきたといえる。約10年で学習指導要領が改訂されているわが国の現実からすると、教員になって10年目という時期の研修は重要であるといえる。

2002（平成14）年2月21日には中央教育審議会が「今後の教員免許制度の在

り方について（答申）」を出し、この答申に基づいて「10年経験者研修」が制度化された。

2003（平成15）年度からは、在職期間が10年に達した後、相当の期間内に、個々の能力、適正等に応じた研修（10年経験者研修）を実施することを任命権者に義務付ける規定（教育公務員特例法第24条）が試行された。

公立の小学校・中学校・高等学校・中等教育学校・特別支援学校および幼稚園の教諭、助教諭および講師（常勤の者に限る）のうち、教諭等としての在職期間が10年に達した者が、10年経験者研修の対象となる。この在職期間には、現在の任命権者の下での在職期間だけでなく、私立学校などにおける勤務年数や他の都道府県における教諭等としての在職期間なども含まれる。

10年経験者研修の実施時期については、特別な事情がある場合には柔軟に定めることができる。例えば、ある特定年度に研修受講者の数が極端に多いため複数年度に分けて研修を行う場合や、特定の教科について1年ごとの受講者が極端に少ないため複数年度合わせて行う場合がある。

研修の具体的な実施方法は、任命権者が、各地域の実情に合わせて定めることになっているが、文部科学省では次のようなモデルを想定している。

①研修の実施に当たり、事前（前年度または1学期）に授業状況等の観察等を通じて、個々の教諭等の能力、適性について評価を行い、その結果に基づき、教諭ごと一人ひとりの研修計画書を作成すること。
②夏季・冬季の長期休業中に、20日間程度、教育センター等において研修計画書に基づき実施すること。
③2～3学期に、20日間程度、長期休業中の研修において習得した知識や経験を基に、主として校内において研修を実施すること。
④研修終了時に、個々の能力、適性等を再び評価し、その結果をその後の研修等に活用すること。

なお、県費負担教職員については、評価および研修計画作成は、都道府県教育委員会ではなく、市町村教育委員会が行うこととなる（教育公務員特例法第17条第1項、第24条第2項）。

さらに、10年経験者研修の実施に当たって配慮するべき点として、次のよ

うな事項が示されている。
　①計画の策定や評価に当たって、校長会等の関係者と連携し、教員のニーズや学校現場の意見を反映させること。
　②研修を受けた教諭等を対象としたアンケート調査等を活用することなどによって、10年経験者研修の内容等を改善していくこと。

9. 指導改善研修

　2007（平成19）年免許更新制の導入の際、教育公務員特例法が改正された。これにより公立学校の教員の任命権者は、児童・生徒に対する指導が不適切であると認定された教員（教諭・助教諭・講師）に対し、指導改善研修（期間は1年以内）を実施しなければならないと定められた（同法第25条）。

　指導が不適切と認定される教員の具体例として、2001（平成13）年8月29日付け文部科学事務官通知では、次のように述べている。「教える内容に誤りが多かったり、児童生徒の質問に正確に答えることができない等」「ほとんど授業内容を板書するだけで児童生徒の質問を受け付けない等」「児童生徒の意見をまったく聞かず、対話もしないなど、児童生徒とのコミュニケーションをとろうとしない等」のケースである。

　指導改善研修に当たっては、その指導改善研修を受ける教員ごとに、まず研修に関する計画書を作成しなければならない。そして、任命権者は、指導改善研修の終わりに指導の改善がどの程度なされたのかの認定を行わなければならない。認定に当たっては、教育や医学の専門家や保護者などの意見を聞いて、「指導力が不適切な教員」の認定を行うべきとなっている。そして、任命権者は研修の後、指導の改善が見られないと判断された者に対して、「免職その他の必要な処置」を講ずるものと定めた（同法第25条の3）。「その他の必要な処置」とは、教職以外の行政一般職への転職であると考えられる。

　なお、教員としての適格性に欠ける者や勤務実績が良くない等、分限免職または分限休職に該当する者はこの制度には当てはまらない。特に指導を適切に行うことができない原因が、教員本人の精神疾患に基づく場合には、医療的な

観点に立った処置や分限処分などによって対応すべきものなので、この制度の対象にはならない。また、無断欠勤や遅刻等の服務怠慢や万引きや暴行事件などの非違行為等も懲戒処分の対象となり、この研修の対象者にはならない。

つまり、この制度は分限免職・分限休職には至らないが、児童生徒への指導が不適切な教員を対象とすることになっている。しかし、実際の問題としてこれらの問題の境界線は非常に微妙であることが多い。それゆえ、この措置による研修では、その効果はあまり期待ができそうにないという声も聞かれる。

10. 長期休業中の研修

皆さんの中には、学校が長期休業になると教員も休みであると勘違いをして「先生は夏休みにのんびりできていいな」と思っている人もいるだろう。法律的に見れば、夏季休業中も月曜日から金曜日までは「勤務を要する日」である。つまり夏季休業中も原則として学校に出勤しなければならないのである。夏休み中に教員が学校に出勤しないことが認められるのは、年次有給休暇または夏季特別休暇のほかは職専免による自宅研修ということになるからである。

「職専免」とは職務専念義務の免除の略語である。職務専念義務については地方公務員法は「職員は、法律又は条例に特別の規定がある場合を除く外、その勤務時間及び職務上の注意力のすべてを、その職務遂行のために用い、当該地方公共団体がなすべき責を有する職務にのみ従事しなければならない（第35条）」と定めている。

この条文は2つのことを規定している。1つは職員は勤務時間と注意力のすべてを職務遂行に用いなければならないこと、もう1つは、法律または条令に特別な定めがある場合には、職務専念義務を免除できることである。つまり、公立学校の教員は、勤務時間および注意力のすべてを学校運営または教育指導等の遂行にあてることが求められており、これは夏休み中といえども同じである。

では、「法律又は条令に特別の規定がある場合」の職務専念義務の免除により、本来の勤務をしないことが認められているのは、どのような場合だろうか。

職務専念義務を免除する法律または条例はいろいろあるが、その1つとして、教育公務員特例法第22条第2項は、「勤務場所を離れて行う研修」を定めている。この規定に基づき、教員には夏休みにおける職専免による自宅研修が認められている。職専免研修は、その内容が学校運営や教育活動に反映するものでなくてはならないので、自宅での単なる休養や銀行、買い物に行くなど個人的な用務などは許されない。もちろん、研修の実態が伴わないものは自宅研修として承認はできないこととなっている。しかし、「職専免による研修を許可された教員が、自宅の近くでのんびりと買い物している」等の地域住民からの批判の声も聞かれるなど、その運用に関しては、学校の信頼性を揺るがすものとなっている。

　文部科学省は2002（平成14）年7月4日付けで初等中等教育企画課長通知を各都道府県教育委員会に出している。その内容は、職務専念義務の免除による研修の適正化である。通知には職専免研修を認める際の留意点として以下のことを述べている。

　①職専免研修は校長の権限と責任において承認されるものであること。
　②自宅での休養や自己の用務など研修の実態を伴わないものを認めてはならないこと。
　③事前の研修計画や事後の報告書を提出させること。

【参考文献】
教職問題研究会『教職論』ミネルヴァ書房，2005
八尾坂　修『教職員の不祥事を防止する学校マネジメント』教育開発研究所，2005
教育法規研究会『教育法規質疑応答集』ぎょうせい，2010
林　勲『教育の原理』法律文化社，2008
渡邊　孝三『教育法規の学び方』日本教育新聞社，1996

> 学習課題

（1）教員に求められている資質を3つ述べ、それについて説明しなさい。
（2）現職教員の研修には、どのようなものがありますか、どのような法的な根拠に基づいているのかも同時に述べなさい。
（3）研修を分類すると、大きく3つに分かれます。違いを明らかにしながら説明しなさい。
（4）職務専念義務を受けて研修に出る場合、どのようなことに配慮しなければなりませんか。

第4章

教員の身分と服務

　学校教育法では、教員の主な職務について、「教諭は、児童の教育をつかさどる」と規定している。その仕事は学習指導要領や学校管理規則、各種の通達などによって定められている。本章では教員の身分はどのように保障されているかについて述べる。また、その職務を遂行するために守らなければならないさまざまな服務規程についても述べることとする。

1　教員の服務の根本基準

　服務とは公務員としての地位に基づき、職務上あるいは職務外においても公務員に課せられている規律を守るべき義務のことである。どのような職種においても、一定の規律や義務がその組織に属するものに求められるが、公務員においては、一般市民より厳しい倫理規範が求められている。

　日本国憲法において、「すべての公務員は全体の奉仕者であって一部の奉仕者ではない」と規定している（第15条第2項）。これが、公務員すべての服務の基本的態度である。

　これを受けて、服務の根本基準として地方公務員法第30条に2つのことが定められている。「すべての職員は、全体の奉仕者として公共の利益のために勤務し、且つ、職務の遂行に当たっては、全力を挙げてこれに専念しなければならない」と規定する。この条文の要点の第1は「全体の奉仕者」として、公共の利益のために勤務することである。第2は、職務の遂行のために全力を挙げて勤務することである。「公共の利益」とは、国民または住民全体の意思としての国会または地方議会で制定されている法律または条令で具体化されるものである。さらに具体的には、個々の職員が職務を遂行する際に、上司から出される職務命令であるといえる。

　公立学校の教員は地方公務員であるから、地方公務員法の服務についての規定が適用される。さらに教育公務員であるという特性もあるので、教育公務員特例法も適用されることになる。

2．教員の服務の特徴

　公立学校教職員の服務義務は、上記の服務の根本基準に基づき、「職務上の義務」と「身分上の義務」に分かれている。勤務時間内において職務を遂行するに当たっての「職務上の義務」には次の3つの義務がある。

　①服務の宣誓（地方公務員法第31条）

②法令等及び上司の職務上の命令に従う義務（同法第32条）
③職務に専念する義務（同法第35条）
　公務員としての身分を有するがゆえに守らなければならない「身分上の義務」としては、次の５つの義務が挙げられる。
①信用失墜行為の禁止（地方公務員法第33条）
②秘密を守る義務（同法第34条）
③政治的行為の制限（同法第36条）
④争議行為等の禁止（同法第37条）
⑤営利企業等の従事制限（同法第38条）
　これらの服務義務は地方公務員としての共通のものであるが、公立学校教員については、教育公務員特例法によって、教育公務員の職務と責任の特徴により、次の特例が設けられている。
　１つは、教育公務員特例法第18条の「政治的行為の制限」である。これは教員の仕事が子どもの教育を直接担当するという特別な意味からきている。もう１つは、同法第17条の「営利企業等の従事制限」である。これは、教員という専門職としての人材を活用するという視点から定められている。
　これらの個々の義務についての説明は、後で詳しく述べる。

3．教員の服務の監督

　教職員の任命権者は原則として服務監督権者と同じである。例えば都道府県立学校の教職員の任命権者と服務監督権者は同じであり、都道府県教育委員会となる。しかし、多くの公立小中学校の教員である県費負担教職員の任命権者は、政令指定都市および中等教育学校を設置する市町村を除き、都道府県教育委員会である。しかし、服務監督権者はその教員が勤務する市区町村教育委員会となって、任命権者と服務監督権者が異なっている。それは、県費負担教職員は、市町村の教育事業を遂行する当該市区町村の職員であるが、その給与は市区町村でなく都道府県の負担（３分の１は国負担、市町村立学校職員給与負担法第１条、義務教育国庫負担法第２条）とされているからである。つまり公

立の小中学校は設置者が市区町村であるが、そこで勤務する教員の身分の取り扱いについては、市区町村に権限がない仕組みになっている。また、各学校の校長は、上司として教員の職務上および身分上の服務の監督を行う立場である。

4．職務上の義務

(1) 服務の宣誓（地方公務員法第31条）

先述したように服務の性格と重要性から考え、新たに公務員になった者は任命権者または任命権者の定める公務員の面前において、別記様式による宣誓書に署名押印をしなければ、職務を行ってはならないとされている。

服務の宣誓の方法として、宣誓書への署名押印、宣誓書の自書及び署名、宣誓書の朗読後の署名などがある。任命権者の定める公務員とは、立会人であるが、上級の公務員として、校長が宣誓する場合は教育長が、それ以外の教職員宣誓する場合は校長が立ち会うのが通例である。

別記様式としては「私は、ここに、主権が国民に存することを認める日本国憲法を尊重し、かつ擁護することを固く誓います。私は地方自治の本旨を体するとともに公務を民主的かつ能率的に運営すべき責務を深く自覚し、全体の奉仕者として誠実かつ公正に職務を遂行することを固く誓います」と定めている。

ただし服務の宣誓は、公務員になることを受け入れたことで生じた職員の服務義務に従うことを住民に対して宣言する行為であって、職員の服務義務が宣誓によって生じるものでないことに注意しなければならない。したがって服務の宣誓は、一般の雇用関係とは本質的に異なる規律に服することを受け入れて公務員になろうとする職員自身の意志に基づく行為である。それゆえ、服務の宣誓をすることは憲法第19条に規定している良心の自由に反するものではない。これを拒否することは、公務員としての適格性を欠くことにもなる。

(2) 法令等及び上司の職務上の命令に従う義務（地方公務員法第32条、地方教育行政の組織及び運営に関する法律第43条第2項）

1）法令等に従うとは

　公務員はその職務の遂行に当たって、法令、条例、地方公共団体の規則及び地方公共団体の機関の定める規定に従うことが義務付けられている。県費負担教職員の場合は、法令、当該市町村の条例、規則、当該市町村教育委員会の定める規則、規定のほか県費負担教職員に関して都道府県が制定する条例にも従わなければならない。

　また、すでに述べたが、すべての公務員は日本国憲法を尊重し、これを擁護する義務を負っている（憲法第99条）。すべての法令は直接、間接に憲法に由来しているので、公務員がその職責の遂行に当たって、このような法令に従うべき義務を負うことは当然である。また、「すべての公務員は全体の奉仕者として公共の利益のために勤務し（地方公務員法第30条）」なければならないのであるから、公共の利益を具体的に表現した法令、条例等に従わなければならないことも当然である。

　公務員は「その職務を遂行するに当たって」法令等に従うのであるから、例えば学校教育法第34条第1項の教科書義務違反（教科書を使わずに自作のプリントばかりで授業をする）をしたような場合には、地方公務員法第32条にも違反したことになる。しかし、休日の日など勤務時間以外の飲酒運転による事故などのように、私的な状況において道路交通法第65条に違反しても地方公務員法第32条の違反には当たらない。その場合は、信用失墜行為の禁止（地方公務員法第33条）、全体の奉仕者たるにふさわしくない非行（地方公務員法第29条第1項第3号）として懲戒処分の対象となる。

2）上司とは誰を指すのか

　公務員は、上司の職務上の命令に従う義務もある。では、職務命令を出すことができる上司とは、いったい誰を指すのだろうか。それは、その職員との関係においてそのものを指揮監督する権限をもつものを指す。上司には職務上の上司と身分上の上司がある。両者は通常一致するが、県費負担教職員の場合は、身分上の上司は都道府県教育委員会であるが、身分は市町村の公務員であり、

市町村教育委員会が職務上の上司ということになる。そして学校では校長と校長を補佐する教頭が、その他の教職員すべての上司ということになる。

校長は学校教育法第37条第4項により、校務をつかさどり所属職員を監督する立場にあるので、教職員の上司である地位と権限を持っている。校長は職務上の上司であるとともに、教育委員会に属する服務の監督を分担しているので、身分上の上司であるともいえる。教頭については学校教育法第37条7項において、校長を助け、校務を整理する立場にあることから、その職務の範囲内において校長以外の教職員の上司に当たる。

  3）法令上の職務命令とは

職務命令とは、上司が部下の職員に対して職務を指揮するために発する命令である。職務命令の出し方には決められた様式はない。職務命令はいつでも必要に応じて出されるものであるので、文書でも口頭でもどちらでもよい。ただし、後日の証拠とする場合には、必ず文書で出しておくことが必要となる。

職務命令には、教育委員会が制定する学校管理規則のように条文の形をとるものもあるが、一般的には学校で校長が職務上必要なことであり、日常的に教職員に口頭で命じるものすべてが職務命令であるといえる。

公立学校の教職員に対する職務命令の法令上の規定には、以下の2つがある。

① 「職員は……上司の職務上の命令に忠実に従わなければならない」（地方公務員法第32条）

② 「県費負担教職員はその職務を遂行するに当たって……市町村教育委員会その他職務上の上司の職務上の命令に忠実に従わなければならない」（地方教育行政の組織及び運営に関する法律第43条第2項）

  4）職務命令の有効条件

教員に対して出される職務命令が有効であるためには、次の条件を満たす必要がある。上司である校長の発言や言葉が、すべて職務命令として有効かどうかは、その内容による。

① 　権限ある職務上の上司から出されたものであること。

すでに述べてきたように、教員の職務上の上司は都道府県教育委員会または市町村教育委員会である。また校長もすべての教職員の上司であり、教頭

は校長以外の教職員の上司である。複数の上司の命令が異なり矛盾する時は、より上級の上司の命令が優先されることとなる。
② 命令を受けた教職員の職務の範囲のものであること。

職務命令は職務の範囲に限られるが、校長は教職員の身分上の監督者でもあるから、信用失墜行為や政治的行為など一見その職員の職務と関係がないような行為についても、必要に応じて教職員に対して職務命令を出すことがある。例えば、冬季休業中の前には、忘年会等で飲酒をした後には車を運転しないように命令し、選挙の前になると特定の候補者のポスター貼りや投票への勧誘をしないように命令を出すのは、当然のことである。

学校教育法第37条11項で「教諭は児童の教育をつかさどる」と規定されているが、これを根拠として児童の教育活動以外は教諭の職務でないと考えるのは間違いである。教諭の職務の中心は、児童・生徒の教育をつかさどることであるが、それ以外の校務分掌上の仕事も職務であるといえる。例えば、学校施設・物品・文書の管理、外部団体との連絡調整なども含まれる。夏休みに、学校花壇や飼育動物の管理として教職員に日直当番が命じられることもある。
③ 命令が法律に違反していないこと、事実上の不能を命じるものでないこと。

違法行為を命じるような職務命令は有効ではない。例えば、特定の生徒の入学試験の点数を改ざんするように指示したり、学校経理金を本来の目的以外に流用するよう指示したりすることである。また、事実上の不能とは、物理的に不可能なことを命令することである。例えば実行できないような無理な短期間の行程での旅行命令を出すようなことがこれに当たる。
④ 命令を受ける職員の職務上の独立に関するものでないこと。

これは裁判官の職務など独立性が法律で認められているような場合で、教職員には関係がない。

5) 職務命令の適法の推定

有効な職務命令には教員は忠実に従わなければならない。しかし時折、学校では校長の出す職務命令が違法だから従わないといって拒否するケースが見られる。例えば、教育委員会が実施する研修会への参加を拒否する場合や、国旗掲揚・国歌斉唱を思想・良心の自由から拒否するなどの事例が見られた。思

想・良心の自由は憲法で保障されているので、校長の職務命令より上位であるという意見であるようだが、多くの判例で明らかなように、これは間違っている。

国家斉唱時の教職員への起立命令の是非をめぐる判決として2007（平成19）年12月16日の福岡高裁判決、2008（平成20）2月26日の広島地裁判決、2009（平成21）年7月16日の横浜地裁判決が出ている。いずれも2007（平成19）年2月27日の君が代伴奏拒否事件の最高裁判決に基づき、起立命令は思想・良心の自由の侵害にならないとしている。さらに、職務命令による児童・生徒への指導は、「児童・生徒の思想・良心の自由を不当に侵害するものではなく、憲法19条に違反するものではない」としている。

では、教職員はみずから職務命令の適否を審査して、それに従うかどうかを決める権限をもっているのだろうか。上司の命令を、部下が勝手に有効かどうかを判断して行動していては行政の統一性や公務員の秩序が維持できなくなるので、それぞれ各自で判断することはできない。

職務命令の誤りが「重大かつ明白」と認められる以外は、職務命令は「適法の推定を受ける」こととする判例が出ている。これは、仮に職務命令が適法かどうか疑わしい時でも、教員は上司の職務上の命令を有効と受け止めて、従わなければならないことを意味する。校長の出す職務命令に対して、教職員は意見を述べることはできるが、再度校長から命令された場合には、その命令に忠実に従う義務がある。

校長の職務命令自体は、学校の内部行為であるから、直接には誰の権利や利益も侵害することにはならないので、司法審査の対象にはならない。実際の職務命令の是非が問われる場面は、卒業式で国歌の伴奏をしないなどのように、職務命令を拒否したことにより懲戒処分が行われる時である。また、その取り消しの訴訟で、職務命令の無効を主張する場合である。職務命令を拒否すると、懲戒処分の対象となることはいうまでもない。

（3）職務に専念する義務

1）職務に専念するとは

全体の奉仕者である公務員は、全力を挙げて職務に専念する義務がある。地

方公務員法第35条で「職員は法律又は条例に特別の定がある場合を除く外、その勤務時間及び職務上の注意力のすべてをその職務遂行のために用い、当該地方公共団体がなすべき責を有する職務にのみ従事しなければならない」と規定している。

ここでの「勤務時間」とは、正規の勤務時間だけでなく時間外勤務や休日勤務の時間も含む。また、「注意力のすべて」とは勤務時間中の身体的活動の面だけでなく、精神的な活動である注意力も、すべてを職務の遂行に向けるべきであるとされている。例えば、勤務時間中に「ベトナム戦争反対、米軍立川基地拡張阻止」と書かれたプレートを着用する行為は、身体的活動の面からみれば、作業の遂行に特段の支障が生じなかったとしても、精神的活動の面から見れば注意力のすべてが職務の遂行に向けられてはいないと解される。したがって「職務上の注意力のすべてを職務遂行のために用い、職務にのみ従事すべき義務に違反」するとした判例が、1977（昭和52）年12月13日最高裁判決として出ている。

2）職務専念義務の免除——法律に基づく場合

公務員の職務専念義務には例外がある。それが「法律又は法令で特別に定がある場合」であり、このときは職務専念義務を免除される。これを「職専免」と略している。

法律に基づく職務専念義務の免除について、地方公務員法と労働基準法と教育公務員特例法に基づいて具体例を挙げながら示す。

① 地方公務員法に基づく職専免

これには、分限処分としての休職（第28条2項）と懲戒処分としての停職（第29条1項）があたる。登録を受けた職員団体の専従としての在籍専従（第55条の2項）もここに含まれる。また、職員団体から指名された職員が、勤務時間内に服務監督権者の承認を得て当局と適法な交渉に参加する時間もこれに当たる（第55条8項）。

② 労働基準法による職専免

地方公務員である職員には、原則的に労働基準法が適用される。これには、休憩（第34条）、休日（第35条）、年次有給休暇（第39条）、産前産後の休業

（第65条)、育児時間（第67条)、生理休暇（第68条）などが含まれる。
③　教育公務員特例法による職専免

　これには、本属長の承認を得て校外で行う研修があたる。第22条の2項には「教員は、授業に支障がない限り、本属長（校長）の承認を受けて、勤務場所を離れて研修を行うことができる」と規定している。

　もう1つは、教育に関する兼職・兼業の許可がこれにあたる。第17条の1項は「教育公務員は、教育に関する他の職を兼ね、又は教育に関する他の事業若しくは事務に従事することが本務の遂行に支障がないと任命権者において認める場合には、給与を受け、又は受けないで、その職を兼ね、又はその事業若しくは事務に従事することができる」と定めている。「教育に関する他の職を兼ね」とは、学校教育、社会教育、学術文化に関する他の職員の職を兼ねることである。また「教育に関する他の事業若しくは事務に従事する」とは学校法人や社会教育財団等の役員、評議員などの職に従事することである。

3）職務専念義務の免除——条例に基づく場合

地方公共団体の条例によって内規規定が異なるので、注意が必要である。
①　休暇条例等に基づく職専免

　年次休暇、病気休暇、特別休暇（産前産後の休暇・年末年始の休暇・忌引き等)、介護休暇等がある。
②　職務専念義務の免除に関する条例に基づく職専免

　研修への参加、福利厚生計画の実施に参加、選挙権の行使、証人等としての出頭、非常災害等による交通遮断などが該当する。

4）教員の職専免についての留意事項

　職専免は教職員の服務にかかわることなので、その許可は原則として市町村の教育委員会が行うことになる。もっとも学校管理規則等により、具体的な許可を校長に内部委任している場合は、校長が行うこととなる。職専免を与えるかどうかは教育委員会または校長が校務運営の状況を考慮して判断することになる。

　職専免の許可はそれが法律や条令に規定があるからといって、無制限に認め

られるものではない。あくまでも授業をはじめとする学校運営に支障がない範囲内で認められるべきものである。また。職専免事項に該当しても事柄によっては認められない場合もある。例えばストライキのために年次休暇を一斉に取得することは争議行為にあたるので認められない。また組合主催の研究集会への参加を研修扱いとして認めることは妥当でないとする判例もある。さらに教育に関する兼業の許可についても塾や予備校の講師などを安易に認めることは適当ではない。

5．身分上の義務

（1）信用失墜行為の禁止（地方公務員法第33条）

　公務員は全体の奉仕者として、公共の利益のために勤務すべき立場にある。その公務員が勤務の内外において非行を犯すことは、行政に対する国民の信頼を裏切り、公務に対する不信感を招くことになる。このため地方公務員法第33条には「職員はその職の信用を傷つけ、職全体の不名誉となるような行為（信用失墜行為）をしてはいけない」と定められている。

　では、どのような行為が信用失墜行為に当たるのであろうか。この点については、具体的な基準はないので、ケース・バイ・ケースで判断するほかはない。要は、全体の奉仕者としての公務員の服務義務に照らして、行為の当否が問われることになる。ある行為が信用失墜行為に当たるかどうかの判断は、原則として教職員の場合も一般行政職の場合も同じであるが、教職員については教職の倫理性の観点から、どうしても一般公務員より社会的に厳しい目で見られがちである。

　公務員の懲戒処分を見ると、信用失墜行為の禁止違反をその理由に挙げるものが多いのが目立つ。以下に、教職員の懲戒処分の理由として信用失墜行為の禁止違反が挙げられたケースをいくつか紹介する。

　1）交通事故

　　信用失墜行為として処分されるなかで一番多いのが交通事故である。特に飲酒運転で事故を起こしたら、まず信用失墜行為に該当すると考えるべきで

ある。教職員の交通事故に対しては「児童生徒に交通安全教育を行うべき立場にあるもの」ということで、一般行政職より厳しい処分が行われることが多い。

　最近は事故を起こさなくても、飲酒運転そのものが厳しく罰せられている。小学校の教諭が、勤務先の学校の歓送迎会でビールやウイスキーを飲んだ後で、車を運転して自宅に帰ろうとして警察官の職務質問を受け、酒気帯び運転で罰金20万円を命じられたそうである。さらに、教育委員会から停職6カ月の懲戒処分を受けたというニュースが報じられていた。

2）国旗・国歌に係る職務命令違反

　国旗・国歌に係る懲戒処分は、直接的には国旗掲揚と国歌斉唱についての職務命令違反である。したがって、処分理由は「職務上の義務違反」となるが、あわせて「信用失墜行為」を処分理由に挙げられる事例が多い。

　国歌斉唱をめぐる事件では、1999（平成11）年に東京の小学校で、音楽の教師が校長から入学式での国歌のピアノ伴奏を指示されたが、これを拒否したために都教委から職務命令違反および信用失墜行為として戒告処分を受けた事例がある。その処分を不服とした訴訟に対し、最高裁は2007（平成19）年2月27日に校長の職務命令は「その目的及び内容において不合理であるということはできない」と判示した。

3）破廉恥罪

　窃盗、万引き、わいせつ行為、セクシャル・ハラスメント等の破廉恥罪の場合は、当然信用失墜行為に当たる。近年わいせつ行為やセクハラで処分を受けた教員の数は増えている。その行為の対象が、自分の学校の児童生徒である割合が一番多く、次いで18歳未満の他校生への行為が多い。

4）リベート収受

　修学旅行で特定のツーリストに便宜を図った見返りとして現金を受け取る、進路指導にからみ保護者からプレゼントを受け取る、補助教材等の取り扱いをめぐって企業からリベート受け取る、これらの行為を信用失墜行為として処分された例は少なくない。リベートを自分で使わずに、学年会の共通費用に充てたり、生徒に還元する場合でも、処分の対象になることがあるの

で注意しなければならない。

5）政治的行為

過去に毛沢東思想により偏向教育を行った教師について、懲戒処分の事由として信用失墜行為を挙げている例がある。また、国際反戦行動に過激集団の一員として参加した教師が信用失墜行為で処分を受けている例もある。

6）兼職・兼業の制限違反

公立学校の教員が事前の手続きを取ることなく、勤務時間中に予備校の講師を兼ねたり、業者の依頼する問題の作成や採点に従事していたことが発覚して、兼職・兼業の制限違反とともに信用失墜行為に該当するとして処分されたことがある。

（2）秘密を守る義務

公務員は全体の奉仕者として公共的な仕事をする立場である。そのため公務員が職務上知り得た秘密を安易に外部に漏らすことにより、公共の利益が侵されたり、個人が不利益を受けることが起こる。それでは、行政としての公正な運営はできないし、住民の信頼にもこたえることができない。そこで職員は、職務上知り得た秘密を漏らしてはならないこと、また法令による証人、鑑定人等になり、職務上の秘密に属する事項を発表する場合には、任命権者の許可を受けなければいけないこととなっている。

地方公務員法において「職員は職務上知りえた秘密を漏らしてはいけない。その職を退いた後も、また、同様とする（第34条）」と規定している。これに違反した場合には、服務規律違反として懲戒処分の対象となるだけでなく、状況によっては刑罰も科せられることがある（第60条）。

では、守秘義務の対象となる「秘密」とは、一体何を指すのだろうか。地方公務員法第34条の「秘密」とは、「一般に知られていない事実であって、それを明らかにすることが一定の利益の侵害になると客観的に判断されるもの」を意味する。

教員の場合、職務上の秘密には公的なものと個人的なものがある。「入学試験問題」「入試の合否結果」「児童・生徒の成績」「健康診断記録」「指導要録」

などは、公的秘密に属する。事実、入試問題の漏洩や合否の事前漏洩が問題となった例がある。マスコミから、事件を起こした生徒の成績や日常の生活等について照会があった場合に、安易に指導要録の内容を話すことは守秘義務違反になる。

　学校には児童生徒の指導上の必要性から作成された記録がいろいろある。例えば、指導要録、健康診断の記録、入学者選抜に関する記録、生徒指導上の家庭や生徒の個人的情報など、さまざまな児童生徒の個人的情報が保存されている。これらの情報の中には児童生徒のプライバシーにふれるものがあるので、個人的な秘密として外部に漏らしてはいけない。

　学校が注意を要するのは、これらの児童生徒の個人的な情報の管理である。指導要録に関しては個人のプライバシーとの関係から1991（平成3）年の改訂において、学籍の記録と学習の記録を分離した。その記録内容を精選するとともに学習の記録の保存期間を5年に短縮した。さらに、対外的に証明を作成する場合も、証明の目的に応じ、必要な事項のみ記載するよう注意が必要である。

　生徒指導関係の個人的情報にもプライバシーに関する事項が少なくない。この点で注意を要するのは、教師の実践記録や研究記録である。例えば不登校の研究会のために作成した発表資料の中に不用意に不登校児の家庭の私的な事情に立ち入って書き込んだものを配付して、問題となったケースもある。

（3）政治的行為の制限

　教育基本法第14条はその第1項において、「良識ある公民として必要な政治的教養は、教育上尊重されなければならない」と指定している。さらに第2項においては「法律に定める学校は、特定の政党を支持し又はこれに反対するための政治教育その他政治的活動をしてはならない」と規定している。つまり、学校教育における政治教育の制限をしている。

　また、憲法第15条第2項には「公務員は全体の奉仕者である」と規定されている。ここでも公務員は政治的中立性の確保、行政の公正な運営などの観点から政治的な行為が制限されている。

　公立学校の教員については、一般の地方公務員とは取り扱いが少し異なる。

本来地方公務員なので地方公務員法が適用されるが、その職務は一地方限りの問題でなく国民全体に責任を負うものであるから、教育公務員特例法により、国家公務員法に定める政治的行為の制限の規定が適用されている。

　すなわち、教育公務員特例法第18条は「公立学校の教育公務員の政治的行為の制限については、当分の間、地方公務員法第36条の規定にかかわらず、国家公務員の例による」と規定している。

　では、国家公務員の政治的行為の制限は、一体どのようになっているのだろうか。それは、国家公務員法第102条および人事院規則（14－7）で規定されている。国家公務員法によって禁止されている政治的行為は次のとおりである。

①政党または政治的目的のために、寄付金その他の利益を求め、受領し、これらの行為に関与すること。
②公選による公職の候補者となること。
③政党その他の政治的団体の役員、政治的顧問、これと同等の役割をもつ構成員となること。

次に人事院規則（14－7）では、次のような行為が禁止されている。
①政治的な目的のために職名、職権などの影響力を利用すること。
②政治的目的をもって寄付金、会費、その他の金品を求め、受領すること。
③特定の政党やその他の政治的団体の構成員になるように（またはならないように）勧誘運動をすること。
④政党その他の政治的団体の機関紙その他の刊行物の発行・編集・配付・援助をすること。
⑤政治的目的をもって示威運動を企画・指導すること。

　例えばPTAの会合などで、特定の候補者への投票を依頼したりすることは、教職員の地位の利用に該当して、この規定に抵触することになる。

（4）争議行為等の禁止

　憲法第28条では、使用者よりも経済的に劣位な立場に立つ勤労者の立場を考慮して、働く者には労働三権を保障している。それは労働組合法に示されている団結権・団体交渉権・争議権である。地方公務員には職員団体を結成する

団結権（地方公務員法第52条）と当局と交渉を行う団体交渉権（同法第55条）は認められている。しかし、同盟罷業（ストライキ）や怠業（サボタージュ）等の争議行為をしたり、地方公共団体の機関の活動を低下させる怠業的行為（超勤拒否闘争・宿日直拒否闘争・一斉休暇闘争等）を行うこと、さらにそれを企画したり扇動したりすることは禁じられている。

公務員の争議行為については、地方公務員法と国家公務員法とで禁止されている。地方公務員法第37条では、「職員は地方公共団体の機関が代表する使用者としての住民に対して同盟罷業、怠業その他の争議行為をし、又は地方公共団体の機関の活動能率を低下させる怠業的行為をしてはならない。又、何人も、このような違法な行為を企て、又はその遂行を共謀し、そそのかし、若しくはあおってはならない」と規定している。

公務員の争議行為の禁止は、憲法第28条の「勤労者の団結する権利及び団体交渉その他の団体行動をする権利は、これを保障する」という考えに反するのではないかという考え方もある。これについては、過去の判例を以下に示す。

最高裁判所の判例（1973年《昭和48》年4月25日全農林労組警職法反対あおり事件）では、法律による公務員の労働基本権は、勤労者を含めた国民全体の共同利益のための見地から制約は免れないものであるとされた。その根拠として以下の4点が挙げられている。

① 公務員が争議行為に及ぶことは、その地位の特殊性及び職務の公共性と相容れない。多かれ少なかれ公務が滞り、それは勤労者をも含めた国民全体の共同利益に重大な影響を及ぼすこと。
② 公務員の勤務条件の決定については、民主国家のルールに従い、立法府において論議されるべきもので、争議行為の圧力を受けることはないこと。
③ 私企業では、争議行為に市場の抑制力が働くのに、公務員の場合には、その作用する余地がないので、公務員の争議行為は、一方的に強力な圧力となる可能性があり、勤務条件決定の手続きを歪曲することになること。
④ 公務員の労働基本権の制約に見合う周到な代替措置の制度（勤務条件の法定、身分保障、人事院勧告制度など）が設けられていること。

かつては、米ソ冷戦の時代的背景と高度経済成長と重なって、民間企業でも

労働条件の改善をめぐって争議が起こり、ストライキ（同盟罷業）が行われることが少なくなかった。教職員の組織する教職員団体でも、労働条件改善だけでなく「主任制度化反対闘争（昭和50年初め）」や「国旗・国歌反対闘争（平成元年以降）」など国の教育政策に反対する闘争を行い、そのなかにはストライキを起こすものも珍しくなかった。

ところが、世界の政治的な状況が変わり、ストライキを構えて当局と交渉する労働争議はすっかり見られなくなった。現代日本の社会情勢が、それを許さなくなったといえよう。

（5）営利企業等への従事禁止

公務員は、全体の奉仕者として公共の利益のために勤務し、勤務時間中その職務に専念しなければならない（地方公務員法第30条、第35条）と規定されている。兼職、兼業については、地方公務員法による制限と教育公務員特例法による教育に関する兼職・兼業の特例とに分かれている。地方公務員法では任命権者の許可を得ないで次のような行為をすることは禁止されている。

①会社の役員等を兼ねること。
②その他営利企業を営むことを目的とする団体の役員等を兼ねること。
③みずから営利企業を営むこと。
④報酬を得て事業若しくは事務に従事すること（お布施・講演料・原稿料はこれには当てはまらない）。

この規定は職務の公正さを確保し、公務員としての品位を維持するために設けられている。だから通常の場合は、営利企業への従事は許可されない。また公務員が他の職を兼ねる場合も、これに対して給料を受けることは禁止されている（地方公務員法第24条第4項）。

しかし、教育公務員には特例が認められている。その専門的能力を最大限に活用するため、教員は本務に支障がないと任命権者が認める場合には、給料を受け、又は受けないで、教育に関する他の職を兼ねることができる。また、本務の遂行に支障がないと任命権者が認めた場合には、勤務時間中でも給料を減額されることなく、教育の事業・事務に従事できる（教育公務員特例法第17条）。

「教育に関する他の職を兼ねる」（兼職）とは、中学校の養護教諭が同じ市町村の小学校の養護教諭を兼ねたり、A小学校の初任者研修指導教諭がB小学校の指導教諭を兼ねたりする場合のことである。同一地方公共団体における教育に関する他の職を兼ねることであり、勤務時間内であっても重複給与（兼務手当てなど）の支給は可能となる。

「教育に関する他の事業・事務に従事する」（兼業）とは、他の学校等の非常勤の職についたり、図書館、博物館、公民館、青年の家などの社会教育施設等において、もっぱら教育を担当する非常勤の職につくことをいう。

この規定が一般公務員と異なるのは以下の2点である。

①任命権者の判断で許可でき、人事委員会の基準による必要がないこと。

②一般公務員は、重複給与の支給が禁止されたり、勤務時間中の兼業は認められないが、教育公務員の場合、教育に関する職の兼業について給料を受けられること。また、職務専念義務の免除を受けた上で、他の教育に関する兼業を行うことができること。

学習課題

（1）教員の服務における職務上の義務を3つ挙げて、説明しなさい。
（2）教員の服務における身分上の義務を5つ挙げて、説明しなさい。

6．身分保障

（1）教員の身分はどのように保障されているか

国立学校または私立学校の教員の場合には、私法上の契約に基づく雇用となるので、就業規則に定める雇用理由に抵触する場合には解雇の予告（または予告手当ての支払い）をすることにより解雇できることとなっている。ただし、これが労働災害事故で療養中とか不当労働行為（組合つぶし）に当たる場合は解雇できない。また、客観的に合理的な理由がなく、社会通念上相当であると

認められない場合には、その権利を濫用したものとして、解雇は無効とされる（労働基準法第18条の２）。

これに対して、公立学校の教員は地方公務員の身分（教育公務員特例法第２条）なので、手厚い身分保障がある。法的な根拠は以下のとおりである。

憲法第15条第２項では「すべての公務員は、全体の奉仕者であって、一部の奉仕者ではない」と規定している。さらに地方公務員法第30条では、「すべての職員は全体の奉仕者として公共の利益のために勤務し、且つ、職務の遂行に当たっては、全力を挙げてこれに専念しなければならない」と規定している。公務員は全体の奉仕者なので、一党一派に偏ることなく政治的に中立でなければならない。つまり一部の勢力の意見に圧力をかけられ、職を失ったりしないように、安心して職務に専念できる仕組みになっている。それにより、公務の継続性と安定性が確保されることになる。

地方公務員法において、身分保障に関する基本原則が明確に規定されている。公務員の分限および懲戒については、公正でなければならないとしている（地方公務員法第27条第１項）。

公務員は法律または条令に定める事由による場合でなければ、その意に反して、降任、休職、免職または懲戒処分を受けることはない（地方公務員法第27条第２項、第３項）。ただし、欠格条項該当する場合は失職する（地方公務員法第16条、第28条第４項）。

その他、公務員の身分保障に関しては、次のような規定がある。

公務員の任用は、縁故や情実によることなく、受験成績、勤務成績その他の能力の実証に基づいて行われるべきである（地方公務員法第15条）。

また、人種、信条、性別、社会的身分または門地によって、あるいは政治的意見または政治的所属関係によって差別されてはならない（地方公務員法第13条）。

さらに職員団体の構成員であること、それを結成しようとしたこと、または加入しようとしたこと、あるいは職員団体のために正当な行為をしたことによって不利益な取り扱いを受けることがない（地方公務員法第56条）。

もし懲戒その他、意に反する不利益な処分を受けたときには、人事委員会

(公平委員会)に不服申し立てを行うことができる(地方公務員法第49条の2)。

また、不利益な処分とまではいえない勤務条件についての不利益な取り扱いに対しては、勤務条件に関する措置要求の申し立てを人事委員会(公平委員会)に行うことができる(地方公務員法第46条)。

(2) 教職員の分限処分とは

分限処分は、公務の能率維持および適正な運営の確保の観点から、教員がその職責を果たせない場合、または教員組織を定員、予算、職制に合わせる必要がある場合に行われるものである。懲戒処分は、服務義務違反があった場合に、公務員関係の秩序を維持するために教員の道義的責任を追及する制裁である。

つまり、教員が自分では一生懸命に仕事をして勤務時間のすべてを職務に従事していると思っていても、客観的に判断してその成果が上がっていない場合には、その教員に何らかの非違がなくても、分限処分があり得る。なお、欠格条項に該当すると、何らかの処分もなく失職する(地方公務員法第28条第4項)。

分限処分には、免職、降任、休職および降給(降給の事由を定める条例は制定されていないので、現実には行われていない)の4種がある。

任命権者が職権を乱用し、恣意的に教員の意に反して免職、降任、または休職処分を行えるとなると、教員は安心してその職務の遂行に専念できない。そのため、このような処分をする事由を以下のように法律に定めている。

1) 地方公務員法第28条第1項(免職または降任することができる場合)

① 勤務実績がよくない場合

このことが事実に基づき具体的に示されたものであること。

② 心身の故障のため、職務の遂行に支障があり、またはこれに堪えない場合

このことが指定された専門医の診断に基づいたものであること。

③ ①または②の場合のほか、その職に必要な適格性を欠く場合

簡単に矯正できない素質、能力、性格等が原因であり、教員としての職務を遂行するにふさわしくないという顕著な特性が見られる場合であること。

③ 職制や定数の改廃または予算の減少により廃職または過員を生じた場合
2）地方公務員法第28条第2項・第27条第2項（休職にすることができる場合）
　休職とは、職を保有したまま職務に従事させないこととすることである。
① 心身の故障のため、長期に休養を要する場合
　通常は医師2名を任命権者が指定して、あらかじめ診断させる。
② 刑事事件に関し起訴された場合
　重大な犯罪の場合には、直ちに懲戒免職処分になることもある。
③ 条例で定めた事由に該当した場合
　災害による生死不明とか、職務に関する研究調査業務への従事などがこれにあたる。
3）教育公務員法特例法第25条（指導力不足教員への措置）
　2007（平成19）年の教育公務員特例法の改正により、公立の小学校等の教諭等の任命権者は、児童生徒等に対する指導が不適切であると認定した教諭等に対して、その能力、適性等に応じて、当該指導の改善を図るために必要な事項に関する研修を実施することとなった（第25条の2）。研修を受けたにもかかわらず、なお児童等に対する指導を適切に行うことができないと認める教諭等に対して、免職その他の必要な措置を講ずる制度が導入された（第25条の3）。

（3）教員の懲戒処分
　懲戒処分は教員の服務義務違反があった場合に、任命権者が、公務員関係の秩序を維持するため教員の道義的な責任を追及して科す制裁である。目的は組織の内部の規律と秩序を維持することであり、一般社会の秩序維持のために行われる制裁である刑事罰とは異なる。したがって、飲酒運転などの交通事故を起こしたような場合には、一般市民として罰金などの刑事罰が科せられるだけでなく、公務員としての懲戒処分を受けることになる。

1）懲戒事由

懲戒事由として次の3つの場合が定められている。懲戒処分の種類としては、戒告、減給、停職および免職の4種類がある（地方公務員法第29条第1項）。

① 地方公務員法もしくは同法第57条に規定する特例を定めた法律（教育公務員特例法、県費負担教職員は、さらに地方教育行政の組織および運営に関する法律）またはこれらに基づく条例、地方公共団体の規則もしくは地方公共団体の機関の定める規定に違反した場合
② 職務上の義務に違反、または職務を怠ったもの
③ 全体の奉仕者たるにふさわしくない非行のあった場合

任命権者は、教員の具体的な非違行為がこれらの懲戒の事由に該当するかどうかの判断を具体的な事実に基づいて慎重に調査し、処分を行う場合には、戒告ないし免職のいずれの処分を行うかを決定することができる。しかし、懲戒は公正でなければならないとされている（地方公務員法第27条第1項）。

服務規律が関係する範囲は、公務員の身分をもつ限り、職務上も職務外でもすべて含まれている。政治的行為の制限に抵触する活動を行った場合とか、セクシュアル・ハラスメントと見なされる行為のあった場合には、それが勤務時間外の行為であっても、懲戒処分の対象となる。

2）懲戒処分の手続きと効果

懲戒処分の手続きと効果については、法律に特別の定めがある場合を除くほか、条例で定められている（地方公務員法第29条第4項）。

戒告、減給、停職、懲戒免職は不利益な処分だから、地方公務員法第49条の規定により、処分の事由を記載した説明書を本人に交付しなければならない。もちろん、懲戒処分の対象となる事実関係の調査を実施し、事前に本人に弁明の機会を与えることになっている。

懲戒処分の効果については、条例で定められている。通常は減給は1日以上6カ月以下の期間の範囲内で給料の月額の10分の1以下を減らし、停職は1日以上6カ月以下の期間の範囲内で職務に従事させない（給与も支給しない）。戒告の場合は、次期昇給ができない。懲戒免職処分や停職の場合は、退職手当や年金にも影響が出てくる。また、公立学校の教員が懲戒免職の処分を受ける

と、教員免許は失効し（教育職員免許法第10条）、国立学校または私立学校の懲戒免職事由に相当する事由により解雇された場合には、免許状取り上げ処分が行われる（教育職員免許法第11条第1項）。

（4）不利益処分の救済

　不利益処分に対する不服申し立ての制度は、処分を受けた教員が、中立的な機関である人事委員会（公平委員会）に不服の申し立てをすることによって、身分保障を確保するための制度である。

　処分を受けた教員に処分事由説明書を交付し、その理由を明確に理解させ、納得させるとともに、不服がある場合には救済の方法があることを知らせる制度である。処分事由説明書には、処分の事由、審査庁、不服申し立て期間が書かれている。

　不服申し立ては、処分のあったことを知った日の翌日から起算して60日以内にしなければならず、処分のあった日の翌日から1年を経過したときには処分があったことを知らなかったとしても、不服申し立てをすることはできない（地方公務員法第49条の3）。

　不服申し立てを受理した人事委員会または公平委員会は、口頭審査を行い、判定をくだす。判定は、原処分の承認、原処分の修正、原処分の取り消しの3種類である。

　原処分の修正または取り消しの判定が行われた時には、判定通りの効力を生じる。例えば免職処分が取り消された時には、その判定により当該教員は処分の時点に遡ってその身分を回復し、任命権者はその間の給与を支給されることになる。

　さらに、任命権者の行った懲戒処分その他不利益処分に対して不服がある場合には、裁判所に救済を求めることもできる。

> 学習課題

（1）教員の身分保障はどのようになされていますか。
（2）教員の分限処分について、法的な根拠とともに、内容について説明をしなさい。
（3）教員の懲戒処分について、法的な根拠とともに、内容について説明をしなさい。
（4）不利益処分の救済とは、誰をどのような時に救済する措置ですか。

【参考文献】
教職問題研究会『教職論』ミネルヴァ書房，2005
八尾坂修『教職員の不祥事を防止する学校マネジメント』教育開発研究所，2005
教育法規研究会『教育法規質疑応答集』ぎょうせい，2010
林　勲『教育の原理』法律文化社，2008
渡邊孝三『教育法規の学び方』日本教育新聞社，1996

… 第5章

教員という仕事

　本章では、幼稚園・小学校・中学校・特別支援学校で実際に教員として勤務された方々が"教員という仕事"の生きた経験を書き綴った。また、筆者全員が管理職として園長・校長を経験されているので、文中にはその立場での教師像をも述べられている。
　教育現場では、21世紀の新しい時代に対応できる高い資質・能力を持った教員がますます求められており、教員を目指して教職課程で学ぶことの重要性はいっそう増してきている。
　「教職入門」を受講する学生は、将来幼稚園・小学校・中学校・高等学校の教員を目指しており、本章では教員の一日の生活が具体的事例として取り上げられているので、教員の姿をありのままイメージすることができる。
　本章で学んだことを生かしつつ、今後の学校支援ボランティアやインターンシップおよび教育実習で実践的な指導力を養ってほしい。

第1節　小学校教員の仕事

1．学校教育目標の具現化に向けて

　小学校学習指導要領の第1章総則第1の1に「学校の教育活動を進めるに当たっては、各学校において、児童に生きる力をはぐくむことを目指し、創意工夫を生かした特色ある教育活動を展開する」ことと示されている。
　各学校では、この「生きる力」をはぐくむために、学校の内外の環境を分析し、これまでの取り組みの成果と課題を踏まえた上で、学校教育目標や指導の重点を設定し、日々教育実践を重ねている。
　教育実践を進めていくには、学校が組織として機能することが大切であり、教員一人ひとりが自分の役割を自覚し、教育目標の達成に向けて努力していかなければならない。
　教育目標達成に向けて取り組むことが教員としての仕事であるが、それには、大きく分けて「教科等の学習面での指導」「生徒指導など生活面での指導」「校務分掌として位置づけられた仕事」の3つがあげられる。

2．教科等の学習面での指導

　学校教育法施行規則第50条において「小学校の教育課程は、国語、社会、算数、理科、生活、音楽、図画工作、家庭及び体育の各教科、道徳、外国語活動、総合的な学習の時間並びに特別活動によって構成するものとする」と規定されている。
　こうした各教科等の指導に当たっては、基礎的な知識及び技能を習得させるとともに、これらを活用して課題を解決するために必要な思考力、判断力、表現力などの能力をはぐくみ、主体的に学習に取り組む態度を養うことが大切であることが学習指導要領等に示されている。「確かな学力」として、基礎的、基本的な知識や技能に加えて、それらを活用し課題を解決することができる思

考力や判断力、表現力などの能力を養っていくことが求められている。

　各学校はこうした考えに立ち、地域や学校及び児童の実態等を考慮し、学校の創意工夫を生かして調和のとれた教育課程を編成し、各教科等の指導に当たっている。

　「教員は授業で勝負する」と言われているように、各教科等の授業力をいかに高めていくかということが大切になってくる。それぞれの教科等の年間指導計画をもとに、月ごと、週ごと、そして単位時間ごとの指導計画を立てて授業に臨むことになるが、教材研究を十分に行い、分かりやすく魅力的な授業を行うようにしていきたい。

　教科等の学習面での指導を進めていく上で、次の点を大切にしていきたい。

① 体験的な学習や問題解決的な学習を重視し、児童の主体的な学習を促す。

　　体験的な学習や問題解決的な学習は、主体的に学習に取り組む能力を身につけさせ、学ぶことの楽しさや達成感、充実感を感じとらせる上で効果が大きい。

　　教科等において習得すべき知識や技能も、こういった学習を経ることによって、その後の学習や生活に生きて働くものとなりやすい。

　　単元構想や授業の組み立てを考える際、体験的な学習を取り入れたり問題解決的な学習となるよう工夫したりして、児童の主体的な学習を促していきたい。

② 一人ひとりの実態を踏まえ、個に応じた指導の充実を図る。

　　児童はそれぞれ能力や適性、興味や関心等が異なっており、一斉指導だけでは十分効果が上がりにくい。こうした点に留意し、授業の中に個別学習やグループ学習を取り入れたり、ティームティーチングによる指導や少人数指導を取り入れたりするなどして、個に応じた指導を充実させていきたい。

③ 保護者や地域の人びとと連携し、開かれた授業づくりを進める。

　　小学校の場合は、生活面だけでなく学習を進めていく上でも地域とのつながりが大きい。教科等の学習においても、保護者や地域の人々の積極的な協力を得て、地域の教育資源や学習環境を活用したり、ボランティ

アティーチャーとして児童の指導に当たってもらったりするなど、開かれた授業づくりを積極的に進めていきたい。

3. 生徒指導など生活面での指導

　小学校学習指導要領の第1章総則第4では、指導計画の作成に当たって配慮すべき事項として「日ごろから学級経営の充実を図り、教師と児童の信頼関係及び児童相互の好ましい人間関係を育てるとともに児童理解を深め、生徒指導の充実を図ること」と示されている。
　小学校の場合、教員の多くが学級担任として仕事を行うようになる。そうした中で特に大切になるのが生徒指導など生活面での指導である。この生活面での指導と教科等の学習面での指導が車の両輪となって、はじめて教育目標を達成することができる。
　生徒指導とは、一人ひとりの児童の人格を尊重し、個性の伸長を図りながら、社会的な資質や行動力を高めることをめざして行われる教育活動であり、児童が現在及び将来において自己実現を図っていくことができるようにするための指導である。
　生徒指導など生活面での指導を進めていく上で、次の点を大切にしたい。
① 一人ひとりの思いを共感的に受け止め、児童理解を深める。
　　児童一人ひとりの個性を生かし、それぞれを望ましい方向に導いていくには、児童理解に努め、それを生かして対応していくことが大切になる。
　　児童理解を深めていくには、表面に見せる言葉や態度の奥にどんな思いや気持ちが隠されているのかをしっかりと受け止めるようにしていきたい。日常の何気ない行動や様子の変化が心のサインであることに留意し、それに気付く教員の感性を大切にしていきたい。
② 生徒指導主事を中心に学校が組織として対応する。
　　生徒指導の課題を解決していくには、学校が組織として対応していくことが大切である。学級担任として主体的に動くだけでなく、生徒指導主事や学年主任、同学年の教員などが連携して対応することで効果を上げ

ることが多い。

　一人ひとりの児童の人間形成にかかわる大切な課題であり、慎重に進めなければならない場合もあるし、迅速に行動しなければならない場合もある。各学校の生徒指導の体制が十分機能するよう報告、連絡、相談を大切にしながら進めていくようにしたい。

③　家庭・地域や関係機関との連携を大切にする。

　心身ともに健全な児童の育成を図っていくには、学校が家庭や地域と連携して取り組むことが大切になる。保護者や地域の人々に学校としての生徒指導の考え方や方策について理解を得るとともに、保護者と一体となって、また地域の人々の協力を得ながら指導を進めていく必要がある。

　最近では、小学校でも問題行動が複雑化し、複数の関係機関の協力を得ることが必要な場合もある。日ごろから警察や児童相談所なども含めて、関係機関との連携を密にしておきたい。

4．校務分掌として位置づけられた仕事

　学校が組織として機能していく上で大切な役割を果たすのが、校務分掌である。校務分掌は、各学校の創意工夫とこれまでの積み上げの中で決められるもので学校の規模や実態によっても変わってくるが、一般的には次のようになっている。

　校務分掌を大きく分けると、主として教科等の指導や生徒指導、学校行事の担当など児童の指導に直接かかわる分掌と、主として就学事務や備品整理など学校の事務処理等にかかわる分掌、そして、主としてＰＴＡや地域の団体などとの連絡調整など渉外にかかわる分掌等に分かれている場合が多い。

　縦の組織としては、校長、副校長、教頭や教務主任、学年主任などから構成される企画委員会や運営委員会等の会議があり、それを経て職員会議に議題が提案される場合が多い。職員会議は通常月１回程度開かれ、学校運営の最高責任者である校長の補助的機関として位置付けられるが、学校運営の最終判断は校長が行うようになっている。この他に、学年団や各種委員会の組織などが位

置付けられている。

　校務分掌には、事務処理的な仕事だけでなく、行事や活動等の企画立案といった学校運営に直接かかわる内容も多い。それぞれの分掌が主体的に案を作り、それを職員会議等にかけて練り、積極的に実行していくことが大切である。

　校務分掌の仕事にかかわることによって、学級担任の仕事からだけでは見えなかった学校全体の動きや課題、それを解決していくための方策などが見えてくるようになる。教員としての視野を広げていく上でも大切な仕事である。

5　教員としての一日の動き

　教員の仕事内容を見ると、教科等の学習面での指導、生徒指導など生活面での指導、そして校務分掌に位置付けられた仕事とさまざまなものがあるが、一日の流れの中で教員の仕事についてまとめてみると、表5-1のようになる。

　教員の仕事については学級を担任するかしないかによって内容も変わってくるが、いずれにしても多くの仕事があり、優先順位を付けながら効率的に仕事をこなしていかなければならない。手早く処理することが可能なものや時間をかけて慎重に行わなければならないものなど仕事の内容を吟味し、適切に対応していきたい。

6．教員として仕事を行う上で大切にしたいこと

　教員として仕事を行う上で、次の3点を大切にしていきたい。
①　規律の保持に努め、教員として誇りをもって指導に当たる。
　　地方公務員法第33条に「職員は、その職の信用を傷つけ、又は職員の職全体の不名誉となるような行為をしてはならない」と規定されている。教育公務員として周りに与える影響を考え、日ごろから規範意識を高め、教員という仕事に自信と誇りをもって取り組むようにしていきたい。
②　一人ひとりの人権を尊重し、守秘義務を守る。
　　地方公務員法第34条に「職員は、職務上知りえた秘密を漏らしてはなら

表5-1　教員の一日の仕事

活動の場	仕事の内容
始業前	・教室内外の安全点検（教室内外の環境づくり） ・登校の様子を確認 ・朝の係活動、当番活動の指導 ・連絡帳や宿題など提出物の点検や出席簿などの事務処理 ※児童が登校してくる時刻にはできるだけ教室にいて児童と直接挨拶を交わすようにし、朝の様子を把握しておく。
朝の会	・運営の仕方、参加態度等の指導 ・健康観察（健康状況の把握、出席簿への記入） ・諸連絡（今日の予定、くらしのめあて等） ※気持ちよく一日のスタートが切れるような、また学習に集中できるような雰囲気づくりを心がける。
授業時間	・教科等の指導 ※それぞれの児童に活躍の場を与えるとともに、頑張っている様子や努力している様子を認め、励ますようにする。
休み時間	・教室内外での過ごし方の指導 ・係や当番の活動についての助言 ・学習の準備や教室移動の世話 ※児童の気分転換や安全管理に気を配るだけでなく、児童と一緒に遊んだり活動したりする中で、児童とのかかわりを深め、児童理解に努めるようにする。 ※授業中や休み時間にトラブルなどがあった場合には、個別に話を聞いたり、解決策を共に考えたりする。
給食	・手洗いの確認と当番の仕事（身支度・運搬、配膳等）の指導 ・当番以外の動きやセルフサービスの仕方の指導 ・給食の食べ方、片付け方などの指導 ※準備の様子や配膳の様子に気を配り、協力してスムーズに活動できているかどうか見守るようにする。 ※食事中はマナーを守って楽しく給食を食べられているかどうかに留意し、必要に応じて指導を行う。
清掃	・合理的な清掃の仕方の指導 　（正しい掃き方、拭き方、片付け方や反省の仕方等） ※児童が自分たちで工夫しながら協力して掃除ができているかどうか見守り、掃除の意義などの指導を通して、学級や学校に貢献していることが実感できるようにする。
終わりの会	・一日の反省と明日の準備についての連絡 ・諸通知、宿題プリント等の配付や下校時の安全指導 ※児童と共に一日の活動を振り返り、よかったことは次につないでいけるように、また反省すべきことは新たな気持ちで取り組めるように声をかける。 ※学習面だけでなく当番や係の仕事、遊びの場面での様子など、いろいろな場面での児童のよさを捉え、全体の児童に知らせるようにする。

放課後	・教室の環境整備 ・児童のプリントやノートの処理 ・教材研究と明日の行事や授業の準備 ・家庭への連絡 ・校務分掌にかかわる仕事の処理 ・職員会議、職員連絡会、学年会等への参加、打ち合わせ ※作品の貼り替えや掲示物の作成、椅子や机の整頓などを行い、次の日に気持ち良く1日のスタートが切れるように教室環境を整えておく。 ※教員自身も一日の児童の様子や指導の仕方を振り返り、改善点を考え次の日の指導に生かすようにする。 ※保護者との連絡については、連絡帳を通してだけでなく、できるだけ電話を使ったり家庭を訪問したりして、直接その場の状況や、学校の対応等について伝えるようにする。また、よかったことや努力していること、伸びが感じられることについても知らせ、信頼関係を作り出すようにする。

ない。その職を退いた後も、また、同様とする」と規定されている。

　教員として仕事を進めていく上で、個人情報を含めてさまざまな情報を得て仕事を進めていくことになる。しかし、これは職務上知り得た秘密であり、それを他に漏らすようなことがあってはならない。個人情報の取り扱いが問題になっている今日、特に留意する必要がある。

③　日々の実践や教員研修を通して常に自分を磨いていく。

　教育公務員特例法第21条に「教育公務員は、その職責を遂行するために、絶えず研究と修養に努めなければならない」と規定されている。

　教師は研修によって常に自分を磨き、自分の取り組みを振り返って反省し、自分自身を高めていく努力をしなければならない。自分の仕事に対して常に厳しい視点をもち、児童と共に成長していく教師でありたい。

学習課題

《予習》

　小学校の学級担任として勤務した場合、始業前から放課後までにどのような仕事があるか具体的に予想しなさい。

《復習》
　「教科等の学習面での指導」「生徒指導など生活面での指導」「校務分掌として位置付けられた仕事」に分けて、特に配慮が必要なことをまとめなさい。

【参考文献】
文部科学省「小学校学習指導要領解説　総則編」2008
文部科学省「生徒指導提要」2010

第2節　中学校教員の仕事

はじめに

　中学生は発達的には青年期（前期）に当たり、「疾風怒濤の時代」とも形容される不安定な年頃である。それだけにこの時期の子どもたちにかかわることには困難をともなうこともあるが、喜びややりがいもまた大きい。
　この節では、中学生たちの教育にかかわる教員の仕事をみていく。

1．教科指導

　学校教育法は、中学校の目的を「小学校における教育の基礎の上に、心身の発達に応じて、義務教育として行われる普通教育を施すこと」と規定している。では、中学校における普通教育とは何か。それを具体的に法的なカリキュラムとして示したものが中学校学習指導要領である。「『生きる力』の育成」という言葉をよく聞くが、それが学習指導要領の根底をなす理念である。「生きる力」とは、「確かな学力」「豊かな心」そして「健やかな体」のことをいう。学校教育はこのような「生きる力」の育成を念頭において、学習指導要領の枠組みに基づく教育を確実に実施する必要がある。

表5-2　中学校における各教科等の年間授業時数

区分	各教科 国語	社会	数学	理科	音楽	美術	保健体育	技術・家庭	外国語	道徳	総合的な学習の時間	特別活動	総授業時間数
第1学年	140	105	140	105	45	45	105	70	140	35	50	35	1,015
第2学年	140	105	105	140	35	35	105	70	140	35	70	35	1,015
第3学年	105	140	140	140	35	35	105	35	140	35	70	35	1,015

　そのための教師の職務の1つが教科の指導である。すべての教科を指導する学級担任制の小学校とは異なり、教科担任制をとる中学校ではそれぞれの教員が国語、数学、理科など特定の教科を担当している。

　教師は教科の指導を通して、子どもたちに「確かな学力」、すなわち基礎的・基本的な知識・技能やそれらを活用する力などを身につけさせなければならない。また、教科の他にも、道徳や総合的な学習の時間なども担当する。道徳は子どもたちの「豊かな心」をはぐくむ中核的な教育活動であり、総合的な学習の時間は「確かな学力」を身につけさせるために効果的である。

　子どもたちにとって、わからなかったことがわかるようになる喜び、できなかったことができるようになる喜びは大きい。教材研究を十分に行い、周到な用意をして授業に臨みたいものである。

　参考までに、学校教育法施行規則で定められている、中学校における各教科等の年間授業時数を示しておく（表5-2）。

2．特別活動

　中学校時代の思い出といえば、体育会や文化祭、そして修学旅行などをあげる人が多い。これらも中学校教育の目標を実現するために意図的に用意された教育活動である。

　中学校教師をしていた筆者には、大人になったかつての教え子から手紙が来ることがある。その中のある手紙に体育会や文化祭に燃えたなつかしい思い出

がつづられていた。そしてその手紙はこう結ばれていた。
　「あのときのように、みんなと心をひとつにして燃えることはもうありません」。
　体育会や文化祭の季節が近づくと、この手紙を思い出す。大人になっても燃えることはあるが、「純粋に」燃えることができるのは若い人たちの特権かもしれない。若い日に力いっぱい頑張ったこと、先生や仲間と心をひとつにして何かに取り組んだ思い出は、その人のささやかな自信となって、その後の人生を生きる力になる。
　そうであるから、子どもたちが達成感や満足感を得ることができるよう、教師は情熱をもって子どもたちと共にこれらの活動に取り組まなければならない。この際、特に優勝する必要はない。優勝するに越したことはないが（できれば優勝したいものであるが）、先生やクラスの仲間と共に悔し涙を流すのもまた良い経験だと思う。大切なことはこの種の行事が終わって、子どもたちが充実感や今後の意欲につながる何かを得たかどうかということである。
　「積極的に参加したら、何でも楽しくなり、燃えることがわかりました」。
　「ドベ（最下位）だった。でも、みんなで一生けんめいやったのでくやしくない」。
　このような子どもたちの感想から、勝っても負けても大切な意味があることを読み取ることができる。
　参考までに、ある公立中学校の年間指導計画の中から、この種の活動（特別活動［学校行事］）に関係するものをいくつかピックアップしておく（表5-3）。

表5-3　特別活動（学校行事）のいくつかの例

```
 4月　新入生歓迎会（部活動オリエンテーション）
 5月　修学旅行（3年生）
　　　研修旅行（2年生）
 9月　体育会
　　　文化祭
11月　宿泊研修（1年生）
 2月　似顔絵コンクール
　　　3年生を送る会
```

3．中学校教師の一日

さて、このあたりで中学校教師の一日の動きを追ってみたい。ここでは、学級担任や部活動の顧問をしているごく一般的な教師を想定している。なお、あくまで一例であることを断っておきたい。

《始業前》
中学校教師の一日は部活動の朝練習から始まることが多い。試合前などは特にそうである。しかし、それはそれとして、担任する教室に行って窓を開けるなど、子どもたちが気持ちよく一日のスタートを切ることができるよう教室環境等を整えておくことを忘れてはならない。

また、この時間に、校門指導（朝の挨拶運動など）や交通安全指導に当たることもある。

《朝の打ち合わせ（教職員）》
「ほうれんそう」という言葉がある。「報告」「連絡」「相談」のことである。組織として動いている学校では共通理解を図るための「ほうれんそう」は極めて重要である。朝の打ち合わせはそのための時間である。予定の確認、連絡、簡単な打ち合わせなどを行う。全体での打ち合わせの後、各学年別に細かい打ち合わせを行う。

このころにはすべての子どもたちが登校し、教室で朝の会の始まりを待っている。ここからの動きを日程表を追って見ておきたい（表5-4）。

表5-4　中学校の日程表の一例

8:30～8:40	8:50～9:40	9:50～10:40	10:50～11:40	11:50～12:40	12:40～13:40	13:40～14:30	14:40～15:30	15:35～15:45	15:50～16:05
朝の会	一校時	二校時	三校時	四校時	給食・昼休み	五校時	六校時	清掃	帰りの会

《朝の会》

　朝の会はショート・ホームルームである。担任は生徒たちの出欠を把握し、健康観察を行い、その日の予定を確認する。その内容や運営などについてそれぞれの学級などで工夫されている。

　この後は授業であるが、何の連絡もなく登校していない生徒がいる場合には家庭に連絡をとる。こういうことを後回しにしてはならない。

《授業》

　1校時、いよいよ授業が始まる。チャイムと同時に始められるよう、余裕をもって職員室を出る。「遅刻はいけない」と言っている教師が遅れるわけにはいかない。

《空き時間》

教科担任制の中学校では、時間割の上で自分の授業がない時間が1～2時間程度ある。空き時間と呼ばれることもあるが、この時間にはやるべきことがたくさんある。文字通りの空き時間ではない。この時間を使って教材研究など授業の準備をする。また校務分掌の仕事もしなければならない。校務分掌というのはさまざまな校務を教職員で分担することである。ある中学校では「教務部」「学習指導部」「生徒指導部」など7つの部からなる分掌組織があるが、たとえば教務部で見ると、その内容は、「行事一般」「時間割」「教科書」「補助教材」「式典」「学籍統計」「評価」「研修」「広報」というように細分化されている。教師は空き時間をそのための打ち合わせや事務的な仕事などにあてている。生徒指導や特別支援教育等の担当者は、毎週定期的に係会を開いていることも多い。

　それだけではない。宿題の点検や小テストの採点などもある。また、生徒と交換ノート的な取り組みをしている教師も多いが、その場合はそのためにこの時間を使うことになる。なお、そのような取り組みは大いに生徒理解に役立ち、生徒とのつながりを強くするものである。

　空き時間の使い道に際限はないが、もう1つだけあげるとすれば、それは生徒指導に関する対応である。校内を見回り、生徒の問題行動や生徒指導上の問題があれば対処しなければならない。

《給食》

　給食指導の時間である。配膳などの指導を行う。担任は子どもたちと一緒に給食をいただく。給食場などでの指導は担任以外の教員でカバーしている。

《給食後の時間》

　この時間はさまざまな打ち合わせや生徒たちへの連絡などに使うことができる。生徒指導に関する対応にあてることも多い。

《清掃》

　教室や廊下など、いくつかの清掃場所の監督を行う。生徒と共に清掃に取り組む姿勢が大切である。こういう時間の何気ない会話の中で生徒たちの本音を聞くことができることもあり、大切にしたい時間である。

《帰りの会》

　翌日の日程や授業の準備物、宿題、提出しなければならない書類などを確認する。また、その日の反省やさまざまな打ち合わせなどを行う。朝の会と同様、その内容や運営についてそれぞれの学級などで工夫がなされている。

《放課後》

　中学校は部活動が盛んである。主に放課後の時間を使ってその指導を行っている。また、放課後は生徒指導に関する対応に当たらなければならないことも多い。これらの2点は中学校教員に特に求められている部分ではないかと思う。これらについて少しばかり以下にふれておく。

4．部活動や生徒指導

（1）部活動について

　部活動については、これまでの学習指導要領では学校教育上の位置付けがあいまいであったが、新しい学習指導要領では「教育活動の一環として行う」となっており、学校教育の一部として明確に押さえられたといえる。

　中学校への入学を控えた小学6年生に「中学校で頑張りたいこと」をアンケートで聞いたところ、最も多数を占めた回答は「部活動を頑張りたい」であった。小学生から見て、中学校というところはそれほど部活動のイメージが強い

のであろうか。

　その部活動であるが、実際、岡山市のある中学校の部活動加入率（平成21年度）は体育系と文科系を合わせて86.9％であり、ほとんどすべての生徒が部活動に参加して熱心に活動している。そのため学校は、すべての教員でその指導に当たる態勢を整えている。教員であれば誰もが野球部やサッカー部などの体育系か、美術部や吹奏楽部といった文化系部活動のどれかを担当しているということである。

　部活動は生徒を支え、そして学校を支えている大切な活動である。教職を志す人はこの面においても生徒たちの心と技を磨くことができる教師を目指して欲しいものである。

　なお、部活動については、子どもたちや指導に当たる教師自身に過度な負担がかからないよう十分に配慮する必要があることも付け加えておく。

（2）生徒指導について

　文部科学省がまとめた「2009年度問題行動調査」によれば、暴力行為が小学校で7,115件、中学校4万3,715件、高校1万83件であったという。中学校での暴力行為が突出していることがわかる（読売新聞　平成22年9月15日）。

　この節の冒頭でふれたように、精神的に不安定な中学生の一面が出ていると思われる。問題行動は暴力行為だけにとどまらない。いじめ、器物破損、窃盗（万引き）、その他さまざまである。校内で菓子を食べるとか、漫画やゲームなどのような学校生活に必要のないものを持ってくるとか、ささいなことのように見える問題であっても、放置していればやがて学校が荒れていくきっかけになる。危機感をもつことが大切である。

　中央教育審議会の答申「新しい時代にふさわしい教育基本法と教育振興基本計画の在り方について」（平成15年3月）には、「子どもが学習する際には、規律を守り、真摯に学習に取り組むことが重要であり、教員は、子どもにそのような態度を身につけさせることにより、安心して学習できる環境を形成するように努めることが重要である」（第2章2節）とある。

　まったくその通りである。授業規律を守らせるなど、きちんとした生徒指導

の土台の上にこそ円滑な教育活動を行う条件が整う。そう言っても過言ではないぐらい、生徒指導の在り方は中学校教育の質を左右する大切な問題である。

「確かな学力」を身につけさせるために「指導」と「支援」の両面が必要なように、生徒指導においても、悪いことは悪いと教える毅然とした「指導」と、ゆっくりと話を聞き、問題に生徒自ら気づかせてその解決を図ろうとする「支援」の両面が必要である。それでこそ「確かな生徒指導」といえる。

おわりに

教師は多忙である。しかし「その日暮らし」をしてはいけない。

それぞれの学校は教育目標を設定してその具現化を目指している。一人ひとりの教師がそのことを意識して日々の教育実践に取り組んでいくことが、長い目で見れば、個々の教師の力量を向上させ、学校教育の質と魅力を高め、信頼される学校づくりにつながっていく。

| 学習課題 |

《予習》
　　中学校における各教科等の年間授業時数（表5−2）を週授業時数にするとどうなるか。ただし、授業は年間35週行うものとする。

《復習課題》
　　週授業時数をもとに、中学1年生の時間割をつくってみよう。

【参考文献】
文部科学省「中学校学習指導要領解説（総則編）」ぎょうせい、2008
読売新聞「2009年度問題行動調査」（文部科学省実施）に関する記事（9月15日）、2010
中央教育審議会「新しい時代にふさわしい教育基本法と教育振興基本計画の在り方について
　（答申）」文部科学省、2003

第3節　特別支援教育に携わる教員の仕事

　特別支援教育は、障害のある幼児・児童・生徒一人ひとりの教育的ニーズを把握し、もてる力を高め、学習や生活上の困難を改善または克服し、自立して社会参加をする力を養うため、適切な指導・支援を行う教育である。
　2006(平成18)年に学校教育法の一部改正により、従前の盲学校・聾学校及び養護学校の名称が「特別支援学校」に変わった。また、小・中学校の特殊(障害児)学級も名称が特別支援学級に変わった。現在、特別支援教育の大きな転換期といっても過言ではない。2007(平成19)年文部科学省は「特別支援教育の推進について（通知）」の中で、特別支援教育に関する校内委員会の設置と、特別支援教育コーディネーターの指名を求めている。また、障害のある児童生徒と障害のない児童生徒が一緒に参加する交流及び共同学習をするように指示し、今後の共生社会の実現を目指している。
　以上のような特別支援教育の転換期に当たり、この節では、特別支援教育の内容と、この教育に携わる教員に必要な資質と能力について考える。

1．特別支援教育の種類

特別支援教育には、以下の5つがある。
① 視覚障害教育……見ることが不自由な児童・生徒を対象として、点字を用いたり、文字や絵図を拡大したりするなど、工夫と配慮のもとに、各教科等の学習や自立に向けての専門的な教育を行っている。
② 聴覚障害教育……聞くことが不自由な幼児・児童・生徒を対象として、補聴器などを活用して話し言葉の習得を促したり、さまざまなコミュニケーション手段を有効に活用する力を身につけたりするためのきめ細かな指導や自立に向けての専門的な教育を行っている。
③ 知的障害教育……知的発達に遅れのある児童生徒を対象として、自立と社会参加に必要な知識、態度、習慣を身につけることができるよう、一

人ひとりの障害の状態や発達段階に応じて、生活に結び付いた内容を具体的な活動を通して学習できるようにしている。高等部では、産業現場における実習など、卒業後の職業生活に向けての学習もしている。
④ 肢体不自由教育……からだの不自由な児童生徒を対象とし、教科の学習のほか、身体の動きやコミュニケーション等に関する教育を行っている。手すりやスロープ・エレベーターの設置など、施設・設備にも配慮している。また、たんの吸引、経管栄養、導尿などが必要な児童生徒に対し、看護師や教員による日常的な医療的ケアを実施している。
⑤ 病弱教育……慢性の疾患や身体虚弱のため、医療や生活規制が必要な児童生徒を対象として、病院等との連携を密にしながら、各教科等の学習のほかに、健康状態の回復や改善のために必要な学習を行っている。
※訪問教育……障害の状態が重度であるため、学校へ通学して教育を受けることの困難な児童生徒のいる家庭や病院・施設に教師が出向いて行う教育。

2．特別支援学校と特別支援学級

（1）特別支援学校
　特別支援学校（学校教育法第72条）は、障害のある児童生徒などに対して、小学校などに準じる教育を施すとともに、障害による学習上または生活上の困難を克服し、自立を図るために必要な知識・技能を授ける教育を行っている。また、特別支援学校は地域のセンター的機能も担わなければならなくなった。校内で任命されている特別支援教育コーディネーターは、校内外の専門家や担当者をつなぐキーパーソンである。
（2）小・中学校特別支援学級
　1）小中学校の特別支援学級では、障害の比較的軽い児童生徒の自立と社会参加を図るために、一人ひとりの児童生徒の障害の状態や特性等に配慮しながら指導をしている。また、病院に入院している児童生徒のために院内学級が設置され、病状に合わせて入院中の児童生徒の学習を支援している。

2）視覚障害特別支援学級、聴覚障害特別支援学級、知的障害特別支援学級、病弱・虚弱特別支援学級（院内学級を含む）、自閉症・情緒障害特別支援学級などがある。

3）通常の学級に在籍している発達障害のある児童生徒を含め、障害のある児童生徒に対する適切な指導と必要な支援を行うために、次のことに取り組んでいる。

① 校内の特別支援教育を推進する上での中心となる特別支援コーディネーターの指名を行う。

② 一人ひとりの教育的ニーズに応じた支援の在り方について話し合う校内委員会を設置する。

③ 一人ひとりの一貫した適切な支援を行うための個別の指導計画を作成する。

④ 障害のある児童生徒を生涯にわたって支援する観点から、一人ひとりのニーズを正確に把握する。そして、関係者・関係機関との連携によって、適切な教育的支援を効果的に行うため、教育上の指導や支援の内容を盛り込んだ「個別の教育支援計画」等を作成し活用する。

3．通級による指導

1993（平成5）年度から通級による指導が制度化され、2006（平成18）年度からは自閉症者、学習障害者、注意欠陥多動性障害者が対象に加わった。

言語障害、情緒障害、聴覚障害、学習障害（LD）、自閉症、注意欠陥多動性障害（ADHD）、高機能自閉症など、通常の学級に在籍する軽度の障害のある児童生徒が、大半の授業を通常の学級で受けながら、障害の状態に応じて週1～8時間の個別指導を中心とした指導（自立活動）を受けている。

※学習障害（LD）……基本的には全般的な知的発達に遅れはないが、聞く、読む、書く、計算するまたは推論する能力のうち特定のものの習得と使用に著しい困難を示す状態。

※注意欠陥多動性障害（ADHD）……年齢あるいは発達に不釣り合いな注意力、または衝動性、多動性を特徴とする不釣り合いな行動の障害で、社会的な活動や学業の機能に支障をきたすもの。

※高機能自閉症……3歳くらいまでに現れ、①他人との社会的関係の形成の困難さ、②言葉の発達の遅れ、③興味や関心が狭く、特定のものにこだわることを特徴とする行動の障害である自閉症のうち、知的発達の遅れを伴わないものをいう。

※自立活動……自立を目指し、障害に基づく種々の困難を主体的に改善・克服し自立を図るために必要な知識・技能を授ける教育を行う（学校教育法第72条）。

4．就学に当たって

市町村教育委員会では、保護者および教育学・医学・心理学等の専門的知識のある者（就学指導委員）の意見を聞き、地域や学校の状況、支援すべき内容、本人の意見等を総合的に考慮し、適切な就学先を決定する。適切な就学には、早期からの教育相談や学校見学等を行うことが大切である（特別支援学校に就学するためには学校教育法施行令22条の3に該当することが必要で、市町村教育委員会の指導を受けた後、都道府県教育委員会の就学指導委員会を経て就学先が決まる）。

5．障害のある児童・生徒の理解と指導のための12の視点

障害のある児童・生徒を適切に理解し、指導するために必要な12の視点を以下に示す。

① 共感的な理解と適切な援助をする。
　特別支援教育であっても、通常の教育であっても、まず大切なことは信頼関係である。児童・生徒を共感的に理解し、

叱責よりもほめる姿勢で取り組むことが大切である。
② 児童・生徒の「困り感」に気付くこと。
　障害のある児童・生徒は日常の生活において理解できず、困っているから問題行動が生じる。その問題行動がパニックや立ち歩き行動になってしまう。 
　障害のある児童・生徒にとって、学校生活や学級での生活は「謎だらけ」の状況である。その場その場に応じて、児童・生徒のニーズを確かめることが大切である。
③ 客観的・多面的な実態把握をすること。
　アセスメントの力をつけることが大切である。まず、児童・生徒を客観的に観る。その結果を分析し、対処方法を客観的・多面的に考えることが大切である。決して、独りよがりの考えで児童・生徒に当たってはいけない。  
④ 短い言葉で具体的に個別的に指示を出す。
　教師は言葉を明瞭にすること。はっきりした具体的な言葉でないと児童・生徒は指示を理解できない。説明が長いのはいつでも、どこでも、誰にも嫌われる。授業中の発問も然りである。しっかり教材研究をして、研ぎ澄まされた言葉を使う必要がある。
⑤ 刺激の少ない環境づくりと構造化のアイデアづくりに取り組む。
　児童・生徒にわかりやすい環境を提供する。そして、一人ひとりに応じた支援策を作る。児童・生徒にとっては「視覚的な支援」が有効である。
　ある程度理解できるようになった

ら、次のステップに進もう。決してパターン化しないことが大切である。
⑥　日々の生活の質（ＱＯＬ）が高まる手立てを考えること。

一つひとつ社会的なルールを教えていくことが大切である。日常生活の指導の中で、「あせらず、めげず、へこたれず」の精神で、少しずつ改善していこう。

朝の会や係活動の時間等が有効である。

⑦　成功経験を多くさせよう。

教師や友達から大切にされているという実感が、児童・生徒を変える。自尊感情（セルフエスティーム）を育てることが、成長につながる。

⑧　チームとしての支援。

クラスだけでなく、関係諸機関との連携が大切である。

校内での指導体制もチームとしての体制づくりをしよう。コーディネーターを中心に、外部から医療・福祉・労働などの関係機関、また保護者、前担任等も出席してもらってチームで児童・生徒の成長を考えることが大切である。

⑨　教師の生き方が指導に表れる。

指導がうまくいかないのを児童・生徒のせいにしない。「私の準備が足りなかった。連携が足りなかった。」と、考えよう。指導には教

師の生き方が問われる。自分自身の人間の幅を広げよう。教師自身がどれだけ豊かな人生を送っているかにかかってくる。

⑩　児童・生徒を理解し、寄り添い、一緒に歩む姿勢で進もう。 
　教育内容を魅力的にすることが一番である。児童・生徒にとって理解しやすい学習の目当てを作ろう。

⑪　保護者（親）の身になって考えよう。 
　保護者（親）は教師よりもっともっと多く悩んできている。子育てについては大先輩である。しっかり寄り添い、しっかり支えて、児童・生徒を育てよう。

⑫　情報管理をきちんとしよう。 
　「個人情報」の流失を防ぐ細心の注意をしよう。教師は常に守秘義務、信用失墜行為、政治的行為の制限等について学ぼう。

　以上、障害のある児童・生徒の理解と指導のための12の視点を述べた。特別支援教育は、障害のある幼児・児童・生徒一人ひとりの教育的ニーズを把握し、持てる力を高めさせることである。一人ひとりのアセスメントに努め、児童・生徒の困り感に気付き、共感的な援助と適切な援助を心掛けてほしい。また、刺激の少ない環境の中で児童・生徒のQOLを高めることを考えてほしい。
　教師は児童・生徒の多様なニーズに応えられるよう、常日頃から豊かな生き方を心掛けたいものである。

> **学習課題**

（1）校内外の専門家や担当者をつなぐキーパーソンは何と呼ばれますか。
　　　また、そのキーパーソンの仕事内容を調べなさい。
（2）特別支援教育における「通級による指導」について説明せよ。
（3）LD（学習障害）とADHD（注意欠陥多動性障害）について説明せよ。

【参考文献】
特別支援教育の在り方に関する調査研究協力者会議「今後の特別支援教育の在り方について（最終報告）」平成15年3月28日
中央教育審議会答申「特別支援教育を推進するための制度の在り方について（通知）」平成17年12月8日
文部科学省「特別支援学校学習指導要領解説　総則等編（幼稚部・小学部・中学部）」
文部科学省「特別支援学校学習指導要領解説　総則編（高等部）」
文部科学省「特別支援教育」パンフレット
岡山県教育庁特別支援教育課「岡山県の特別支援教育」パンフレット

第4節　幼稚園教員の仕事

1．幼稚園教育の基本と特性

　幼稚園は満3歳から小学校入学までの幼児を入園させて教育を行う学校であり、文部科学省の管轄のもと、学校教育法により法的に位置付けられている。義務教育ではないが公教育として存在している。
　幼稚園教育の目的は、学校教育法第77条によると、「幼児を保育し、適当な環境を与えて、その心身の発達を助長すること」にあるとされている。つまり、小学校以降の生活や学習の基盤を培う学校教育の始まりとしての役割を担っている。したがって、各幼稚園で教育方針はさまざまであるが、幼稚園教育要領に基づき、「健康」「人間関係」「環境」「言語」「表現」などの領域から発達を捉え、遊びを通して総合的に指導している。「教育的意図」を織り交ぜた教育

課程で指導計画を作成し、幼児の主体性と指導の計画性をバランスよく絡ませ、充実した幼稚園生活をつくり出すことが大切である。

さて、「幼児を保育する」とはどういうことであろうか。「保育」という言葉が意味するものについて考えてみたい。

幼児にとっては、生命を守り維持するという基本的な生活がもっとも大切であり、それは周りの大人からの保護によって支えられている。つまり、庇護であったり、危険を避け安全で安定した環境の中で育てられたりしている。それと同時に養育を受けることで、日常生活においての基本的な生活習慣の形成が図られ、しつけが考慮されて自立が促されるなどの営みが行われている。さらに教育されることで、直接的・間接的な体験を通して、豊かな心情や意欲・態度が培われることとなる。これら、庇護、養育、教育を総合的に捉える言葉として「保育」が使われている。

また、「環境を通しての教育」とは、教科教育の授業ではなく、一人ひとりの実態に応じた指導がなされ、心身の発達に役立つ経験を組み込む生活が営まれることが期待されている。しかも家庭生活とは違って、同じ年齢代の幼児が集まって集団生活を営むのである。ここに集団のもつ力が加味されることによって、より望ましい成長発達を遂げることができるといえる。幼稚園教育の重要性を認識して、幼稚園教員の在り方を学んでほしい。

2．幼児期の発達の姿

保育活動を展開するに当たって初めに必要なのは幼児の実態を知ることである。と同時に、発達の筋道を知っていることで各段階の積み重ねの上に次の発達があること、ある幅の年齢期間の中で発達すること、働きかけ等に呼応する結果がすぐには見えにくいことなどを知っておくと、幼児の行動や反応を理解しやすい。以下に、3歳児から5歳児の発達の特徴について考えてみたい。

（1）3歳児

食事、排泄の習慣や、衣服の脱ぎ着、簡単な身の回りの始末など、自分でで

きることが増え、一日の生活の流れがわかる。自由に歩けるようになり、走る、跳ぶ、階段の上り下りなど、基礎的な体力も身についてくる。自我が芽生え、自他の区別もできて、固執や反抗などで大人を困らせたり、自己主張が強くなるため、しばしば友達とのぶつかり合いが起こったりするようになる。しかし、自分の感情や行動を自分でコントロールできる「自立心」が育つ時期である。この時期の「しつけ」は繰り返し教えることと、待つことがポイントである。

（2）4歳児

活力にあふれた活動家で、何でも知りたがったりやりたがったりする。自分の力で自分の世界をどんどん広げていく。行動的で、空想家で、イメージの世界、現実の世界を出たり入ったりして、自分なりの理由を見つけて納得する。自己主張が強く、まだ周りを見て行動することができないので、友達とのトラブルも多発する。感情も分化し、優しい気持ちや悲しい気持ちも味わう。身体を動かすことも自由になり、気に入ったら繰り返し行動を楽しむ。指先の仕事も好むようになり、運動能力や生活技能が育つ。

（3）5歳児

運動機能がますます伸び、快活に跳び回り、身体を動かすことを喜ぶ。好奇心が旺盛で、いろいろなものに興味をもち、全身で取り組む活動性の高まりが見られる。生活経験が広がると同時に、身の回りの自然事象や物事に対しての興味や関心も深まる。知的好奇心や探究心が深まり、いろいろな表現能力を身につけていく。また、自分や仲間の意見を大切にし、仲間意識が芽生え、同じ目的に向かって活動するようになり、集団やグループの活動の中で役割の分担をし、決まりを守ることの必要性、責任感を身につけ、仲間の一員としての自覚や自信をもって行動する。

以上のように各年齢の特徴的な姿を記したが、幼児期は特に個人差が大きいので、個々の成長・発達をていねいに見取ることが大切である。

3. 幼児期にふさわしい生活の展開

　幼児教育は、目先の結果のみを期待しているのではなく、生涯にわたる学習の基礎を作ること、つまり「後伸びする力」を培うことを重視している。

　そのためには、教師との信頼関係、興味や関心に基づいた体験、友達とかかわって展開する生活が大きな意味をもってくる。その生活を保障する保育内容や活動を精選することが、ふさわしい生活の展開といえるのである。

（1）遊びを通しての総合的な指導

　幼児の生活は遊びが中心である。実際の保育の場では、「遊び」の捉え方はさまざまである。時間を区切って、知識を一方的に教えることを遊びと捉える園もあるようだが、本来、保育においては、遊びを通して発達を促していくことが求められている。

　幼児の遊びが充実するためには、発達にふさわしい環境を用意することが大切になる。「環境による教育」であることを考えたとき、幼児が喜んで環境にかかわる活動が重要となる。教師は、幼児に対して、いろいろな人やものに出会わせるきっかけをつくることが大切になる。そのためには、ねらいに基づき、それを実現するために必要な「もの」や「場」を整えていかねばならない。また、遊びを楽しいだけに終わらせるのではなく、遊びを通して、生活の知恵が学ばれ、達成感、挫折感、葛藤、充実感などの多様な感情体験が得られるようにすることが重要である。

（2）保育の形態

　幼稚園では、個々が課題をもち自分の目的に向かって取り組む活動もあれば、グループやクラスの目的に向かって友達と力を合わせて取り組む活動もある。保育の形態は、保育の方法や内容と関連している。ここでは、自由保育と一斉保育について紹介しよう。

1）自由保育

　自由保育は、幼児の自発的で自由な活動を尊重して保育を実践する保育形態である。例えば、絵を描く、ままごと遊びをする、積み木を積んで遊ぶ、砂遊びをするなど、保育室や園庭等で、一人ひとりの欲求・要求に基づき、それぞれがしたい遊びをするのである。したがって、自由感があり、幼児が自分の興味・関心に基づいて主体的に活動を選び、好きな場所で、好きな遊びを心ゆくまで楽しむ保育といえる。

　この自由な保育は、幼児がただ好き勝手に遊ぶということではなく、遊びの中にたくさんの学びがあるものである。友達とかかわり、いっしょに遊ぶ楽しさや、時には思うようにならない体験をすることも、人とのかかわりを学ぶ上で重要であるし、考える力や表現力なども培われるのである。この保育の展開に当たっては、発達の理解とねらい・内容が明確でなければならない。それらがあいまいな場合には放任の保育になることもある。そのための環境の構成がしっかりと考えられていなければならない。

2）一斉保育

　一斉保育は、保育者がクラスの幼児全員に対して、計画された活動を同一場所、同一方法で一斉に行わせる保育形態である。みんなで歌をうたったり、絵を描いたり、ダンスやゲームをしたりするなどの活動があげられる。これは、クラス単位、または学年や園全体で行う場合もある。したがって、必ずしも自発的な活動というわけにはいかない。もちろん、園によってさまざまな特色があるため、内容は多様であり、それぞれに違いが見られる。学年や園全体で行う活動には発表会や運動会などの行事があげられる。

　一斉保育は、みんなが同じように経験を重ねていくことができるので、経験の偏りをなくすという特徴がある。また、クラスのみんなでやった経験をもとにして、自分たちの自由な遊びの中に再現させ、新たに遊びを展開させていくこともある。

4．指導計画

　幼稚園教育要領では、幼児期に何を育てたらよいか、どういう視点をもたなければならないかについて、幼児の発達を捉える視点として次の5つの領域を示している。
　①　心身の健康に関する領域〈健康〉
　②　人とのかかわりに関する領域〈人間関係〉
　③　身近な環境とのかかわりに関する領域〈環境〉
　④　言葉の獲得に関する領域〈言語〉
　⑤　感性と表現に関する領域〈表現〉
　これらの領域をもとに各園の教育課程によって教育の道筋を見通しながら、具体的なねらいや内容、環境の構成、活動の展開と保育者の援助など、指導内容や方法を明らかにしたものが指導計画である。指導計画には、長期を見通した年・学期、発達の節目で捉えた期・月などの長期の指導計画と、具体的な幼児の生活に密着した週や日の短期の指導計画がある。季節など、自然環境の変化や行事なども考慮して位置付け、生活の流れを大筋で予想しながら計画していく。
　指導計画は仮説である。したがって、計画に幼児の活動を当てはめるのではなく、幼児の実態に合わせることが大切であり、同時に柔軟な対応が求められているといえるだろう。指導計画は実践によって初めて完成される。幼児の実態に合わせるということは、作成段階だけでなく、展開の段階でも絶えず見直しが必要なのである。

5．今後の課題と幼児教育の動向

　少子化、核家族化、都市化、情報化、国際化、女性の社会進出等により、家庭における幼児の発達はますます多様化している。生活空間の中に自然や広場などといった遊び場が少なくなる一方で、テレビゲームやインターネット等の

室内の遊びが増えるなど、偏った経験を余儀なくされている。人間関係の希薄化により、地域社会の人人が地域の子どもの育ちに関心を払わず、積極的にかかわろうとしない。また、子育て経験が乏しく相談相手がいないために、育児不安に陥る保護者も増えてきた。さらに、親子で孤立して虐待に至る場合も増加している。

このように、地域や家庭の教育力の低下は、幼児の成長・発達に大きな影を落としている。それだけに幼児教育の内容を充実させることが重要課題である。幼稚園等施設の教員は、子どもの育ちをめぐる環境や親の子育て環境などの変化に対応する力、特別な教育的配慮を要する幼児に対応する力、小学校等との連携を推進する力などの総合的な力量が必要とされている。さらに、子育てに関する保護者の多様で複雑な悩みを受け止め、適切なアドバイスができる力など、深い専門性も求められている。

また、今後の動向として幼保一体化の動きや、「こども園」といった構想も出されている。常に世の中の変化を感じ取る感性や情報処理の力が必要である。それとともに、「幼児を見る目」「保育を見る目」を広く確かなものにし、より良い保育の創造に努めることが大切である。

学習課題

幼稚園教育要領で示されている5領域について、その内容を把握し、具体的な実践力を高めよう。

【参考文献】
教職問題研究会編『教職論[第2版]教員を志す全ての人へ』ミネルヴァ書房, 2009
網野武博・武藤隆・増田真由美・柏女霊峰『これからの保育者にもとめられること』ひかりのくに, 2006
古橋和夫編『改訂 教職入門 未来の教師に向けて』萌文書林, 2007
長尾和英編著『教職と人間形成』八千代出版, 2004

第6章

学級経営

　学級経営案は、学校や学級の教育目標の具現化を図るものであり、学級における教育活動の指針となるものであって、学級全体についての総合的な見通しをもって作成される。学級担任は、年度当初に作成した学級経営案を、児童・生徒達の変化を把握しながら修正を図り、活用していくことになる。

　学級担任の教師は、児童・生徒相互の人間関係を育てる場としての学級の役割を重要なものとして認識し、個や集団に働きかけ、児童・生徒相互の好ましい人間関係を育てるために学級経営を充実させたいと願う。したがって、学級経営案には、学級の教育目標および学級経営の方針、学級の実態、学級経営の計画、学級事務、学級経営の評価などが記述される。

　本章では、小学校を中心に、幼稚園・保育所、中学校における具体的な学級経営案の事例をもとに、一人の教師として学級経営デザインができるようになることを期待している。

1. 教師の願う学級の姿とは

まもなく新学期が始まる。学級担任としての生活が始まる。児童・生徒たちが集まる学級を担任する。緊張とともに学級への思いがふくらみ始めているに違いない。

さて、あなたは、担任として、どのような学級を願うだろうか。どんな学級経営をしたいと考えているだろうか。ここで、あなたの願う学級経営について、そのイメージを3点あげてみよう。理想像でもよい。大切にしたい方策でもよい。自分のイメージをまず言葉にしてみよう。

課題1

あなたの願う学級経営について、そのイメージを3点あげてみよう。

（1）中学校教師・A先生の場合

ある中学校教師・A先生は、「あなたの願う学級は？」という問いに次のように答えた。「お互いの違いから学び合う学級である」と。人は、一人ひとり感じ方や考え方が違っている。そこに学び合う値うちがある。

A先生の発言は続く。時代の大きな流れの中で、学校は大きく変化し、その意味が問われ続けている。知識や学力・体力・技術の向上だけを目指すなら、塾やスポーツクラブへ通えばよい。インターネットの利用も日常的になった。しかし、学校は、生い立ちも性格も趣味も学力も運動能力も、何もかも違う生徒たちが集まっている。体育祭で学級優勝を目指しても運動の苦手な生徒が一緒だし、合唱コンクールでは歌うことが嫌いで苦手な生徒が一緒になる。こんなことは地域の合唱サークルでは起こりえないことである。

だが、だからこそ学校の存在意識がある。お互いの違いから学び合うという視点に立てば、学校ほど恵まれた環境はない。学校だからこそ可能な「お互いの違いから学び合う教育」こそ、時代の流れに左右されない学校自身を生かす

最高の場であると思う。

　お互いの違いから学び合うためには、まずお互いの違いに気づき、それを認め合うことが必要である。違いを認めるということは、簡単なようでなかなか難しい。しかし認め合うことさえできるようになれば、新しい気づきが生まれ広がっていく。学級として同じ体験をしても、自分とはまったく違った感じ方をする仲間がいることや、自分は何とも思わないことなのにへとへとになるほどに気をつかってくれる仲間がいることに気づくようになる。「同じ学級で学び、同じ取り組みをしたのに、全然違う」という感覚を抱く。その気づきが、仲間への新鮮な驚きとともに、普遍的な学びへと高められ、一人ひとりの違いが学びに結びついていることの実感となり、納得や充実感を生み出す。意見が違っていても、お互いの違いを認め、安心して自分の思いを表現することができる。生徒同士の好ましい人間関係が築きあげられていく。

　A先生は、自分の願う「お互いの違いから学び合う学級づくり」に向けて、1学期のはじめから徹底して、次の5つのルールを指導した。

　その5つのルールとは、「人の話に反応する」「必ず理由を言う」「その場の雰囲気を読む」「どんな意見も馬鹿にしない」「わからないときにはすぐに聞く」である。これらの5つのルールは、「話す力」や「聞く力」を育てる鉄則である。彼は、この5つのルールを授業中だけでなく、休み時間も徹底して指導し続けた。この5つのルールは、相手を思いやることと、違いを理解することを促す。

　こうした「お互いの違いから学び合う学級」をつくりたいという強い願いと、5つのルールという的確な方策が豊かな学級経営につながっていく。

（2）小学校教師・B先生の場合

　別の小学校教師・B先生は、6年生の学級開きの日、始業式の後、教室で次のような学級通信を配布した。6年生という小学校の最高学年に進級した児童たちへの祝辞とともに、「小学校卒業という節目の時にしかできない学習や体験を通して、人間として生き抜く力を身につけてほしい」という強い願いと、「目指せ！文章名人」という具体的な方策が明確に綴られている。この教師は、

学級経営への願いと方策とを学級通信に託して、児童とその保護者に説明している（資料6‐1）。

資料6－1　K小学校6年2組　学級通信　創刊号

K小学校6年2組　学級通信 創刊号　20○○年4月7日

進級おめでとうございます！

　日に日に春めいてくると同時に桜のピンクが目に飛び込んでくるよい季節になりました。校庭の花壇のチューリップや水仙も満開です。そんなよい天気の中、みなさんは、このK小学校の最高学年となられました。今年一年、Kを引っ張る機関車、エンジンであると同時に学校の顔でもあるみなさんは、まるで「きかんしゃトーマス」のようですね。そんなみなさんと、ともに学ぶことになった「B」です。6年生の担任になったことを誇りに思うと同時に、とても楽しみにしています。教師生活18年目にして、8回目の6年生です。一番慣れた学年ですが、K小学校では初めての6年生です。みなさんと共に、充実した1年を過ごしていきたいと思っています。よろしくお願い致します。

　さて、6年生と言えば、とにかく「忙しい」学年です。自分のことはもちろん、学校のこと、下学年のことなど、やらなければならないことがとても多いと思います。しかし、心配しないで下さい。それをやりきる力はみなさんにはもうすでに備わっています。だから、みなさんは、自分がやらなければならないことに加えて、人のため、学校のためにやらなければならないことをどんどん引き受けて下さい。そうすれば、みなさんは、大きく成長することが出来ます。風船をふくらますときにたとえると、空気をたくさん入れていけば、風船はどんどん大きくなって、手を離すと勢いよく飛んでいきます。空気を少ししか入れなければ、風船はしおれたままで、手を離してもあまり飛びません。これと同じです。だからといって入れすぎるとパンクしますが、ある程度は頑張って、自分に仕事や役割をもらうことによって、自分の中に入る空気の量が増えます。自分を大きく成長させることにつながります。そして、その仕事をやりきったとき、自分には、自信と信頼という宝物が手に入るのです。もちろん、それらの宝物を手に入れるためには、「なかま」が必要です。「なかま」との「チームワーク」によって、自分の仕事や役割を果たすことができ、自信と信頼という宝物を手に入れることができるのです。これらの宝物を手に入れるために、今年一年一緒に頑張っていきましょう。

【6年2組の学習の目標】

　学習に関しては、先生が目標を決めます。今年、みなさんは、卒業から中学校入学という大きな人生の節目をむかえます。そのためにはもちろん、小学校卒業という大きな節目に今しかできない学習や体験をして、人間として生き抜く力を身につけて欲しいと思います。学習に関して言えば、入試に必要な知識とともに、その知識をしっかり使えるようにすることが大切です。「使う」というのは、つまり、人に「伝える」ということです。自分が得た知識や考えをしっかり人に伝えることが出来てこそ本物になるのです。そこで、6年2組の学習の目標は、「目指せ！文章名人」です。6年生の最後には、先輩を見に行ったと思いますが、卒業論文と研究発表がありま

す。原稿用紙20枚以上書くことになります。それに向けて、1年間、文章名人を目指して頑張りましょう。文章を書くということは、考えるということです。つまり、かしこくなるということなのです。

【B先生の目標】

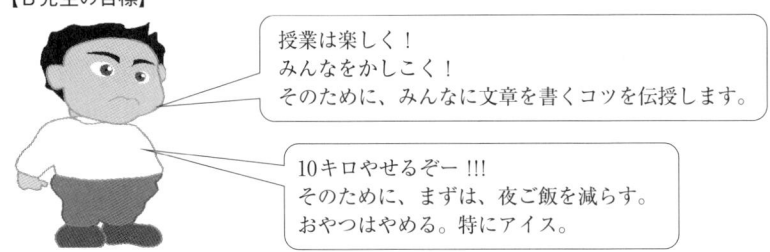

授業は楽しく！
みんなをかしこく！
そのために、みんなに文章を書くコツを伝授します。

10キロやせるぞー！！！
そのために、まずは、夜ご飯を減らす。
おやつはやめる。特にアイス。

●みんながかしこくなれるように、次の3つの約束してもらいます。この約束を徹底します。

①先生もできるだけ早く教室に上がるので、朝来たら宿題を出して、ハンコをもらう。もしわからないところがあれば、必ず先生に伝える。
②連絡帳に3～5分間で学びをできるだけ詳しく書いて、必ず毎日出す。何字書けたかを数えて自分が何文字書けたかを積み重ねていく。
③放課後学習（水曜日を除く4時まで）をどんどんやっていきます。その日わからなかったところがあれば、その日のうちに解決するために必ず残りましょう。宿題を忘れた場合には、残ってやって帰ってもらいます。

2．学級経営の基本は「好ましい人間関係を育てる」こと

さて、A先生やB先生は、学級経営についてどのような考え方や捉え方をしているのか、探ってみよう。

A先生とB先生の学級経営に共通するのは、「好ましい人間関係を育てる」ということである。学習指導要領総則には、教師と児童・生徒の信頼関係および児童相互の好ましい人間関係を育てることの重要性が示されている。学級経営の充実を図るためには、学級を構成する児童・生徒一人ひとりが、学級集団の人間関係の中で安定した立場を得て、互いに心理的な圧迫がなく、学級全体が協調的、協力的である、児童・生徒相互の好ましい人間関係を育てることが

必要不可欠である。

　現在、学校教育では、学級崩壊、いじめ、不登校等学級の人間関係にかかわる問題も見受けられる。このことは、家庭や地域における児童の人間関係の希薄さや社会体験の不足から、他者との適切なかかわり方を学ぶ機会が少なくなってきていることに加えて、学級における指導が児童・生徒相互の人間関係の修復を図る指導にとどまっている状況が多いことによると考えられる。

　このような状況を改善していくためには、児童・生徒相互の好ましい人間関係を意図的、計画的に育てる学級経営を進めていくことが必要となる。児童・生徒相互の好ましい人間関係を育てる年間の指導を構想し、具体的な学級経営案の作成が求められる。A先生やB先生の願いと方策を支える学級経営案はどのように作成されるのだろうか。

（1）学級経営とは
　ここで、学級経営という用語を定義しておこう。

> 　学級経営とは、学級担任の教員が、学校教育目標の達成を目指して、学級の教育目標を設定し、その達成を目指して学級の児童・生徒個人および集団に対する指導を計画的に展開するすべての教育活動のことである。

　学級経営の概念には、授業効果を高めるための条件整備とする見方や、教員の活動のうち授業を除いたものすべてとする捉え方などがある。しかし、学級担任がほとんどの授業を担当する小学校の場合、教員の意識と実践において、授業のプロセスと学級経営とは相互に結合していると考えるべきであろう。また教科ごとに授業担当者が異なる中学校でも、同じ教科内容の指導をしても相手の学級によって雰囲気や成否の違いが大きいことは明らかである。このことは、学級担任による学級経営が授業の成否にとっていかに重要であるかを示している。と同時に、教科の授業担当教員にとって、当該授業を成功させるための基礎的力量として、対象学級の生徒集団を理解し、「学習集団」として機能させるという意味での学級経営の力量が重要であることを物語っている。

（2）小学校教諭の仕事の概要

このため、学級担任は、実に多様な仕事を担っている。以下は小学校教諭の仕事の概要である。

① 学校教育目標の実現を目指し、学級において育みたい児童像を明確にして学級指導目標実現のための具体的方策を立案する。

② 学級指導目標の実現を目指し、学校の各種教育計画に従って、学級指導計画、さらに担当教科、総合的な学習の時間、道徳および特別活動の年間指導計画を立案する。

③ 児童の心身の特徴について、申し送られた各種表簿、普段の観察、多様な関係者の話等をもとに、児童の心身、個性、能力等の特徴を把握し、望ましい人間関係の中で、児童・生徒が健全に学校生活を過ごせるように心がける。

④ 児童一人ひとりの学力の特性や特徴、得意教科や不得意教科、つまずきなどの実態を十分に把握し、適切な指導に努める。

⑤ 教室の物的環境の整備と管理を行い、児童が毎日の生活や学習活動をより良い環境の中で行えるよう心がける。

⑥ 学級を経営する上での事務的な作業を行う。具体的には、学習評価、出席管理等の諸表簿作成などの事務処理を行う。

⑦ 学級経営に関する保護者の理解と協力を得るために、学級だよりの発行や学級集会・懇談会、家庭訪問等を通じて、連携を深める。

このように、学級経営は、学習指導や生活指導をはじめ、学級内の人間関係を築いたり、学級の物的環境の管理や整備を行ったりするなど、多岐にわたる教育活動となる。小学校の学級担任は、このような仕事を通して児童・生徒の指導に当たる。こうした学級担任の仕事は、小学校だけではなく、校種による違いは当然あるものの、中学校、高等学校、また幼稚園・保育園ともにその本質的な仕事内容は共通である。

資料6-2　C先生の学級経営デザイン案

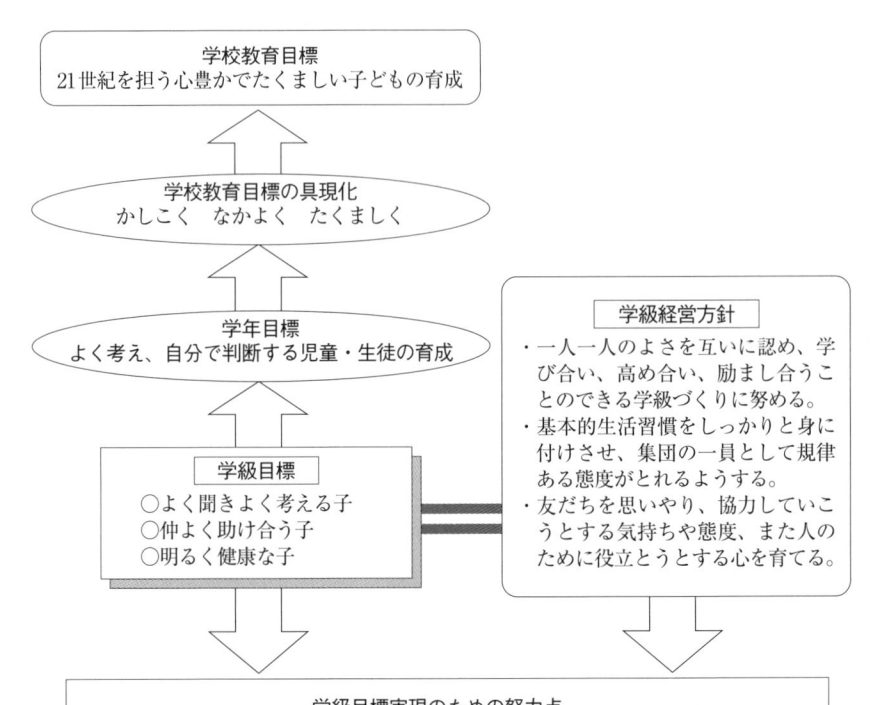

```
┌─────────────────────────────────┐
│         学校教育目標              │
│ 21世紀を担う心豊かでたくましい子どもの育成 │
└─────────────────────────────────┘
              ▲
┌─────────────────────────────────┐
│       学校教育目標の具現化         │
│     かしこく　なかよく　たくましく    │
└─────────────────────────────────┘
              ▲
┌─────────────────────────────────┐
│           学年目標                │
│  よく考え、自分で判断する児童・生徒の育成 │
└─────────────────────────────────┘
              ▲
```

学級目標	学級経営方針
○よく聞きよく考える子 ○仲よく助け合う子 ○明るく健康な子	・一人一人のよさを互いに認め、学び合い、高め合い、励まし合うことのできる学級づくりに努める。 ・基本的生活習慣をしっかりと身に付けさせ、集団の一員として規律ある態度がとれるようする。 ・友だちを思いやり、協力していこうとする気持ちや態度、また人のために役立とうとする心を育てる。

学級目標実現のための努力点

【よく聞きよく考える子】
・友だちや先生の話を最後まできちんと聞ける。
・自分の考えや気持ちをはっきりとみんなに話せる。
・友だちの発言のよさに気付くことができる。
・「読む」「書く」「計算」にねばり強く取り組むことができる。

【仲よく助け合う子】
・大きな声で元気よくあいさつができる。
・「ありがとう」「ごめんなさい」が素直に言える。
・友だちのよいところを認めたり、失敗を許したりできる。
・困っている友だちにやさしく手助けすることができる。
・教育に関する3つの達成目標の「規律ある態度」に真剣に取り組むことができる。

【明るく健康な子】
・休み時間は進んで外遊びをすることができる。
・手洗い、うがい、歯磨きの習慣を身に付ける。
・友だちと仲よく元気に遊ぶことができる。
・体力の向上を目ざし、一人一人ががんばることができる。

学級経営の具体策

学級指導…学ぶ喜びを味わえる学級経営
- 学習の準備の仕方、話の聞き方、発表の仕方を身に付けさせる。
- 基礎基本の学力の徹底を図るために、漢字練習や計算ドリル等を計画的に学習させる。
- 一斉指導、個別指導、ティーム・ティーチング等の指導方法を工夫する。
- 家庭学習や自主学習を奨励し、教師が見届け、意欲を高めさせる。
- 児童の興味関心を高めるための教材を工夫する。

生徒指導…一人一人の自己指導能力の育成を目指す学級経営
- 一人一人に自己存在感（かけがえのない存在として大切にする）を与える指導をする。
- 学級にお互いのよさを認め合う共感的人間関係を育成する。
- 児童自らが決断し、実行し責任を持つ経験（自己決定の場）を多く設定する。
- 朝の会、帰りの会を活用し、互いに認め合い励まし合う人間関係づくりを進める。

教室環境…安心・安全な環境整備をめざす学級経営
- 一人一人の児童の目標・活動がわかるような掲示を工夫する。
- 教室内の整理整頓に努め、落ち着いた教室環境を整える。
- 季節感にあふれた掲示をしたり、植物を置くなどの整備をする。
- 定期的な座席替えにより、多くの友だちと接する機会を増やす。
- 清掃に対する意欲を高め、清潔な環境づくりをする。
- 児童の活動をうながすような教室整備に努める。

家庭・地域との連携…保護者・地域とともに歩む学級経営
- 学級の様子がわかる通信の発行や連絡帳を活用し、担任の願いや連絡事項等を的確に伝え、教育活動への理解と支援を図る。
- 家庭訪問や個別面談により児童理解を深める。
- 授業参観、保護者懇談会などの話し合いにより信頼関係を深める。
- 連絡を密にとることにより問題の早期発見、早期解決を図る。
- 地域の行事等への積極的な参加をうながし交流を図る。

【学級目標の設定】　ここがポイント
◇学校教育目標や学年目標とかかわって調和のとれた学級目標を設定する。（知・徳・体が基本）
◇あいまいな表現をさけて児童に理解される用語で表現する。
◇児童の毎日の学校生活のめあてとして意識され実践できる目標にする。

【学級経営方針の設定】
ここがポイント
① 学年の実態
② 発達の特性（知的・身体的・情緒的・社会的）
③ 学年教師の教育観
をもとに定めていく

3．学級経営案の作成

　今度は、別の小学校教師・Ｃ先生の学級経営デザインを例に、その作成の仕方を整理してみよう。
　まず、学級目標と学年目標、学校教育目標との関係を読み取ろう。
　学級経営の定義を踏まえて学級の教育目標、つまり学級目標は設定されていく。したがって、学級目標を設定するときには、
　①　学校教育目標や学年目標とかかわって調和のとれた学級目標を設定する
　　（知・徳・体が基本）。
　②　あいまいな表現をさけて児童に理解される用語で表現する。
　③　児童の毎日の学校生活のめあてとして意識され実践できる目標にする。
などがポイントとなる。
　そして、学級目標の達成に向けて、具体的な学級経営方針が設定される。学級経営方針は、①学年の実態、②知的・身体的・情緒的・社会的な発達の特性、③学年教師の教育観などをもとに定められることになる。
　Ｃ先生の学級経営デザインでは、学級目標、学級経営方針を実現するために、より詳細に「学級目標達成のための努力点」「学級経営の具体策」が書き込まれている。「学級目標達成のための努力点」の観点は「知・徳・体」である。「学級経営の具体策」は、前述した「小学校教諭の仕事の概要」を踏まえていることを読み取っておこう。
　Ｃ先生の学級経営デザインは小学校のものだが、当然校種による内容の違いはあるものの、中学校、高等学校、また幼稚園・保育園ともに、学級目標等の設定の仕方や学級目標達成に向けての取り組みのしかたなど、その基本的な考え方に違いはない。

> **課題2**

　小学校教師・C先生の学級経営デザインにおける、C先生の学級経営に関する「願い」と「方策」を簡潔にまとめてみよう。

4．学年・学級経営案の具体例

　ここでは、さらに幼稚園教諭・D先生（3歳児担任）とE先生（5歳児担任）、中学校教諭・F先生（1年生担任）とG先生（2年生担任）とH先生（3年生担任）の学年・学級経営案を紹介したい。D先生とE先生は同じ幼稚園、F先生とG先生とH先生は同じ中学校に勤務している。それぞれの校種ごとの特徴を読み取ってみよう。あなたが興味関心を持っている校種については、特にていねいに読み取ってみよう。

資料6-3　幼稚園教諭・D先生（3歳児担任）の学級経営案

平成○年度　3歳児　学年・学級運営案　担任○○○○
〈学年〉
1．めざす3歳児の姿
　・園生活に必要な生活の仕方やルールが分かり、自分のことは自分でしようとする。
　・先生や周りの友達、友達の保護者、実習生など、いろいろな人とかかわり、親しみや信頼感をもって園生活を楽しむようになる。
　・身の回りのもの、自然、出来事に触れたり出会ったりする経験を重ね、興味をもつようになる。
　・自分なりに、自分の思いや考えを表現するようになる。
2．指導の基本姿勢
　・一人一人のありのままの姿を受け入れ、個々の幼児が幼稚園での生活を楽しめるようにする。
　・身近な人、もの、自然、出来事などに触れて遊ぶ経験を豊かにすることに視点を向けて保育を行う。
　・指導計画をもとに、計画的な保育の実践を心がける。
3．指導の重点
　・園生活の流れや生活の仕方、ルールなどが分かり、基本的な生活習慣が身につくようにする。
　・教師との信頼関係や幼児同士のかかわりがもてるようにし、幼児が安心して自分らしさを出して生活できるようにする。
　・南園庭の広場や四季豊かな自然を保育に活かし、身近な自然とかかわって遊ぶ経験を重ねていくようにする。
4．家庭との連携
　・保護者とのコミュニケーションを図り、ともに幼児の育ちを支え、成長を楽しめる関係づくりに努める。
　・学年・学級通信、降園時の話、保育参観・保育参加等を保育に有効に活かし、保育に対する理解を得る。
5．協力指導体制
　・学年の担任、副担任が連携し、それぞれのよさを活かしながら、協力して保育にあたる。
　・保育情報交換会で、個々の幼児の育ちや保育の様子を伝え合い、園全体としての協力指導体制をつくる。

〈学級〉
1．学級の幼児の実態
　・入園当初は保護者と離れることに不安を感じ毎朝泣いていた幼児もいたが、幼稚園が終わると保護者が迎えに来てくれるということが分かり、門の所で手を振って保護者と離れることができるようになってきた。

- 持ち物の整理や降園準備にはまだまだ時間がかかっているが、保育者に声をかけられながら自分でしようという姿が見られる。
- 設定遊びでは、園内のいろいろな場所で自分の好きな遊びを見付けて遊んでいるが、まだ友達と一緒に遊ぶということができない幼児もいる。

2. 学級の保育（学級運営）の課題
- 自分でできなかったことが一つでも多くできるように、幼児のもっている力を見つめ伸ばしていく。
- 先生や友達、保護者や学生など、いろいろな人とのかかわりを通して、自分の思いを伝えたり言葉のやりとりをしたりしながら、一緒にいることが楽しいと感じられる体験を重ねる。
- 身近な自然と幼児とのつながりに視点を当て、幼児の興味・関心を捉え、保育の中に活かしていく。

3. 教師の課題
- 初めての集団生活なので、人として身に付けなければならないルールやマナーを一つ一つ理解できるように伝える。また、幼児の頑張りを保護者に伝えたり、保護者の思いに耳を傾けたりしながら、幼児のよりよい成長に向け協力し合う。
- いろいろな保育を見る機会を積極的にもったり、困っていることや分からないことは声に出しアドバイスをもらったりしながら、保育の質を高めていく。
- 自然との触れ合いを通して、幼児と共に感動したり驚いたりしながら、個々の幼児が友達と一緒につながっていく過程を大事にした保育に努める。

資料6-4　幼稚園教諭・Ｅ先生（5歳児担任）の学級経営案

平成○年度　5歳児　学年・学級運営について　担任○○○○
〈学年〉
「めざす5歳児の姿」……「自然と共に」「協同性」「規範意識」「幼小の接続」
- 身近な環境に興味や関心をもってかかわり、十分に活動し充実感をもって生活する。自然環境に積極的にかかわり、豊かな感性を育み表現活動につなげる。
- 教師や友達、異年齢児とのかかわりの中で幼児一人一人の自発性を育む。また、3年保育の成長の姿として自分たちで考えて行動し、個の育ちとともに集団としての力を発揮できるようにする。5歳児としての自覚をもち、自らの成長を実感しながら主体的に生活し、人へのやさしさや思いやりの心も育むようにする。
- 幼児一人一人の個性を大切にし、それぞれの違いを認め合い相手を受け入れられる温かい人間関係を築く。自分の言葉で相手に分かるように話すことも大切であるが、「相手の話に関心をもって聴く」という態度が身に付けられるように指導していきたい。
- 地域の小学校、中学生との交流を深め、一緒に遊んだり生活したり学んだりする関係をつくり、互いにかかわることを通して憧れの気持ちや自分の成長を見つめたりする。小学生や中学生との交流で得たことを3、4歳児とのかかわりで活かせるようにする。

以上を今年度は重点目標として取り組んでいきたい。そのために、各学年や学年同士の話し合いを密にして互いに刺激を受けながら保育を進めていきたい。

〈学級〉
＊しっかりと話を聴く姿勢を身に付ける。ことばを大切にし、自分の思いを表現する。
→　自分の思いを自分の言葉で表現することは、個人差はあるが１年を通して成長が見られた。しかし、３学期の課題であったしっかりと話を聴く姿勢を身に付けることは、やはり十分身に付けて修了させることができなかったと反省する。
＊あいさつ・返事・丁寧な言葉遣いができるようにする。
→　修了証書授与式の練習を通して、大きな声でしっかりと返事をしようという姿が見られた。言葉遣いは、やはり友達同士の親しみを表しているからだとは思うが、男児同士での名前の呼び捨てが直らなかった。その都度「〜くん」と言葉を添えると言い直す幼児もいたが、意識としては薄い。
＊同じクラスの仲間として、一人一人が互いの思いに気付き、よさを認め合える温かい学級集団を作っていく。
→「生活発表会」に向けて、お互いがイメージすることを話し合う中で、それぞれの幼児がお互いに認め合ったり反発し合ったりという場面があった。自分の思いを通そうとする幼児に対しては「何で○○君だけが…」と周りの幼児が言葉に出して言っていたので、自分の意見を通そうとしていた幼児も立ち止まって考える姿が見られた。みんなで一つのものを創り上げるためには、相手のことも考えたり認めたりすることが大切だということを感じ取ったように思う。
＊基本的な生活習慣が身に付くように、家庭と連携して取り組む。
→　進学を見通して自分のことが自分でできるようになってきた幼児が多い。自分のことだけでなく、友達のために進んで働く幼児も多く見られた。家庭でも進んでお手伝いをする幼児が多い。
→　進学に向けて早寝早起きや持ち物の整理など生活リズムを整えようとしている。

資料6-5　中学校教諭・F先生（1年生担任）の学年・学級経営案

〈学年目標〉
① 基本的生活習慣を身につけさせる。
② 授業を大切にし、学習習慣をつけさせる。
③ 思いやりの心をもち、仲間を大切にさせる。

	目　　標	具体的な取り組み・方策
学習指導	◇授業規律の確立を図る ◇基礎学力の定着を図る ◇家庭学習の習慣を身につけさせる	・チャイム着席、授業準備、落ち着いた授業ができるように、教科担任と連携をとりながら指導する。 ・わかる授業を心掛け、定期テスト、実力テストを参考に定着が不十分な部分を補習教室などで補う。 ・定期テスト前の学びウィークなどで計画的に学習する習慣を身につけさせる。また、「学習の記録」を活用し、自分の学習について振り返らせ、学習方法を考え実行させる。
生活指導	◇基本的な生活習慣の定着を図る （あいさつ・言葉遣い・提出物・時間・身なり・清掃など）	・挨拶運動を通して挨拶の習慣を身につけさせる。 ・学活ノートを活用し、提出物等の忘れ物をなくすようにする。 ・遅刻や身なりに関して、学年通信や保護者会等を通じて家庭へも働きかける。 ・清掃活動にきちんと取り組むよう、ていねいに指導する。 ・昼食指導や清掃活動など、生徒と共に活動し、生活環境の整備や生徒の変化を見逃さないように心がける。
進路指導	◇自分を知り、良いところを伸ばし、夢や希望を持って生活できるようにする	・職場訪問を通して、職業への関心を持たせる。 ・学活を活用し、自分を知ることから始め、良さを伸ばすために何が必要かを考えさせ、実践させる。 ・自分の将来の夢や希望を実現するためには、何が必要かを考えさせて目標を持って毎日が送れるように、面談などを通して一人一人に自覚させる。
道徳	◇自分を大切にすると同時に他の人を理解し、思いやる心を育てる	・ライフスキル教育などを通して、周りの人とのかかわり方を学び、社会のルールやモラルを守る心を育てる。 ・「心のノート」や副読本を活用して、他の人の思いをくみとれるようにする。 ・体験活動を通して集団の規則を守り、進んで物事に取り組む自主性や責任感を養わせる。
特別活動	◇集団行動を通して、規範意識を醸成するとともに、望ましい人間関係づくりを目指す	・行事などへの取り組みを通し、集団への信頼や集団の一員としての自覚を持たせる。 ・係活動や委員会活動を通して、自主・自律の気持ちや主体的に行動する力を育む。 ・部活動を通し、強い心と実践力を身につけさせる。

【1年A組】担任○○○○
◎学級目標
・一人ひとりの良さや、違いを認め、お互いを思いやり行動できるクラス
・正しいことが通り、ルールを守ることができるクラス
・協力して目標に向かって努力できるクラス
◎学級経営の方針
○係、委員会、行事などを通して、他者と関わりながらお互いの良い点を認め、助け合っていける気持を養う。
○集団生活のルールやマナーを守り生活することが、楽しい学校生活を送るために大切であることを学活や道徳を通して理解させ、実行できるようにする。
○保護者の方との連携を図り、共に育てていく姿勢を大切にしていく。
○教室内の環境整備に努め、居心地の良い空間を整え、物を大切にする心を育てる。

【1年B組】担任○○○○
◎学級目標
・一人一人の良さや違いを認め、お互いを大事にできるクラス
・ルールやマナーを守り、集団として気持ちよく過ごせるクラス
・それぞれの役割を果たし、且つ目標に向かって団結できるクラス
◎学級経営の方針
○諸活動や行事を通して他者との関わりを深める中で、お互いの良さや違いを認め、助け合う気持ちを養う。
○集団生活におけるルールやマナーを守れるよう指導する。
○教室の美化・整理整頓を常に心がけ、居心地が良いと感じられる環境をつくる。
○委員会・係活動、当番活動に責任を持って取り組ませる。
○行事を通して、全員で取り組み、協力することの大切さを指導する。
○朝読書の取り組みを徹底し、落ち着いた気持ちで一日をスタートできるようにする。
○保護者との連携を大切にし、生徒理解に努める。

資料6-6　中学校教諭・G先生（2年生担任）の学年・学級経営案

〈学年目標〉
① 基本的な生活習慣を定着させ、自主・自律の力を高める。
② 基礎学力の定着を図り、授業に積極的に取り組む姿勢を育てる。
③ 人と時と物を大切にする。

	目　標	具体的な取り組み・方策
学習指導	◇基礎学力の定着を図る ◇家庭学習の習慣を身につけさせる	・わかる授業を心掛け、定期テスト、復習テスト等の結果を参考にし、適宜、補習教室や個別指導を行う。 ・日常の宿題や定期テスト前の学びウィークへの参加を通して、計画的に学習に取り組ませる。また、「学習の記録」「シラバス」を活用し、学習状況について振り返らせ、個々の学習方法を身につけさせる。
生活指導	◇基本的な生活習慣を定着させる （あいさつ・提出物・時間・身なり・清掃）	・あいさつ運動や日頃の学校生活での声かけを通して、自然にあいさつができるようにする。 ・5分前行動を励行し、時間を守ろうとする意識を高めさせる。 ・遅刻や身なり、提出物等に関して、学年通信や保護者会等を通じて家庭へも働きかける。 ・継続的なていねいな指導を徹底し、清掃活動をきちんと行わせる。
進路指導	◇自分の将来に夢や希望を持って生活できるようにする	・職場体験を通して、仕事への関心や意欲を高めさせる。 ・自分の将来の夢や希望を達成するためには、何が必要か、何をすべきかを考えさせ、目標を持って毎日が送れるように、ガイダンスや日頃の声かけ等を通して一人一人に自覚させる。
道徳	◇人と時と物を大切にする心を育てる	・ライフスキル教育を通して、周りの人とのかかわり方を学ばせ、社会性や社会のルールやモラルを守る心を育てる。 ・「心のノート」や副読本を活用して、他の人の思いをくみとれるような思いやりの心を育てる。 ・様々な場面を通じて、「心」の大切さを伝えていく。
特別活動	◇集団の一員としての自覚をもたせ、主体的に活動できるようにする	・行事などへの取り組みを通し、集団への信頼や集団の一員としての自覚と責任を持たせる。 ・係活動や委員会活動において、主体的に行動させ、自主・自律の精神を育む。 ・部活動への参加を通し、心身を鍛え、忍耐力と自ら考えて行動する力を身につけさせる。

【2年A組】担任○○○○
◎学級目標
・ルール・マナーが守れるクラス
・一人一人が大事にされ、皆が仲の良いクラス
・行事など意欲的に取り組み、皆が協力できるクラス
◎学級経営の方針
・学習環境・生活環境の要は教室であり、特に教室の美化には常に心がける。
・学習・生活の基本は『人の話をしっかり聞く』ことである。"話は眼で聞く"を念頭に置き、けじめのある生活を心がける。
・いじめをしない・させない、ケガをしない・させないという心身の安全を心がける。
・自分に任された仕事（委員会・各係・行事等）は、責任を持って取り組ませる。

【2年B組】担任○○○○
◎学級目標
・正しい事が通り、ルールを守ることができるクラス
・一人ひとりの良さや違いを認め、協力して目標に向かって努力できるクラス
◎学級経営の方針
・係、委員会、行事などを通して他者と関わりながら、お互いの良い点を認め、助け合っていくことができる気持ちを養う。
・「時間、清掃、身なり、あいさつ」の4つの生活の基本を守る姿勢を継続すると共に、お互いに声をかけ合い「居心地のよいクラス」作りをする気持ちを育てる。
・保護者の方々との連携を図るため、日常の様子を伝え、自立に向けて、共に育てていく姿勢を大切にしていく。

資料6-7　中学校教諭・H先生（3年生担任）の学年・学級経営案

〈学年目標〉　卒業式を笑顔で迎えられる学年
① 生徒一人一人との信頼関係を大切にする。
② 自分の進路をよく考え、学習に意欲的に取り組むようにする。
③ 卒業後、社会人として自立できるように、基本的生活習慣を踏まえ、自主、自律の力を身に付けさせる。

	目　標	具体的な取り組み・方策
学習指導	◇基礎学力の定着を図る。 ◇計画的に学習に取り組む態度を育成する。	・毎日の授業を大切にし、基礎基本の定着を図る。 ・自分の進路に合わせた学習計画を立てさせ、年間を通し意欲的に学習させる。「学習の記録」、「学習計画表」を引き続き活用する。 ・発表する力、技術を培う。 ・忘れ物をしない、させない指導。チャイム着席の徹底。 ・随時、生徒への指導や助言を行う。
生活指導	◇基本的な生活習慣を身に付け、望ましい集団生活を主体的に送らせる。	・基本的な生活指導の徹底を図り、生活のけじめがつけられる自主性、自律性を育成する。 ・少しの変化も見逃さず、教育相談の充実を図り、望ましい集団生活や社会生活を築いていけるようにする。 ・計画的な防災・安全指導を行い、事故及び災害時における的確な判断力、行動力を培う。 ・家庭との連携を密にし、保護者、生徒、教師の心の通ったコミュニケーションを図る。
進路指導	◇自分の進路について考えさせ、望ましい進路を選択させる。	・年2回の校長面接をはじめ、自己の個性や能力を伸張し、夢や希望の実現に向けて努力する意欲や態度を育成する。 ・上級学校訪問等、進路についての体験的な学習を行い、自己の進路について、より具体的に体得させる。
道徳	◇いじめを許さず、自分と他人を大切にし、思いやりの心を育てる。	・ライフスキル教育を通して、コミュニケーション能力を高め、助け合い励まし合う態度を育てる。 ・いじめや嫌がらせを許さず、思いやりの心を持たせる。 ・自然と親しむ態度を育てる。 ・マナーの向上を促す。
特別活動	◇自主的・協力的な態度を育てる。 ◇意欲的な社会参加への意識を醸成し、豊かな社会性を育てる。	・行事などで望ましい集団活動を体験することにより、責任感と自主的・協力的態度を身に付けさせる。 ・人間としての生き方の自覚を深め、自己理解を深めさせる。 ・リサイクル運動やボランティア活動を通して社会活動への参加意識を高めさせる。 ・中学校最後の一年を、行事・委員会・係の取り組みを通して、相互の信頼を深める。同時に、狛江三中生としての誇りを持たせる。

【3年A組】担任:○○○○
◎学級目標
・自分のことも友達のことも大切にし、進路選択に向けて共に歩んでいくクラス
・集団として気持ちよく生活するために、ルールやマナーを大切にするクラス
・三中生・最上級生としての誇りと自覚をもち、諸活動に精一杯取り組むクラス
◎学級経営の方針
　諸活動を通して、他者とのかかわりを深め、良い点を認め合えるような関係を築けるよう努める。
・合同班（生活学習、集配、レク、美化掲示、連絡、広報）の活動を通して、日々の生活を大切にし、自主・自律できる集団となるように支援していく。
・２年間培ってきた保護者の方々との連携をさらに深め、共に一人一人の生徒を育てていく姿勢を大切にしていく。
・学級の現状を分析し、学校での様子をできる限り詳しく伝えるために、今年こそ学級通信を継続して発行できるよう努力する。
・自己の進路の実現に向けてよく考え、主体的に行動できるように支援していく。

【3年B組】担任:○○○○
◎学級目標
・進路選択に向けて、助け合い励まし合いながら前向きに努力するクラス
・最上級生としての自覚を持ち、行事に一丸となって取り組むクラス
・集団生活のルールを守り、互いに思いやりをもてるクラス
◎学級経営の方針
　合同班（生活学習、集配、レク、美化掲示、連絡、広報）の活動や班長会を通じて、自主自律の力を身に付けさせる。
・行事を通じてリーダーを育て、互いに協力し合う気持ちを養う。
・進路選択における目標と課題を意識させ、目標達成に向けて努力できるように支援する。
・集団として生活する上で大切なルールを守れるよう、繰り返し指導する。
・保護者の方々との連携をさらに深め、生徒理解に努める。
・教室内の環境整備に努め、居心地のよい空間を提供し、物を大切にする心を育てる。

課題3

　あなたが興味関心を持っている校種の学年・学級経営案を選び、その担任の「願い」と主たる「方策」を簡潔にまとめてみよう。

5．「好ましい人間関係」を育てるために大切にしたいこと
　　——まとめとして——

（1）児童・生徒相互の好ましい人間関係を育てることの重要性

　児童と児童の間、生徒と生徒の間に好ましい人間関係が保たれている環境が整えられてこそ、児童・生徒は、伸び伸びと過ごし、自分の良さを見いだし成長していくことができる。他者から自分がかけがえのない一人の人間として大切にされ、頼りにされていることを実感し、存在感と自己実現の喜びを実感する。学習することの喜び、周りを思いやる大切さ、集団ルールの意義、仲間との付き合い方など、人間として身につけるべき大切なことを学んでいくことができる。したがって、児童・生徒相互の好ましい人間関係は、児童が有意義な生活を実現し、豊かな人間性や社会性を身につけていくための重要な要件となる。

（2）学級経営の重点は、児童・生徒相互の好ましい人間関係を育てること

　学級は、児童・生徒にとって学習と生活の場であり、学校生活の基盤である。児童・生徒の友人関係も学級を中心に広がっていく。学級における人間関係は、共通の学習や活動経験を有した集団であることから、互いに理解し合い、心を通じ合わせて対等に付き合うことになる。反面、葛藤や対立も避けて通れず、時には個性が衝突し、離反することもある。

　しかし、こうした他者との葛藤や対立、離反の経験を重ねながら、児童・生徒は成長するための契機を自らつかみ、他者への態度や他者とのかかわり方を学んでいく。それが学級である。そのため、学級担任の教師は、児童・生徒相互の人間関係を育てる場としての学級の役割を重要なものとして認識し、個や集団に働きかけ、児童・生徒相互の好ましい人間関係を育てるために学級経営を充実させたいと願うのである。

（3）児童・生徒相互の好ましい人間関係を育てる学級経営の進め方
 1）年間を見通した段階的な指導
　児童・生徒相互の好ましい人間関係を育てる学級経営は、年度の当初は組織されていない集団に働きかけ、時間の経過とともに児童・生徒相互の関係を深め、より好ましい方向へと発展させる長期的な営みとなる。このような学級経営を可能にするのは、学級担任の先生の明確な経営ビジョンの有無である。つまり、年間の「どの時期」に、「どのような人間関係」を育てていこうとするのかについての指導の構想を持ち、児童・生徒相互の人間関係の深まりに応じ、段階的な指導を計画していくことが求められる。
 2）教育活動全体による組織的な指導
　また、児童・生徒相互の好ましい人間関係を育てる学級経営は、あらゆる教育活動において機能していくものである。つまり、「どの教育活動」で「どのような指導・配慮」をしていくのかについての具体的な構想を持ち、それぞれの教育活動の関連を図りながら組織的に進めることが重要となる。

> 学習課題

（1）本文中に示した3つの課題（課題1〜3）に答えなさい。

　　課題1　あなたの願う学級経営について、そのイメージを3点あげてみよう。

　　課題2　小学校教師・C先生の学級経営デザインにおける、C先生の学級経営に関する「願い」と「方策」を簡潔にまとめてみよう。

　　課題3　あなたが興味関心を持っている校種の学年・学級経営案を選び、その担任の「願い」と主たる「方策」を簡潔にまとめてみよう。

（2）『もし高校野球の女子マネージャーがドラッカーの『マネジメント』を読んだら』*の中から、学級経営に参考となるドラッカーの『マネジメント』の引用部分（小説部分のエピソードではなく）を3カ所あげ、自分の考えを書きなさい。

　＊［単行本］『もし高校野球の女子マネージャーがドラッカーの『マネジメント』を読んだら』岩崎夏海著、ダイヤモンド社、2009.12.4
　　ＩＰＵ図書館にあります。

【参考文献】

下村哲夫・天竺茂・成田國秀『学級経営実践講座　学級経営の基礎・基本』ぎょうせい，1994

永岡順・奥田眞丈編『新学校教育全集　学級・学年経営』ぎょうせい，1995

平井文雄・平林俊彦・富山保『新しい学級経営の条件―当面の課題と実践の要点』学陽書房，2000

家本芳郎『授業規律で学ぶ力を―うるさい授業よ、さようなら』学事出版，2002

河村茂雄『日本の学級集団と学級経営―集団の教育力を生かす学校システムの原理と展望』図書文化社，2010

第7章

「教員の不祥事」と 「指導が不適切な教員」

:

　「教育は人なり」と言われる。多くの教員は、日々、子ども達に正面から向き合い、子ども達の将来を見据えながら、その「生きる力」を育成しようと、精一杯努力を重ねている。ただ、飲酒運転を含む交通事故、体罰、わいせつ行為等の不祥事を起こしたり、子ども達との適切な関係を築くことができない、教科指導力に著しく欠如しているなどの指導力が不足している教員の存在は、日本の将来を担うべき子ども達に大きな影響を与えるのみならず、保護者等の公立学校への信頼を大きく損なうものでもある。

　本章では、「教員の不祥事」と「指導が不適切な教員」について、文部科学省が進めてきた事業の経緯を中心にして、教員のさらなる資質向上への方途を探る。平成21年から導入された教員免許更新制度や検討を重ねている教員評価システムも含め、さまざまな施策が効率よく機能し合いながら、教員の資質向上がいっそう図られることを期待したい。

教員は、子ども達の自己実現を支援するため、日々熱心に教育活動を重ねている。ただ、その一方で教員の、飲酒運転を含む交通事故、体罰、わいせつ行為等の不祥事が取りざたされたり、子ども達との適切な関係を築くことができない、教科指導力に著しく欠如しているなどの指導力の不足が取り上げられたり、「教員の不祥事」や「指導が不適切な教員」の事案が後を絶たない。

ここでは、「教員の不祥事」と「指導が不適切な教員」について、文部科学省が進めてきた事業の経緯を中心にして、教員のさらなる資質向上への方途を探りたい。

1．公立学校教職員の服務上の義務

まず、公立学校教職員の服務上の義務は、地方公務員法に示されている（同法第6節）。服務とは、公務員が職務遂行上または公務員としての身分に伴って守るべき義務ないし規律のことで、「職務上の義務」（公務員が勤務時間中に職務を遂行する上で守るべき義務）と「身分上の義務」（職務の内外を問わず公務員がその身分を有することによって守るべき義務）に分類できる。

「職務上の義務」は、①服務の宣誓（同法第31条）、②法令等および上司の職務上の命令に従う義務（同法第32条）、③職務に専念する義務（同法第35条）の3点である。

「身分上の義務」は、①信用失墜行為の禁止（同法第33条）、②秘密を守る義務（同法第34条）、③政治的行為の制限（同法第36条）、④争議行為等の禁止（同法第37条）、⑤営利企業等の従事制限（同法第38条）の5点である。

これらの服務上の義務があるにもかかわらず、一部の教員による不祥事が依然として後を絶たない状況にある。

2．懲戒処分等の状況

過日文部科学省が、平成20年度の各都道府県・指定都市教育委員会における教育職員（公立の小学校、中学校、高等学校、中等教育学校、特別支援学校

の校長、副校長、教頭、主幹教諭、指導教諭、教諭、助教諭、養護教諭、養護助教諭、栄養教諭、講師、実習助手および寄宿舎指導員をいう）に係る懲戒処分等および分限処分の状況の調査結果について公表した（表7-1）。

　それによると、平成20年度に当事者責任として懲戒処分を受けた教育職員の数は1,059人（前年度比1万1,828人減）であり、訓告等および諭旨免職まで含めた懲戒処分等を受けた教育職員の数は4,020人（前年度比1万3,462人減）である。また、監督責任として懲戒処分を受けた教育職員の数は71人（前年度比18人減）であり、訓告等を含めると1,022人（前年度比160人増）となる。悪質な刑事事件で懲戒処分を受けた教職員に対する氏名等の公表については、

表7-1　懲戒処分を受けた教育職員の数（平成20年度・平成19年度）（単位：人）

処分事由	平成20年度 懲戒処分者数	平成20年度 訓告等を含めた総数	平成19年度 懲戒処分者数	平成19年度 訓告等を含めた総数
a 交通事故	422 (8)	2,502 (135)	426 (7)	2,474 (135)
b 争議行為	5 (0)	5 (0)	11,899 (0)	13,623 (0)
c 体罰	140 (3)	376 (155)	124 (7)	371 (171)
d わいせつ行為等	160 (15)	176 (108)	139 (12)	164 (112)
e 公費の不正執行又は手当等の不正受給	34 (36)	73 (267)	40 (25)	76 (81)
f 国旗掲揚・国歌斉唱の取扱いに係るもの	31 (0)	69 (2)	45 (0)	54 (0)
g 個人情報の不適切な取扱いに係るもの	75 (0)	277 (134)	55 (5)	218 (122)
h その他	192 (9)	542 (221)	159 (33)	502 (241)
合計	1,059 (71)	4,020 (1,022)	12,887 (89)	17,482 (862)

（注1）（ ）は、監督責任により懲戒処分等を受けた者の数で外数。
（注2）監督責任による懲戒処分等とは、非違行為を行った所属職員に対する監督責任を問われた懲戒処分等である。
出典：「平成20年度教育職員に係る懲戒処分等の状況について」（文部科学省）

被害者のプライバシー保護が優先された上で、なされる方向にあるといってよい。

3．教員の資質向上に関する基本的な考え方

次に、「教員の不祥事」と関連が深い「指導が不適切な教員」「指導力不足教員」について、「指導が不適切な教員に対する人事管理システムのガイドライン」（文部科学省）を中心にその現況と課題について概観する。

「指導が不適切な教員」と「指導力不足教員」はほぼ同義で使われており、その認定は、各都道府県、指定都市教育委員会（以下、「教育委員会」という）ごとに判定委員会等によって決定されている。本委員会の委員は、教育委員会職員と、教育委員会推薦の医師、弁護士、保護者等で組織されていることが多い。

文部科学省の調査（平成17年4月1日）では、「指導力不足教員の人事管理に関する取組等について」の中で、「学校教育の成否は、学校教育の直接の担い手である教員の資質能力に負うところが大きいことから、教員として適格な人材を確保することは重要な課題である。このような中、児童・生徒との適切な関係を築くことができないなどの指導力が不足している教員の存在は、児童・生徒の心身の健全な育成に大きな影響を与えるのみならず、保護者等からの公立学校への信頼を大きく損なうものである。このため、教育委員会においては、いわゆる指導力不足教員に対し継続的な指導・研修を行う体制を整えるとともに、必要に応じて免職するなどの分限制度を的確に運用することが必要である」との趣旨で、47都道府県教育委員会および13指定都市教育委員会を対象として調査した。その結果、平成16年度における指導力不足教員の認定者は566名であり、その状況は次のとおりであった。年代では40代（50％）、50代（34％）、30代（15％）、20代（1％）で、在職年数では20年以上（61％）、10～20年未満（35％）、6～10年未満（3％）、5年以下（1％）で、性別では男性（72％）、女性（28％）で、学校種では小学校（49％）、中学校（28％）、高等学校（15％）、特殊教育諸学校（8％）であった（文部科学省ＨＰ）。

その後、当時の伊吹文部科学大臣が、「指導力が不適切な教員の認定基準については、当然これは、任命権者である都道府県、指定都市の教育委員会が、地域の実態に応じて、その権限と責任において策定しなければならないものです。もちろん、その基礎には、評定者である校長の評定があることは言うまでもありません。文部科学省といたしましては、この認定基準の参考となるようなガイドラインをできるだけ早く、法律が通過いたしましたら作成をさせていただいて、各教育委員会に周知徹底することによって全国的な水準を一定に確保したいと考えております」（2007.4.17衆・本会議、文部科学省ＨＰ）と述べている。そして、平成20年２月８日に文部科学省が、教職員の人事管理について、教員のやる気や意欲を引き出すこととともに、学校教育に対する信頼を確保するため、教員の服務規律を確保することについて、各教育委員会に以下のガイドラインを示している。

　この「指導が不適切な教員に対する人事管理システムのガイドライン」では、まず、策定に至った経緯について述べている。「各都道府県・指定都市教育委員会においては、これまで文部科学省の調査研究事業（平成12年度〜平成14年度実施）等を活用して、指導が不適切である教員に対して継続的な指導や研修を行うとともに、状況に応じて免職等の分限処分や教員以外の職への転任等を行う制度を運用してきたところである。この間、平成12年12月に教育改革国民会議から出された『教育改革国民会議報告―教育を変える17の提案―』においては、指導等が改善されないと判断された教諭等について、他職種への配置換えを可能にする途を拡げ、最終的には免職等の措置を講じることが提言された。また、平成17年10月の中央教育審議会答申『新しい時代の義務教育を創造する』では、指導が不適切である教員に対して毅然と対処することが重要であるとの提言がなされた。平成18年12月には、教育基本法が改正され、その第９条において、教員の使命や職責、待遇の適正等に加え、教員の養成と研修の充実等について新たに規定された。この改正を受け、平成19年３月には中央教育審議会答申『教育基本法の改正を受けて緊急に必要とされる教育制度の改正について』において、指導が不適切な教員の人事管理の厳格化に関する提言がなされた。これらを踏まえ、指導が不適切な教員に対する人事管理シ

ステム（以下『人事管理システム』という）については、全国的に教育水準の確保を図る観点から、平成19年6月、教育職員免許法および教育公務員特例法の一部を改正する法律（以下「改正法」という）が制定され、公立の小学校、中学校、高等学校、中等教育学校、特別支援学校および幼稚園（以下「小学校等」という）の教諭、助教諭および講師（以下「教諭等」という）の任命権者である教育委員会は、児童、生徒または幼児（以下「児童等」という）に対する『指導が不適切である』と認定した教諭等に対して、指導改善研修を実施することが義務付けられることとなった。平成20年4月1日から改正法が施行されるに当たり、各教育委員会において改正法の趣旨に則った人事管理システムが整備され、全国的な教育水準が確保されなくてはならないことから、文部科学省においては、人事管理に関係する専門家の協力を得て、各教育委員会が従来の指導が不適切な教員に対する人事管理を見直し、改正法の趣旨に則った適切な人事管理システムを整備し、公正かつ適正に運用するためのガイドラインを策定することとした」と述べている。

　つまり、このガイドライン策定によって、各教育委員会における人事管理システムが法律の趣旨に則って適切に整備、運用され、教員への信頼の確保と全国的な教育水準の向上が図られることとなったのである。

　そして、本ガイドラインの作成に当たっては、以下の4点を重視している。

① 「指導が不適切である」教諭等を的確に把握・認定し、より的確な対応が行えるようにするため、対象となる教諭等の定義や認定手続等を明確化すること。

② 学校と教育委員会は、報告・申請を一体となって行うなど必要な連携を十分行うこと。特に、教育委員会が積極的に校長を支援し、校長が報告・申請を行いやすい環境をつくること。

③ 学校や教育委員会は、「指導が不適切である」教諭等に対し、早期に対応するとともに、研修内容を充実させ、対象となる教諭等の現場復帰を促進すること。

④ 指導改善研修の終了時における指導の改善の程度により、免職その他必要な措置を講ずることとなることを明確にすること。

さらに、関連法規として、以下の法規を挙げ、指導が不適切な教員の人事管理システムの流れも図7-1のように示している。

> ○「教育職員免許法及び教育公務員特例法の一部を改正する法律について（通知）(19文科初第541号)」（平成19年7月31日）（抄）
> 第二　留意事項
> 第2　教育公務員特例法の一部改正関係
> 　1　総括的な事項について
> 　　(1) 第25条の2及び第25条の3の措置の公正かつ適正な運用について
> 　　　　第25条の2及び第25条の3の措置は、全国的な教育水準の確保の観点から、指導が不適切な教員に対する人事管理に関する所要の手続について法律上規定したものであり、その趣旨を踏まえ、各任命権者においては、指導が不適切な教員に対する人事管理システムのより一層公正かつ適正な運用に努めること。

また、本ガイドラインで、「指導が不適切である」教諭等の定義について、平成19年7月31日付け、19文科初第541号の「教育職員免許法及び教育公務員特例法の一部を改正する法律について（通知）」（以下「法律の施行通知」という）において、次のように示している。

> 第二　留意事項
> 第2　教育公務員特例法の一部改正関係
> 　2　「指導が不適切である」ことの認定について（第25条の2第1項関係）
> 　　「指導が不適切である」ことに該当する場合には、様々なものがあり得るが、具体的な例としては、下記のような場合が考えられること。
> 　　各教育委員会においては、これらを参考にしつつ、教育委員会規則で定める手続に従い、個々のケースに則して適切に判断すること。
> ①教科に関する専門的知識、技術等が不足しているため、学習指導を適切に行うことができない場合（教える内容に誤りが多かったり、児童等の質問に正確に答え得ることができない等）
> ②指導方法が不適切であるため、学習指導を適切に行うことができない場合（ほとんど授業内容を板書するだけで、児童等の質問を受け付けない等）
> ③児童等の心を理解する能力や意欲に欠け、学級経営や生徒指導を適切に行うことができない場合（児童等の意見を全く聞かず、対話もしないなど、児童等とのコミュニケーションをとろうとしない等）

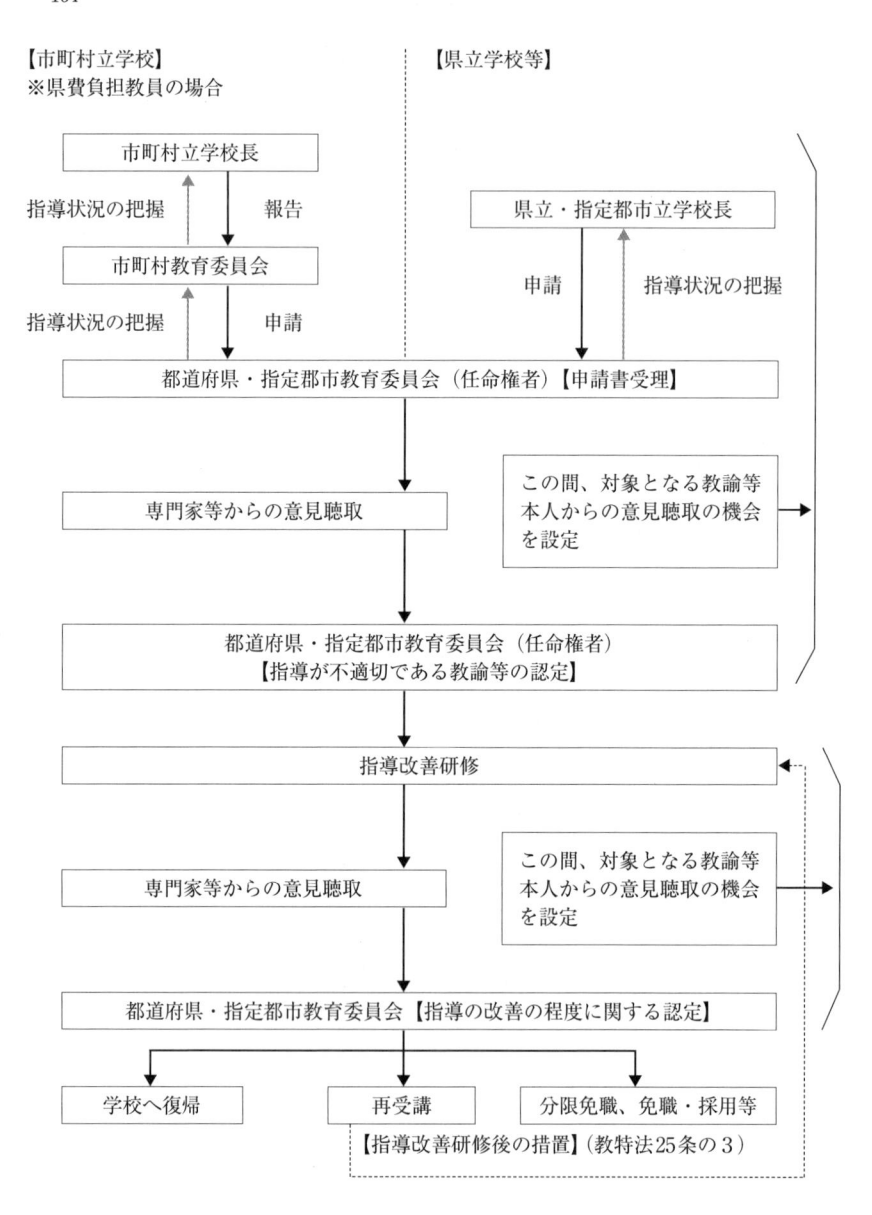

【市町村立学校】
※県費負担教員の場合

【県立学校等】

```
市町村立学校長
   ↑↓
指導状況の把握  報告
   ↓
市町村教育委員会
   ↑↓
指導状況の把握  申請
   ↓
```

```
県立・指定都市立学校長
   ↓   ↑
  申請  指導状況の把握
```

都道府県・指定都市教育委員会（任命権者）【申請書受理】
　　　　　　↓
専門家等からの意見聴取　　　　この間、対象となる教諭等本人からの意見聴取の機会を設定
　　　　　　↓
都道府県・指定都市教育委員会（任命権者）
【指導が不適切である教諭等の認定】
　　　　　　↓
指導改善研修
　　　　　　↓
専門家等からの意見聴取　　　　この間、対象となる教諭等本人からの意見聴取の機会を設定
　　　　　　↓
都道府県・指定都市教育委員会【指導の改善の程度に関する認定】
　　　↓　　　↓　　　↓
学校へ復帰　再受講　分限免職、免職・採用等
【指導改善研修後の措置】（教特法25条の3）

※「免職・採用」とは，地方教育行政の組織および運営に関する法律第47条の2に基づく県費負担教職員の免職および都道府県の職への採用をいう。（文部科学省HP）

図7-1　指導が不適切な教員の人事管理システムの流れ（イメージ）

分限処分との関係では、教員として適格性に欠ける者や勤務実績が良くない者等、地方公務員法第28条に規定される分限処分事由に該当する者には、分限処分を的確かつ厳正に行うべきであるとしている。また、「指導が不適切である」ことの原因が精神疾患に基づく場合には、本措置の対象にならないものであって、医療的観点に立った措置や分限処分によって対応すべきものであるとしている。

　懲戒処分との関係では、地方公務員法第29条に規定される懲戒処分事由（非違行為等）に該当する者について、指導改善研修により対処するのではなく、懲戒処分を行うべきであるとしている。

4．「指導が不適切である教員」の把握および申請等の流れと留意点

　「指導が不適切である教員」の把握および報告・申請については、例えば、校長等による日常的な観察、指導主事等による観察や面談、保護者からの意見や苦情等により、学校での指導状況、校内での改善方策の成果等について的確に把握することが重要であるとし、図7－2のような流れを示している。

　指導状況の把握については、①校長による把握、②教育委員会による把握、③関係機関間の情報提供、④保護者等の要望・意見等による把握を挙げている。

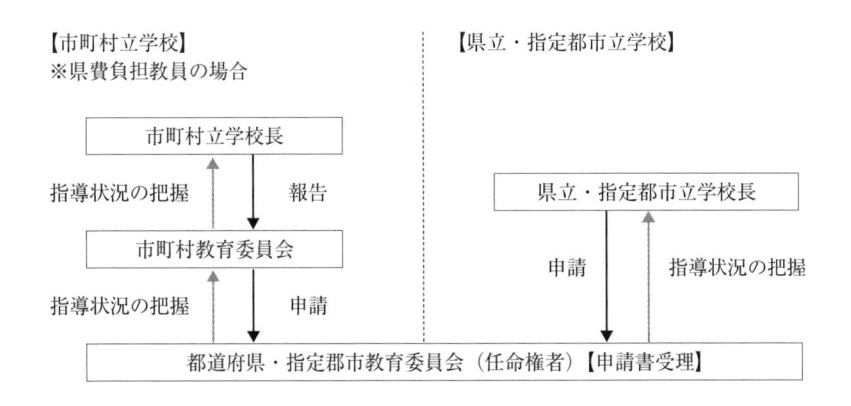

図7－2　指導が不適切である教員の把握および報告・申請の流れ（文部科学省HP）

報告・申請に係る教育委員会の支援の留意点としては、次の2点を挙げている。
① 校長が「指導が不適切である」教諭等の認定に係る報告・申請を行うに当たっては、校長に相当の負担がかかることに配慮し、教育委員会は適切かつ速やかに校長から報告・申請がなされるよう、校長と一体となって取り組むことが求められる。その支援の一例として、指導主事や管理主事、校長経験のある職員が学校訪問を行い、校長とともに「指導が不適切である」か否かの判断を行うことが考えられる。
② 報告・申請に当たっては、実際に、校長等が授業観察等を踏まえ、評価を行うこととなるが、その際過度な負担とならないよう配慮することが重要である。例えば、任命権者である教育委員会が、校長に対し、認定に必要となる観点や評価項目等を示し、予め評価のポイントとなる点や記入例、記録の目安等を整理して明示しておくことも校長の負担軽減につながると考えられる。

5．専門家等からの意見聴取

教育公務員特例法第25条の2第5項においては、「指導が不適切である」教諭等の認定および指導改善研修終了時における「指導の改善の程度に関する認定」を行うに当たり、校長や教育委員会の報告・申請に基づく任命権者の判断が客観的かつ多角的なものとなるように、専門家等の意見を聴くことを明記している。

> ○教育公務員特例法（昭和二十四年法律第一号）（抄）
> 　第二十五条の二
> 　　5　任命権者は、第一項及び前項の認定に当たつては、教育委員会規則で定めるところにより、教育学、医学、心理学その他の児童等に対する指導に関する専門的知識を有する者及び当該任命権者の属する都道府県又は市町村の区域内に居住する保護者（親権を行う者及び未成年後見人をいう。）である者の意見を聴かなければならない。

○「教育職員免許法及び教育公務員特例法の一部を改正する法律について（通知）(19文科初第541号)」（平成19年7月31日）（抄）
　第一　改正法の概要
　第2　教育公務員特例法の一部改正関係
　　5　任命権者は、指導が不適切であることの認定及び指導改善研修終了時の指導の改善の程度に関する認定を行うに当たっては、教育委員会規則で定めるところにより、教育学、医学、心理学その他の児童等に対する指導に関する専門的知識を有する者及び当該都道府県又は市町村の区域内の保護者（親権を行う者及び未成年後見人をいう。）（以下「専門家等」という。）の意見を聴かなければならないこととしたこと。（第25条の2第5項）
　第二　留意事項
　第2　教育公務員特例法の一部改正関係
　　6　指導が不適切な教員の認定の手続について（第25条の2第5項関係）
　　　　第25条の2第5項により、各任命権者は、教育委員会規則において、専門家等からの意見聴取に関して必要な事項について規定する必要があること。
　　　　「その他児童等に対する指導に関する専門的知識を有する者」としては、退職教員、地域の校長会関係者、地域の教育長協議会関係者などを想定していること。任命権者は、専門家等の意見を参考としつつ、最終的には、自らの権限と責任に基づいて、公正かつ適正に指導が不適切な教員の認定を行うこと。
　　　　指導が不適切な教員の認定における専門家等からの意見聴取に当たっては、総合的に審査・調整する必要があることや認定作業の迅速化を図ることから、会議を実施してこれらの者から意見聴取するよう努めること。
　　　　なお、専門家等は、教職員の人事等に関する情報を知りうる立場にあることから、一般職の公務員と同様に、任期中及び任期終了後において守秘義務を負うことが必要であるため、各任命権者は、教育委員会規則に、専門家等からの意見聴取に関して必要な規定を整備する際に、あわせて守秘義務に関する規定を設けること。

6.「指導が不適切である教員」の認定

　指導が不適切である教員の認定の方法については、例えば指導が不適切であると認められる行為の回数のみによって判断できるものではない。公正かつ適正な判定のためには、申請書のさまざまな情報から総合的に判断し、子どもたちの授業における理解の程度や反応等を含め、多様な観点から判断することが大切で、客観性を少しでも高めていかなければならない。

　また、指導が不適切である原因が心身の故障による場合の扱いとしては、次のように示している。

① 「指導が不適切である」教諭等と認定する時点において、その原因が、明らかに精神疾患等心身の故障による場合は、指導改善研修によらず、病気の治療に専念させることが必要である。

② 「指導が不適切である」教諭等の認定に当たっては、当該教諭等から、かかりつけの医師等の診断書が出された場合であっても、状況によっては、服務監督権者である教育委員会の判断により、例えば、指定医の診断を別途受けるよう受診命令を発するなど、客観的な判断を行うための措置を講ずることも考えられる。

③ 　実務においては、「指導が不適切である」教諭等に心身の故障がある可能性もあるが、そのことが明らかではないという場合があることも指摘されている。休暇や治療等の必要がなければ、「指導が不適切である」と認定することも考えられるが、こうした場合においては、指導改善研修に入った後においても、必要に応じ、医師の診断を受けさせ、心身の故障があるか否かを確認するといった配慮が望まれる。

　対象となる教諭等本人からの意見聴取としては、次の2点が示されている。

① 　法律の施行通知にも記載されているとおり、「指導が不適切である」教諭等の認定や指導改善研修等が公正かつ適正に実施されるよう、対象となる教諭等から書面または口頭により意見を聴取する機会を確保する必要がある。

②　対象となる教諭等本人からの意見聴取は、任命権者である教育委員会が「指導が不適切である」との認定を行うまでに適当と考える時点において行う。

また、関係法規としては、以下を挙げている。

○「教育職員免許法及び教育公務員特例法の一部を改正する法律について（通知）（19文科初第541号）」（平成19年7月31日）（抄）
　第二　留意事項
　第2　教育公務員特例法の一部改正関係
　　7　認定の手続に関する教育委員会規則について（第25条の2第6項関係）
　　　　第25条の2第6項により、指導が不適切な教員の認定や指導改善研修等が公正かつ適正に実施されるよう、教育委員会規則において、事実の確認の方法や認定の手続に関し必要な事項を定めるに当たっては、あわせて対象となる教員本人から書面又は口頭により意見を聴取する機会を設けることについての規定を設けること。
　　　　「事実の確認の方法」については、各任命権者において適切に規定すべきものであるが、例えば、学校での指導の実態、児童生徒又は保護者等からの苦情等の記録、校長の注意等の改善方策の成果などについて、校長等による日常的な観察、指導主事等が学校訪問した際の観察又は事情聴取などの方法を想定している。
　　　　また、「その他認定に必要な手続」については、同様に、各任命権者において適切に規定すべきものであるが、例えば、校長から任命権者に対して行う、指導が不適切な教員に関する報告及び指導が不適切な教員に対する人事管理システムへの申請の手続、専門家等の意見聴取を含めた、指導が不適切な教員の認定の手続、専門家等の意見聴取を含めた、指導改善研修終了時における認定の手続、などを想定している。
　　　　なお、県費負担教職員については、服務監督権者である市町村教育委員会は、校長から指導が不適切と思われる教員について報告を受けた場合、適切な指導・助言を行うとともに、必要があると判断した時は、任命権者である都道府県教育委員会に対して指導が不適切な教員に対する人事管理システムへの申請を行うようにすること。

7. 研修の流れとその内容

認定後の研修については、以下のように進めるとしている（図7－3参照）。

① 指導改善研修の実施に当たっては、教育公務員特例法第25条の2第3項に基づき指導改善研修を受ける者の能力、適性等に応じて個別に計画書を作成しなければならない。特に、指導が不適切な状態を改善するためには、指導改善研修の中で、教諭等本人に自らが指導が不適切な状態にあることを気づかせることが重要であり、個別面接の実施等、「気づき」の機会を設けることが望まれる。このような観点から、計画書の作成に当たっては、報告・申請を行った校長および教育委員会からの情報をもとに、当該教諭等の課題を明確にすることが効果的である。

②「指導が不適切である」教諭等にしばしば見られる特徴として人間関係を構築することが不得手な者であることも指摘される。このような特徴がみられる場合には、指導改善研修の中で、人間関係を築くことに資する研修内容を組み込むことが重要である。

③指導改善研修の目的を達成するためには、教職員研修についての高度の専門性と、十分なノウハウが求められる。このため、都道府県・指定都市教育委員会等が設置する教育センター等教員の研修を行う機関（以下「教育センター」という）を活用することが適切である。

④指導改善研修は、「指導が不適切である」教諭等の指導の改善を図り、児童等の前で単独で授業を実施できるようにすることを目的としていることから、必要に応じて、所属の学校等での実地研修を行うことが重要である。その際には、児童等への影響等について配慮する必要がある。

⑤「指導が不適切である」教諭等が周囲から孤立している場合には、「指導が不適切である」教諭等の悩みや相談を受け止めるためのカウンセリングを実施する体制を整えることも考えられる。

⑥ 教育センター等における研修を実施するに当たって、それぞれの教諭等に応じた指導体制を構築するため、必要な人員を配置することが重要で

ある。
関係法規としては、以下を挙げている。

> ○教育公務員特例法（昭和二十四年法律第一号）（抄）
> 　第二十五条の二
> 　3　任命権者は、指導改善研修を実施するに当たり、指導改善研修を受ける者の能力、適性等に応じて、その者ごとに指導改善研修に関する計画書を作成しなければならない。
> ○「教育職員免許法及び教育公務員特例法の一部を改正する法律について（通知）（19文科初第541号）」（平成19年7月31日）（抄）
> 　第一　改正法の概要
> 　第2　教育公務員特例法の一部改正関係
> 　　3　任命権者は、指導改善研修を実施するに当たり、指導改善研修を受ける者の能力、適性等に応じて、その者ごとに指導改善研修に関する計画書を作成しなければならないこととしたこと。（第25条の2第3項）
> 　第二　留意事項
> 　第2　教育公務員特例法の一部改正関係
> 　　5　指導改善研修に関する計画書について（第25条の2第3項関係）
> 　　　第25条の2第3項の計画書の作成に当たっては、指導が不適切であることの内容や程度等が様々であることから、画一的な研修ではなく、個々の教員が抱えている問題の内容や程度等に応じた研修を実施するようにすること。

さらに、研修期間については、次のようにしている。
①　研修期間は、研修を開始した日から1年を超えない範囲内（延長しても2年を超えない範囲内）で、任命権者が定める。
②　指導改善研修は、研修を開始した日から任命権者が定めた期間（延長しても2年を超えない範囲内）が経過した時点で終了する。教育公務員特例法第25条の2第4項に基づき、指導改善研修終了時において、任命権者である教育委員会は、「指導の改善の程度に関する認定」を行わなければならない。

また、研修期間中の分限休職者等の取り扱いについても、以下の内容を示している。
①　指導改善研修実施中に、分限休職処分や育児休業、介護休暇、産前産後

休暇、病気休暇の承認等（以下「処分等」という）を行う場合には、教育公務員特例法第25条の2第2項により研修を開始した日から原則1年、延長しても2年を超えないこととされている期間（以下「法定研修期間」という）中に、十分な研修を実施する期間を確保できないこととならないよう、下記のような運用により適切な研修期間を確保することが必要である。

② 原則として、一定期間の処分等を行う場合には、その時点において指導改善研修を中止し、処分等の期間終了後に、新たに指導が不適切であることの認定を行い、新たな指導改善研修を実施することが適当である（この場合、指導改善研修を中止するに当たっては、当該研修命令を解除する措置を講ずることが必要である）。その際、新たに行うこととなる、指導が不適切であることの認定は、原則として、当初認定を行った際の情報と処分等を行う時点までの研修成果に基づいて行うものとする。なお、処分等の期間中に、指導の改善をうかがわせる事情が見られる場合には、その事情を考慮して認定を行うことができる。

また、新たな指導改善研修については、研修を開始した日から新たな研修期間が始まることとなるが、法定研修期間が設けられた趣旨を踏まえ、処分等を行うまでに指導改善研修を実施した期間と、新たな指導改善研修の実施期間との合計が原則1年、延長があった場合でも2年を超えない範囲内で期間を設定することが適当であるとしている。

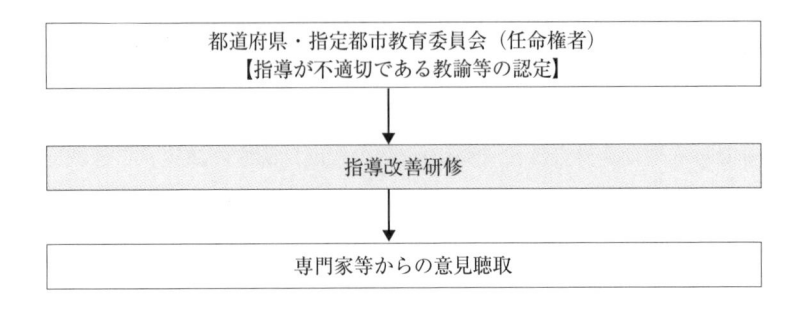

```
┌─────────────────────────────┐
│ 都道府県・指定都市教育委員会（任命権者）│
│ 【指導が不適切である教諭等の認定】　  │
└──────────────┬──────────────┘
               ↓
┌─────────────────────────────┐
│         指導改善研修              │
└──────────────┬──────────────┘
               ↓
┌─────────────────────────────┐
│      専門家等からの意見聴取        │
└─────────────────────────────┘
```

図7-3　指導改善研修前後の流れ（文部科学省HP）

```
┌─────────────────────────────┐
│        指導改善研修          │
└──────────────┬──────────────┘
               │              ┌──────────────────────┐
               │              │ この間、対象となる教諭等│
┌──────────────▼──────────┐   │ 本人からの意見聴取の機会│→
│  専門家等からの意見聴取   │   │ を設定                │
└──────────────┬──────────┘   └──────────────────────┘
               │
┌──────────────▼──────────────────────────────┐
│ 都道府県・指定都市教育委員会【指導の改善の程度に関する認定】│
└─────────────────────────────────────────────┘
```

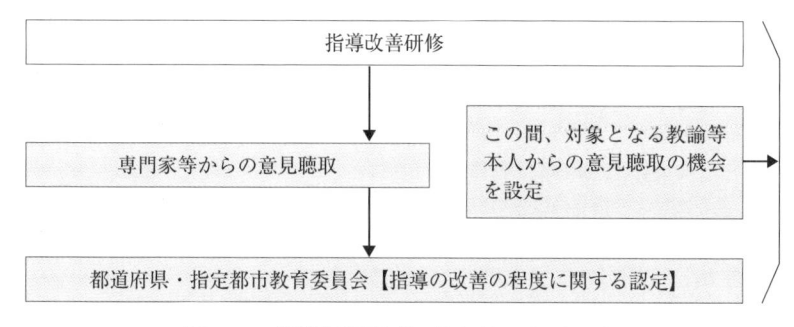

図7-4　指導改善研修後の流れ（文部科学省HP）

さらに、指導改善研修終了時の認定としては、図7-4のように進めていく。

指導改善研修終了時の認定の基準としては、任命権者である教育委員会は、教育公務員特例法第25条の2第4項に基づき、指導改善研修終了時に、「指導の改善の程度に関する認定」を行うこととなる。この認定については、例えば、①指導が改善し、児童等に対して適切に指導を行える程度、②児童等に対する指導が不適切であるが、さらに指導改善研修を行えば、適切に指導を行える程度までの改善が見込まれる程度（指導改善研修を開始した日から延長しても2年を超えない範囲内）、③児童等に対する指導が不適切であり、適切に指導を行える程度まで改善する余地がない程度のいずれかに認定することが考えられる。

また、指導改善研修終了時の専門家等からの意見聴取としては、その手続きを公正かつ適正に行うため、任命権者である教員委員会は、指導改善研修を受講した教諭等の研修成果の記録を適切に取りまとめて、専門家等に提供しなければならないとしている。

さらに、指導改善研修を受講する教諭等本人からの意見聴取としては、次の2点を挙げている。

① 指導の改善の程度に関する認定を行う際にも、当該教諭等から書面または口頭により意見を聴取する機会を確保する必要がある。
② 当該教諭等からの意見聴取は、任命権者である教育委員会が指導の改善の程度に関する認定を行うまでに適当と考えられる時点において行う。

関係法規としては、以下のとおりである。

○教育公務員特例法（昭和二十四年法律第一号）（抄）
　第二十五条の二
　4　任命権者は、指導改善研修の終了時において、指導改善研修を受けた者の児童等に対する指導の改善の程度に関する認定を行わなければならない。

○「教育職員免許法及び教育公務員特例法の一部を改正する法律について（通知）(19文科初第541号)」（平成19年7月31日）（抄）
　第一　改正法の概要
　第2　教育公務員特例法の一部改正関係
　　4　任命権者は、指導改善研修の終了時において、指導の改善の程度に関する認定を行わなければならないこととしたこと。（第25条の2第4項）
　第二　留意事項
　第2　教育公務員特例法の一部改正関係
　　7　認定の手続に関する教育委員会規則について（第25条の2第6項関係）
　　（中略）
　　　また、「その他認定に必要な手続」については、同様に、各任命権者において適切に規定すべきものであるが、例えば、①校長から任命権者に対して行う、指導が不適切な教員に関する報告及び指導が不適切な教員に対する人事管理システムへの申請の手続、②専門家等の意見聴取を含めた、指導が不適切な教員の認定の手続、③専門家等の意見聴取を含めた、指導改善研修終了時における認定の手続、などを想定している。

　以上、「教員の不祥事」と「指導が不適切な教員」について、文部科学省が進めてきた事業の経緯をたどり、各教育委員会がモデルとしている「指導が不適切な教員に対する人事管理システムのガイドライン」（文部科学省）を中心にして、教員のさらなる資質向上への方途を探ってきた。平成21年から導入された教員免許更新制度や今検討されている教員評価システムも含め、さまざまな施策が機能し合いながら、教員の資質向上がいっそう図られることを望みたい。

学習課題

（1）公務員の服務上の義務である「職務上の義務」と「身分上の義務」について簡潔に説明しなさい。
（2）「指導が不適切な教員に対する人事管理システムのガイドライン」（文部科学省）が示す「指導が不適切である」教諭等の定義を述べなさい。
（3）「教員免許更新制度」のポイントを4つ挙げなさい。

【参考文献】
清水一彦他『最新教育データブック』時事通信社，2008
八尾坂修『学校改革の課題とリーダーの挑戦』ぎょうせい，2008
梶田叡一『新しい学習指導要領の理念と課題』図書文化社，2008

第8章

教員のメンタルヘルスについて

　学校環境を取り巻く変化、児童・生徒とその保護者の多様化により、教師たちにも新たな支援が求められるようになってきた。教師たちは、これまで培っていたキャリアだけでは十分に教師の仕事を行っていくことが難しい受難の時代に突入したのではないだろうか。キャリアを積むことによって、解決できる問題と解決できない問題がある。解決できない問題は、教師が近年叫ばれている対人援助職の一つに捉えられる一対一対応を求められるようになったことと、常に同じ構成員に囲まれて行う仕事内容ではなく、児童生徒は毎年違っており、勤務校が変わればまた新しい組織のルールを覚えなければならないことと新たに人間関係を構築する必要があることである。

　結果、教師自身のメンタルヘルスに影響を与え、日々ストレスを抱え悩みながら職務を続けた結果、病気になる教師が年々増加している。本章では、教師のメンタルヘルスについて考えながら、実態を明らかにし、その構造の分析を行いながら、新しい解決方法を取り入れて問題解決の一助になるようにしたい。

1. はじめに――教師になりたいと考える人たちへ――

　学校支援ボランティアや教育実習に行く前に、一度は教師の仕事とメンタルヘルスに考えてもらいたいと思う。筆者は、これまで学校現場の教員として教壇に立ってきた立場であるとともに、教員研修において現場の教員のメンタルヘルスに直接関わってきた立場から伝える。

　筆者は、教職に対しては「仕事のやりがい」を感じてきた。中学時代に不登校だった生徒が、皆勤賞をもらうまで頑張って登校できた時、暴走族から脱退して、大学進学に向け一緒に受験勉強をして合格を果たした時には、教師のやりがいを強く感じた。しかし、その途中の過程では「やりがい」をなかなか感じることができず、悩む日々だった。クラスの生徒が不登校になり、通学できなくなった時、毎日夕方には保護者から電話が入り、相談を受け勤務時間を超過し、仕事がたまるばかりであった。また、近隣のコンビニで万引きを繰り返して警察に逮捕され、保護者の代わりに生徒を学校に連れて帰り指導することもあり、休日も構わず出勤することも少なからずあった。たまる仕事を目の前にして、自宅へ仕事を持ち帰り夜中に家族が眠った後に片付けることもしばしばであった。そんな時は、睡眠不足になって体の疲れがなかなか取れず、朝の出勤がつらくなり、「仕事を辞めたい」と考えることもあった。

　教職は、目に見えない仕事を同時に複数こなすことを求められる。児童・生徒のためにと考え、試行錯誤しながら、日々ベストを尽くすのが学校現場である。しかし、ベストを尽くしても仕事はすぐに評価されるものではなく、成果も表れにくい。ベストを尽くして仕事をすればするほど、体が疲れていき、疲れがたまるという悪循環に陥り、うつ状態になり意欲がなくなっていく。その状態が、教師の職業病といわれるバーンアウトである。

　今、学校現場に心理の専門家として訪問する。その時に必ず疲労困憊し、バーンアウトの危険性を持つ先生を見かける。「疲れている」という表現を超えて、疲弊している状態に陥っている。「仕事のやりがい」は多い職業ではあるが、年々増加傾向にある休職者数からも、「やりがい」だけでは語ることがで

きなくなったと考える。

　今もこれからも、そうすぐには、学校は変わらないだろう。多忙化と呼ばれる仕事量の多さもすぐには、解決できない。だとしたら、教職を目指す学生には、教職に就く以前の今から、「仕事のやりがい」と「仕事を続ける」ということと、精神的な健康を維持するための手法を少しでも伝えたいと考える。

2. 教員のメンタルヘルスの実態について

　文部科学省は病気休職者の把握を毎年行っているが、病気休職者数は年々増加する傾向にある。その病気休職者のうち、精神疾患による休職者数も合わせて増加の一途をたどる。休職の背景にあるものは何だろうか。

　校種によって、抱えるストレスは違う。例えば、小学校の場合は、担任が教科指導と生徒指導（生活指導）の両方を担っているケースが多く、休憩時間や給食時間などもほとんど教室にいることが多い。担任一人で責任を負い、抱え込みやすい環境にある。中学校の場合は、その点は教科担任制のため、担任がすべて一人で抱え込むという環境ではない。非行などの反社会行動や不登校などの非社会行動に対しても、生徒指導主事を中心にチームで対応する。しかし、勤務時間においては、部活動の指導が土日にあることが多く、家族を抱える年

表8−1　病気休職者数等の推移（平成12〜平成21年度）　　　　（単位：人）

	12年度	13年度	14年度	15年度	16年度	17年度	18年度	19年度	20年度	21年度
在職者数(A)	930,220	927,035	925,938	925,007	921,600	919,154	917,011	916,441	915,945	916,929
病気休職者数(B)	4,922	5,200	5,303	6,017	6,308	7,017	7,655	8,069	8,578	8,627
うち精神疾患による休職者数(C)	2,262	2,503	2,687	3,194	3,559	4,178	4,675	4,995	5,400	5,458
在職者比(%) (B)／(A)	0.53	0.56	0.57	0.65	0.68	0.76	0.83	0.88	0.94	0.94
(C)／(A)	0.24	0.27	0.29	0.35	0.69	0.45	0.51	0.55	0.59	0.60
(C)／(B)	46.0	48.1	50.7	53.1	56.4	59.5	61.1	61.9	63.0	63.3

（注）「在職者数」は、当該年度の「学校基本調査報告書」における公立の小学校、中学校、高等学校、中等教育学校および特別支援学校の校長、副校長、教頭、主幹教諭、指導教諭、教諭、助教諭、養護教諭、養護助教諭、栄養教諭、講師、実習助手および寄宿舎指導員（本務者）の合計。
出典：「平成21年度教育職員に係る懲戒処分等の状況において」（文部科学省）より引用。

病気休職者【学校種別】

- 特別支援学校 876 10.2%
- 中等教育学校 6 0.1%
- 高等学校 1322 15.3%
- 中学校 2454 28.4%
- 小学校 3969 46.0%

病気休職者【年代別】

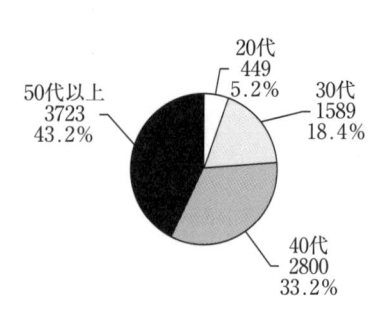

- 20代 449 5.2%
- 30代 1589 18.4%
- 40代 2800 33.2%
- 50代以上 3723 43.2%

うち精神疾患者【学校種別】

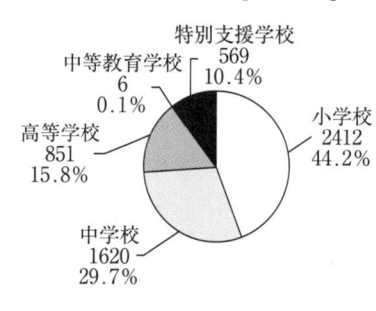

- 特別支援学校 569 10.4%
- 中等教育学校 6 0.1%
- 高等学校 851 15.8%
- 中学校 1620 29.7%
- 小学校 2412 44.2%

うち精神疾患者【年代別】

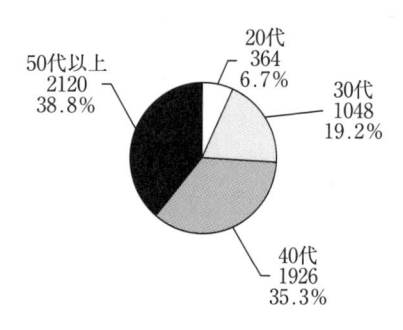

- 20代 364 6.7%
- 30代 1048 19.2%
- 40代 1926 35.3%
- 50代以上 2120 38.8%

《参考》公立学校種別教員数構成比率

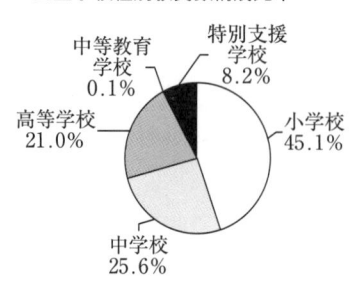

- 特別支援学校 8.2%
- 中等教育学校 0.1%
- 高等学校 21.0%
- 中学校 25.6%
- 小学校 45.1%

《参考》公立学校年代別教員数構成比率

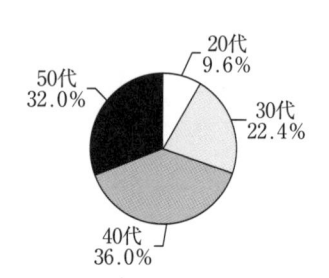

- 20代 9.6%
- 30代 22.4%
- 40代 36.0%
- 50代 32.0%

(注)「在職者数」は、当該年度の「学校基本調査報告書」における公立の小学校、中学校、高等学校、中等教育学校および特別支援学校の校長、副校長、教頭、主幹教諭、指導教諭、教諭、助教諭、養護教諭、養護助教諭、栄養教諭、講師、実習助手および寄宿舎指導員（本務者）の合計。

図8−1　病気休職者の学校種別・年代別・性別・職種別状況
出典：「平成21年度教育職員に係る懲戒処分等の状況について」（文部科学省）より引用

第 8 章　教員のメンタルヘルスについて　181

病気休職者【性別】
女性 4580 56.6%
男性 3747 43.4%

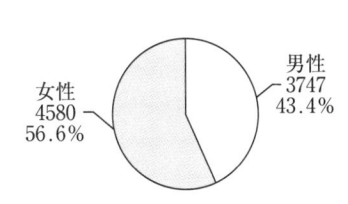

病気休職者【職種別】
その他 153 1.8%
校長 93 1.1%
副校長等 182 2.1%
養護教諭 297 3.4%
主幹教諭等 104 1.2%
教諭等 7798 90.4%

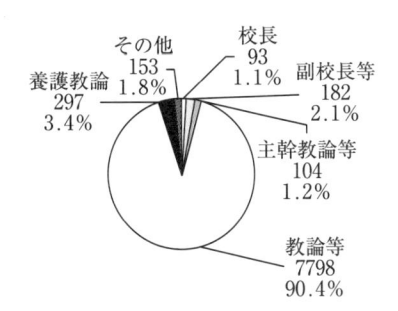

うち精神疾患者【性別】
女性 2786 51.0%
男性 2672 49.0%

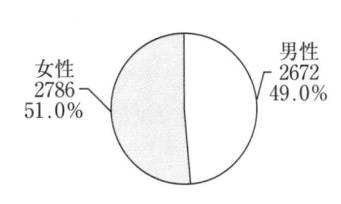

うち精神疾患者【職種別】
その他 92 1.6%
校長 33 0.6%
副校長等 101 1.9%
養護教諭 142 2.6%
主幹教諭等 54 1.0%
教諭等 5036 92.3%

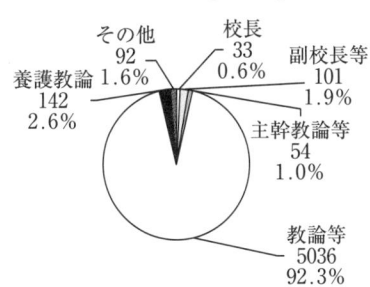

《参考》
公立学校性別教員数構成比率
女性 50.5%
男性 49.5%

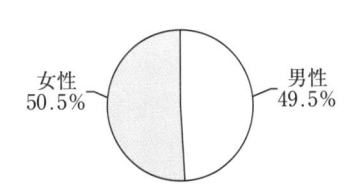

《参考》
公立学校職種別教員数構成比率
その他 2.3%
校長 3.9%
副校長等 4.3
養護教諭 4.4%
主幹教諭等 1.7%
教諭等 83.4%

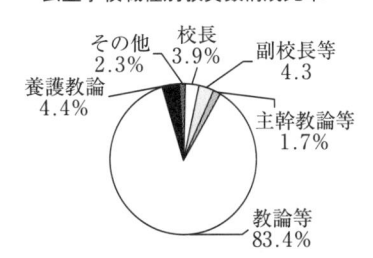

(注)「副校長等」は教頭を含む。「主幹教諭等」は指導教諭を含む。「教諭等」は助教諭、講師を含む。「養護教諭」は養護助教諭を含む。「その他」は栄養教諭、実習助手および寄宿舎指導員を示す。

代の教師にとっては負担が大きい。

　性別は、女性の教師が多い理由として、年代から見て育児・家事との両立から生じるストレス、育児・家事の時間をもう少し確保したい、わが子にきちんと向き合いたいなどの精神的葛藤を抱えているケースも少なくない。

3．教師の仕事の特性について

（1）教師の仕事時間
　教師の仕事時間はどれくらいだろうか。法律上では勤務時間は8時間とされている。現状はどうだろうか。岡田（2010）の調査によると、一日あたりの時間外勤務は、勤務時間前24分、勤務後50分、持ち帰り31分である。一日あたり74分の時間外勤務を行っていることになる。学校によって異なるが、勤務終了時間は、16時45分としている学校が多い。

　しかし、実際の現場での実態を考えてみたい。中学校の現場ではどうだろうか。中学校では、部活動が冬季時期を除き18時終了に設定していることがほとんどである。つまり、勤務時間終了後に、部活動を指導していることになる。先の調査の中で、時間外勤務の内容として最も多いのが、「部活動」「教材研究等」「校務分掌、行事準備」などと続く。さらに、土日には、部活動の練習や大会の引率、審判等により休日出勤をする教師も多い。群馬県教育委員会（2008）が実施した調査の意見には、「放課後は部活動があり、校務分掌や教材研究はほとんど勤務時間外にやっている」「持ち帰り仕事が非常に多く、ゆっくり休むことができない」「持ち帰り仕事がない日はほとんどありません」の記述が見られる。

　次に、学校内での教師の行動について考えてみたい。小学校の場合は、朝に職員室を出ると余程の事情がないかぎり、お昼の給食後までは職員室に戻ることは少ない。午前中はすべて授業、その間の休憩時間は児童の提出したノートの添削や連絡ノートへのコメントの記入に追われる。職員室に帰る間もない状況である。また、休憩時間は、運動場に出て児童と一緒に遊びながら、人間関係や児童に関する些細な気づきの観察をしている教師も多い。給食も、給食指

導と呼ばれるように、児童への指導がある。そのような時間を過ごし、夕方に児童が教室から帰って、やっと職員室に戻る教師も多い。しかし、職員室に戻ってからも、学級事務と呼ばれる事務作業や、担当になっている校務分掌の事務作業、そして職員会議に追われる。

　教師の仕事は、同時にさまざまなことを処理できる能力を求められる。例えば、目の前の児童・生徒に対する授業だけではなく、翌日以降の教材研究や学級の掲示物の作成や学級行事、学校行事に向けた準備も同時にこなさなければならない。さらに、学級通信の発行や、保護者に向けた案内文の作成、児童に関する書類作成などの事務作業も多い。学級だけではなく、学校組織の一員としての役割も持ち、担当する校務分掌の事務作業や他の先生への交渉、職員会議用の資料の作成などもある。また、行事の企画運営も担っており、大きな行事の場合や外部と関わる行事の場合は、事前の準備を早くから行う必要がある。

　中学校の場合は、これに加えて生徒指導と部活動指導が加わることになる。生徒指導は、ほとんどの場合予期しないトラブルが多い。学校内の問題行動だけではなく、近隣のコンビニでの万引きや公園などでの喫煙、他校との小さないざこざ等が挙げられる。その場合、早急に現場に駆け付けなければならない。さらに、生徒を学校に連れて帰り、保護者に来てもらい指導を行う。生徒指導困難校では、勤務時間を超えての指導もしばしばである。

　部活動の指導は、生徒の成長ぶりが実感できて、達成感を味わうことができる仕事ではあるが、時間的な面においては、プライベートな時間もかなり割かれることになる。部活動を負担に感じる教員も少なくない。近年、部活動の顧問を敬遠する教員も多く、外部委託や部活動の数を限定する学校も出てきている。先の群馬県の調査では、

- 「部活動への責任は、保護者の期待など含めて心理的負担を多いに感じている。練習・試合・大会などに関する運営面・安全面」
- 「一番負担なのは部活動です。スポーツが苦手なので何も指導できない」

という意見が出されている。

　さらには、部活動中の事故も後を絶たない。夏休み中の部活動中の熱中症による死亡事故、柔道部の練習中の事故が起こっている。その際にいつも管理責

任を問われるのは、部活動の顧問である。それを考えた場合、敢えて部活動の顧問を志願する教員が少ないこともよくわかる。

（2）多忙化

近年、「多忙化」が叫ばれている。「多忙化」の背景にはいくつかあるが、ここでは、児童・生徒に関わらない事務作業と、見通しの立たない仕事について述べる。

事務作業は、児童・生徒や学級経営、校務分掌に関わる書類の作成、研究指定を受けて、研究資料作成など、児童・生徒の指導以外の事務作業の増加がある。ある県の教頭は、赴任後に膨大な書類作成に追われて腱しょう炎になったと話す。パソコンによる書類作成だけではなく、筆記作業を含む処理も多い。このことから、パソコンによる書類作成も、パソコンが苦手な世代にとっては大きなストレスになっている。

4．「心」を扱う仕事

（1）カウンセリングマインドとは

教師は、児童・生徒の「心」に直接関わる仕事である。教師の一言に元気になり意欲を向上させる、逆に傷つき不登校になる事例も少なくない。言動だけではなく、些細な行動も同じような効果を持つ。近年、教職の現場では、カウンセリングマインドを大切にして、児童・生徒に関わることが求められる。とりわけ生徒指導においては、カウンセリングマインドを大切にした指導方法が現場では強く求められる。例えば、児童・生徒の反社会行動の裏側を考えて指導・助言を与えることを求められたり、非社会行動の不登校児童・生徒への関わりの際にも気持ちを大切にした支援が求められる。

では、カウンセリングマインドとは、いったいどのようなものだろうか。カウンセリングマインドとは、

① 表面的行動にとらわれず、行動の背後にある「そうせざるを得ない」気持ちを考慮に入れて人を理解する。

② 「人間は頭ではわかっても、そのように行動できないことが多々ある」ということを踏まえ、その人が本当に行動できるためには何が必要かを考慮した働きかけを行う。
③ 人間は人とつながり、見守られ、愛情を注がれれば自己治癒や自己成長に向かう力がわいてくるのだ、という人間理解を持つ。
と定義されている（菅野純，1995）。

学校では、カウンセリングマインドを大切にした生徒指導と教科指導が求められる。「最後まで丁寧に児童生徒の話に耳を傾けよう」「行動の背景にある思いを受け止めよう」と言われる。しかし、指導という側面を持つ仕事ゆえに難しいことである。難しいと一度考えてしまうと、身動きが取れなくなることもある。頭で理解することと、行動することとは違う。このことも教員のメンタルヘルスに影響を及ぼしているのではないだろうか。

（2）教師の仕事の特徴──メンタルヘルスの視点──

群馬県教育委員会の調査結果（2008）によると、教師の仕事には6つの特徴がある。
① 仕事に関係する人が多く、種類も多い
② 終わりがない
③ 急を要する
④ 役割分担が明確でない
⑤ 学校・市町村固有の仕方がある
⑥ 計画に準備期間が入っていない

一方、佐藤（1989）は、①無境界性、②不確実性を挙げる。「無境界性」とは、教職はここまでやればよいという境界がないということである。教材研究一つとっても、ここまでやればよいというものではなく、突き詰めていけば切りがない。「不確実性」とは、これが絶対に適切な指導であると確信することは難しく、確実なものはないということである。

教師の仕事の特徴は、先に挙げたように多くの仕事を同時に遂行することが求められる。その仕事の内容は、これが良いという仕事ではなく、良いものを

追求すれば終わりが見えない仕事である。この終わりのない仕事を数多くこなすことが求められる。また、目に見えない仕事も多い。成果もすぐには目に見えることはなく、目に見えないことをコツコツ続けることも求められる。

さらに教師の仕事は、毎年同じ繰り返しではなく、毎年4月になりクラスが変わると仕事は変化する。他校への異動になる場合には、新しい学校の教育方針やルールを覚えなければならない。

(3) 教師の持つ感情とは

教師もさまざまな場面で感情を持つ。教師の持つ感情には、どのようなものがあるのだろうか。教師の持つ感情が児童生徒に影響することは、古くから教育心理学で研究されてきた領域である。

その教育心理学の代表的な研究の一つに、「ピグマリオン効果」がある。別名は教師期待効果と呼ばれ、教師の期待が自己成就予言として機能すること明らかにした（Rosenthal & Jacobson）。つまり、教師が児童に対して学力期待を持つことにより、声かけなどが他の児童生徒と比較して多くなされたり、発言を待つ等の行動によって、児童生徒の学業成績の向上をもたらすことである。児童生徒に好印象を持つことによって教師の行動が変化し、児童・生徒に良い影響を及ぼすというものである。教師が持つ感情が児童生徒に対して好印象の感情であれば、児童生徒に対する行動が児童生徒にとって、心地よいものになり意欲につながるのである。これを逆に考えた場合には、児童・生徒にネガティブな感情を持った場合は、先ほどとは反対に児童生徒にとって嫌悪行動が見られるのだ。

では、次に教師はどのような快感情を持つのだろうか考えてみたい。Lortie (1975) によると、教師は困難な生徒の良い変化や学級の成績向上、児童生徒からの感謝のメッセージに喜びを感じているとする。その快感情により、次の仕事への意欲につながる。これを心理学では「心的報酬」と呼ぶ。一方の不快感情は、河村ら (2004) によると、生徒の態度が反抗的な時の対決場面と教師を軽視するような態度の時に不快感を感じるという。その不快感情を持つと、教師の指導という介入が増えることも明らかにしている。この反抗的な場面と

は具体的には、生徒指導の場面等が挙げられる。生徒指導の困難性を抱えた場合に教師は不快感情を持つのだ。反社会的行動と呼ばれる問題行動だけではなく、不登校といった非社会的行動に対しても、不快感情を持つ。さらに最近の研究では、生徒の学習意欲のなさに対するいらだちや居眠りなどの生徒側の意欲が見られない行動にだけではなく、教師側が自分自身に対して教材研究の不十分さや授業展開の失敗などに対しても不快感情を持つことが明らかにされている（木村，2010）。

教師の感情は、先に挙げたように児童生徒に直接にまた、即座に影響を与える。コントロールしようとしても、表情やしぐさと呼ばれる非言語的な行動に表れる。児童生徒は、みなさんも経験の中にあるかもしれないが、先生の言葉と行動の不一致などを見抜く力を持っている。このことからも、自分自身の感情の整理をすることと、対児童・生徒へのかかわりの振り返りが大切である。

（4）教師の感情労働について

「教師は感情を指導の道具にしている」（河村ら，2004）

教師は、児童生徒と接する中でさまざまな感情を持つ。喜怒哀楽の感情を持ち、快感情（喜びの感情）と不快感情（つらい・悲しい感情）とを交互にさまざまな場面において感じることができる。そして、その教師が持つ感情をセンサーにして、指導に当たっている。つまり、無意識の中で自分自身を操作しながら、児童・生徒の表情や発言を聞き、そこから児童生徒の感情を読み取り、指導を行うのだ。どんな感情も共有することにより、「共感的な理解」が生まれる。しかし、一致しない感情であれば、疲労感にもつながる。この一致しない感情が積み重なる時にバーンアウトを生じるのだ。

1980年代の終わりに、アメリカのホックシールドが提唱した概念で、感情労働と呼ばれるものがある。これは人に関わる仕事（対人援助職）の現場で用いられ、調査研究が進められてきた。具体的には、看護師や介護士などの職種が中心とされてきたが、近年教師も感情労働者であるとされる。「自分の感情を押し殺して、相手に尽くし消耗感を感じる感情労働」（秋田，2004）という考え方が一般的になってきた。

5．教師の抱える悩み

（1）教師の抱える悩み
諸富（2009）は、教師の悩みを4つ挙げている
① 尽きることのない多忙感
② 子どもとの対応の難しさ
③ 保護者対応の難しさ
④ 同僚・管理職との関係の難しさ
ここでは、②と③について取り上げたい。

　まず、「子ども対応の難しさ」について述べる。「子どもが変わった」と現場ではよく言われている。「小1プロブレム」が新聞やニュースなどで報じられているが、これは低学年から学級崩壊状態に陥っていることを指している。授業中に着席できず、うろうろ立ち歩く児童が教室に複数いる学級である。その児童たちには、教師の指導の言葉は入らず、指導されても耳に入らないため、気にすることなく自由気ままな行動をとり、授業を妨害するのだ。ゆえに、小学校現場では、その対応に苦慮する。

　さらには、発達障害が疑われる児童生徒の増加も指摘されている。授業中のうろつき・立ち歩きや突然教室を飛び出し校庭や校外へ出る、気に入らないとすぐにキレて暴力をふるう児童もいる。

　次に、「保護者対応の難しさ」を挙げる。皆さんも「モンスターペアレント」という言葉を聞いたことがあるだろう。この言葉は、マスコミが作った言葉であるが、学校では、絶対に「モンスターペアレント」とは言わず、「理不尽な要求をする保護者」という言い方をする。理不尽な要求とは、具体的にどのようなものかというと、

・「集合写真のわが子の位置が気に入らない」
・「教師の指導方針が家庭の方針と合わないので、担任を代えてほしい」
・「受験前なので、学校を休ませてほしい」

などの要求である。すべての保護者ではなく、一部の保護者ではあるが、そ

の要求は過度で無理難題なものである。

　社会が、サービスの高品質と「至れり尽くせり」を大切にし過ぎることを求め、企業がここ十年で、サービスの品質を向上させることを行ってきた。その波にのまれた消費者たちが、学校にも同じようにサービスを求め始めたのだ。

　ここで一つ付け加えておきたいことがある。最近、学校現場でよく聞く言葉に「保護者になりきれていない保護者」の増加と保護者としての責任を果たしていない保護者の存在を聞く。具体的には、保護者としてするべきことができない保護者のことである。

　・「私はもともと朝食を食べる習慣がないから、子どもも食べなくてもよい」
　・「朝起きられないから、子どもを起こすことができない」
　・「体調が悪いから、ごはんをつくることができない」

　子どもを育てるという意識を持たないままに保護者になっているケースが増えているのだ。保護者自身が精神的に不安定であり、経済的な基盤もぐらついている場合、子どもに大きな影響を及ぼす。自宅の固定電話を持たず、携帯電話しか連絡手段がない保護者、給料日から3日以内にもらった給料をすべて使い切ってお金がないので、食事もままならない保護者がいる。そのような保護者のもとで育った子どもたちは、衣服もきちんと整えず、朝食だけではなく夕食もままならない生活を送っている。

　教師は、そのような保護者の対応にも困り果てている現状がある。教師自身のお金を使い食事を買ってやること、卒業生から制服や学校に必要な道具を集めることなど、保護者の代わりになって児童生徒に向き合うこともしばしばである。

6．バーンアウトとは

（1）バーンアウトとは
　教師の職業病と呼ばれるものの一つに、バーンアウトがある。日本語では「燃え尽き症候群」と訳される。元々は、対人援助職と呼ばれる医療に関わる看護師や介護士などの職種に用いられていた用語である。人をケアする中で、

まるでモーターが切れたように突然、朝起きることができなくなり職場に行けなくなる、人との関わりに煩わしさを感じるようになるなどの症状を表す。つまり、身体的・精神的に疲弊し、仕事に対する意欲が減退する状態に陥る。まじめな性格で、仕事熱心で常に仕事のことを考えているタイプが陥りやすいとされる。

　Maslach（1976）は、「極度の身体疲労と感情の枯渇を示すシンドローム」と定義する。その特徴は「情緒的消耗感」「脱人格化」「個人的達成感の低下」の3つを挙げることができる（久保，2004）。情緒的消耗感は、「同僚や児童・生徒とともに過ごすことが自分に課題なストレスを課していると感じる」「朝起きた時に疲労を感じ、職場に行きたくないと思う」である。脱人格化とは、「以前よりも、生徒に思いやりがなくなってきたと感じる」「ある児童・生徒を、まるで人格を持たない"物"のように扱っていると感じる」等の状態を表す。教師がバーンアウト状態に陥ることにより、児童生徒への関わりに思いやりがなくなって冷たい扱いになり、関係性の悪化が生じてくることが考えられる。その結果、児童・生徒がストレスを感じ、学校適応にも影響することが予測される。

　教師が暗い雰囲気で教室に入ってきた場合、児童生徒はどのように感じるだろうか。「先生、機嫌が悪いのかな」「何かあったのかな」と感じるのではないだろうか。また、その雰囲気のまま授業を行っても、児童生徒の学習意欲は向上しない。発言をしても、返される返答には、温かみが感じられず、また次も発言したいという意欲を持つことすらできない状況に陥る。こうしてみると、教師の状態が、児童生徒にも大きな影響を持つことは絶対に忘れてはならない。

（2）バーンアウトの要因について
　1）要因1　個人の特性
　次にバーンアウトの要因について考えてみたい。要因は、大きく分けて二つある。一つは、個人内要因と呼ばれる個人の性格特性から生じていると考えられるものである。具体的には「仕事に打ち込み献身的な人が多いため、元来バーンアウトに陥りやすい性格特性を持っている」（Freudenberger, 1974）、几帳

面でまじめな性格と呼ばれるタイプA型の特性を持つ（新井，1998）等の、まじめに仕事に取り組む性格が挙げられる。二つ目は、環境要因である。児童生徒の問題行動の多発や仕事の多忙化であり、仕事の環境の悪さが要因である。つまり、児童・生徒との人間関係や職場の同僚との人間関係、職場の雰囲気等の環境である。

2）要因2　組織の特性

教師は、学校に出勤し、まずは職員室に入る。そこには、管理職や同僚がおり、朝の挨拶を交わすことが一般的である。しかし、その挨拶すらない場合は職員室に入ることがおっくうに感じ、一日のスタートから暗い雰囲気で始まる。その暗い雰囲気を抱えたまま、教室に移動し、朝会そして授業を始める。暗い顔のまま入ってくる担任の姿を見た児童生徒は何を思うだろうか。暗い表情で授業を行った場合は、児童生徒の学習意欲も下げてしまう可能性は大きい。また、児童生徒に対する関わり方も、温かみのある関わり方ではなく、冷たい関わりになることになり、コミュニケーションにも支障をきたすと考えられる。このことから、教師のバーンアウトは、児童生徒に大きな悪影響を与えることを忘れてはならない。

（3）バーンアウトを予防するためには

バーンアウトを予防するには、どのような取り組みが効果的なのだろうか。3つの取り組みが考えられる。

① 教師の個人的な特性要因に対しては、臨床心理学的な個別カウンセリングが有効である。
② 教師の専門性に起因するものに対しては、援助・指導技術に関する研修会や交流会が有効である。
③ 組織要因に対しては、教師集団の人間関係の改善を目指す教師集団づくりである（新井，1999）。

朝になると学校に行きたくない、最近食欲がない、一日が終わるとホッとする等の症状が、2週間以上続く時は、うつ的な症状である。このうつ症状が、バーンアウトの兆候である。このような状態になった場合は、まず信頼できる

同僚や先輩に相談してみる、カウンセラーに話を聴いてもらう、医療機関等の専門機関を受診してみることが大切であり、自宅でじっとしていれば治る症状ではない。自宅でじっとしていることにより、気分がさらに落ち込みネガティブなことを考えてしまい、そこから抜け出せない状況に陥ることもある。早めに気づき、対応することが大切である。

7．メンタルヘルスとは何か

　教師の仕事とメンタルヘルスについてまとめてきたが、次はメンタルヘルスと呼ばれる「心の構造」とストレスとの関係について述べてみたい。

（1）ストレスについて
　メンタルヘルスとは、直訳すると「心の健康」である。心の健康は、ストレスとは切り離せない関係にあり、ストレスをためると心の健康に支障が生じてくる。ではストレスとは、いったい何だろうか。
　ストレスという用語は、Selye（1974）によって用いられた。ストレスとは、外部からの刺激の反応の一つである。この外部刺激をストレッサーと呼び、同じストレッサーでも受ける人間のこれまでの生育歴や個人の対処能力（＝コーピングスキル）、ストレッサーをどう捉えるか（認知的評価）によってストレスと感じたり、感じなかったりする。つまり、ストレスは、ストレッサーを受けたことによる心理的反応のことを指す。同じストレッサーでも、これまで同じ経験をしてきて、乗り越えられる対処能力を持つと判断した場合にはストレッサーと感じないのでストレスになることはないのである。
　セリエは、工学用語を用いて、「ゆがみ」を生じた状態をストレスと呼び、物体にゆがみを生じさせる外部刺激をストレッサーと呼んだ。
　では、ストレスは人間にとって、すべて悪いものなのだろうか。セリエは、「ストレスは人生のスパイス」であるとも言っている。ストレスには、快ストレスと不快ストレスとがあり、受ける人によって同じストレスでも快にもなれば、不快にもなる。では、ストレッサーをすべて排除することによって、スト

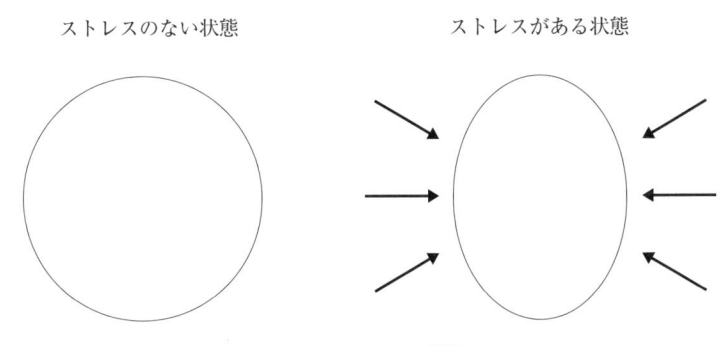

図8-2　ストレスの状態

レスがない状態にするとどうなるのだろうか。ストレスを受けない状態になると、人間の成長は止まってしまう。ストレスに立ち向かい、乗り越えることによって、人間は成長するのである。

ストレッサーがかかると、体調不良を訴えることが多くなるとともに、頭痛、腹痛、吐き気など身体的な症状が出る。また、気分が落ち込むことが多くなったり、突然手がつけられなくなるくらいに感情的に怒ったりなど、感情のコントロールが上手にできなくなるなどのストレス症状がある。

心理的ストレス症状とは、表8-3に表されるようなものである。

(2) ストレスと上手につきあう

大学生の皆さんも日々、大小のストレッサーによりストレス状態を経験しているのではないだろうか。その時に、どう対処しているだろうか。例えば、大学に入学し、これまでの高校生活や保護者のもとでの生活とは大きく変化することによるストレスを感じることがあっただろう。学生生活だけではなく、部活動、そして寮生活など、新しいストレッサーを多く感じた時、どのように対処してきただろうか。例えば、高校時代の友達や先生に電話をしてみる、新しくできた友達に相談する等によって、対処しているはずだ。信頼できる他者に「話す」行動、助言やアドバイスを求めて助けてもらうことは、無意識に行っている対処行動なのだ。それ以外にも、食事を作ることができないから、スーパーでお惣菜を買う、インスタント食品を食べる。気分転換に一人で買い物に

表8-2　教師のためのストレス・セルフチェック表

☐	最近、食欲があまりない。あるいは逆に食べ過ぎることが増えた
☐	タバコやコーヒー、お酒の量が増えてきた
☐	最近、なんだかとても疲れやすい
☐	夜、寝つきが悪かったり、夜中に目が覚めることが多くなった
☐	めまいや動悸を感じやすくなった
☐	朝から頭や体が重い
☐	通勤途中にイライラしやすくなった
☐	児童生徒と話すのがおっくうだ
☐	職員室での会話が減った
☐	クラス担任として学級経営をするのが重荷になってきた
☐	授業を工夫するのが面倒くさくなってきた
☐	イライラして、児童生徒を怒鳴ってしまうことが増えた
☐	保護者に連絡するのが面倒になってきた
☐	同僚教師の欠点ばかり目につくようになった
☐	校長や教頭と話すのを避けたい
☐	学校行事の準備が前よりも面倒になってきた
☐	テストの採点ミスが増えた
☐	職員室での自分の机が散らかってきた
☐	教材研究をしたり、研修で自分を磨こうとする意欲がわかない

（中島一憲『こころの休み時間』を元に諸富が改変）

出かけたり、静かな場所に行って気持ちを落ち着かせる行動等も対処行動である。

　また、対処行動以外には、認知修正と呼ばれる、見方を変えたり、考え方を見直したりを行い、ストレスに対処している。具体的には、「心配しなくても何とかなる」と考え方を修正する。他の人の意見を参考に、考え方を変える、見直してみる、見通しをつけるなど、自分自身のこれまで持っていた考えを修正することによって、ストレスに対する対処を行っている。

　現在の対処行動と認知修正法は、教員になっても役に立つストレスに向き合う方法である。しかし、教員になると、新しい仕事に慣れることに加え、膨大な仕事量と、児童生徒とその保護者、同僚・管理職と接することが増えてくる。

これまでの対処方法では乗り越えにくくなることから、新たなレパートリーを増やしておくことが大切である。

・軽い運動をやってみる。
・大学時代のスポーツを、継続できる機会を探してみる。
・同じ職場の先生たちの対処方法を聞き、試してみる。
・本を読み、いろんな考え方を取り入れる。
・研修会や勉強会に参加してみる。

（3）悪い対処方法

　先に挙げた対処方法以外に、ストレスがたまると人間は、「やけ食い」「泣く」「アルコール・たばこ」「買い物」「物にあたる」等の行動を取る。この対処行動は、悪循環に働くことが多い。身体に疲れが残ったり、イライラすることが収まらなかったり、続けて行わなければイライラする癖になってしまい、金銭的な問題に発展することも少なくない。

（4）教員のストレッサーと構造

　教師のストレッサーはどのようなものがあるのだろうか。三楽病院精神科神経外来を1992（平成4）～1996（平成8）年の5年間に新規受診した現職教師769名を対象にした調査結果によると、ストレスの種類は、職場内65％、職場外23％、なし5％、特定不能7％である。職場内のストレスの種類は、多い順から生徒指導36％、職場内の人間関係28％、学習指導9％、校務分掌7％、保護者対応2％、その他の仕事8％、その他10％であった。生徒指導の困難さは、学級崩壊、不登校、暴力行為、いじめなどの指導が難しいことから生じている。次に同僚・管理職との人間関係が挙げられる。

　同僚・管理職との人間関係は、仕事をする上では欠かせない関係であり、自らの業務を進める上で助けてもらえないと孤軍奮闘の状態に陥る。具体的な項目を挙げてみる。「管理職・同僚との考えの食い違い」「管理職・同僚に意見を批判される」「気持ちを理解してもらえない」「学校の問題、クラスの問題を相談することができない」「一緒に働きたくない」「協力的ではない」等である。

8．心のドライバーについて

　教員には、教員特有の特性から影響を受けている思い込みがある。思い込みは、自分自身で勝手に決め込んでいる頑なな考え方である。ポジティブな方向性に導くよい思い込みもある。心理療法の一つの認知行動療法では、自動思考やスキーマと呼ぶ。人間の考え方は、いくつかの枠組みで作られており、その枠組みはこれまでの生育歴と職業生活の中から築かれてきていることが多い。

　ここでは、教員特有のストレスをためる原因の一つである思い込みを交流分析の視点からみていきたい。交流分析は、エリックバーンによって創始された。今回は、その中の「人生脚本」の5つのドライバーを紹介する。

- 「急げ！」
- 「完全であれ！」
- 「もっと努力しろ！」
- 「他人を喜ばせろ！」
- 「強くあれ！」

私たちは心の奥底にこのような言葉をもっていないだろうか。

　例えば、何ごとも早く仕上げることが誠意であると考え過ぎて、無理をして焦ってしまいイライラすることはないだろうか。また、完全に仕上げないといけないと焦り、提出期限を守れなかったり、他人の前では絶対に泣いてはいけないと感情をこらえたりした経験はないだろうか。

　このドライバーは心の奥底から、自分自身を苦しめているのだ、特に教員になった場合には、このドライバーから自分自身を責めてしまい、苦しむ事例も少なくない。このことから、自分の中の心の中のドライバーを、今一度確認しておくことが大切である。

　さらに、最も恐ろしいのは、自分自身だけではなく、このドライバーを児童生徒や他の教員にも強要することである。学級や部活動の児童・生徒に対して担任だから、部活動の顧問だからという気持ちから、自分自身に求めるものと同じものを求め、関係が崩れてしまうことも少なくない。教師という職業に就

く、就きたいと考える人は、これまでに一生懸命に努力を重ね、精一杯ベストを尽くしてきた人たちだろう。また、完全に仕上げたい、完璧にやらないと気が済まないと考える癖を持っていないだろうか。さらには、自己犠牲をして他者を支えてくる経験もしてきたのではないだろうか。この経験から、他者も自分と同じようにできるんだという信念のもとに強要してしまいかねないのだ。例えば、宿題の分量や部活動での練習量などでそれが出てくることも多い。このことから、この5つのドライバーについて、意識しておくことを心がけておきたい。

9．人に助けを借りること（被援助志向性）の大切さ

　Help Seeking Attitude（被援助志向性）＝「助けを求める能力」「弱音を吐く能力」は、教師受難の時代を生き抜いていくための能力の一つである（諸富，2009）。教師の中でも、小学校の場合は担任がほとんどの教科の学習指導、生活指導を担うことから、教師の学級経営は教師の能力を測るバロメーターとされてきた。小1プロブレムという言葉が出る前は、学級崩壊という言葉で、教師個人の力量と学級経営について語られることが多かった。その際に、その個人に対して「他の先生の学級経営には口を出してはいけない」等の暗黙のルールが存在し、他の先生が介入することを阻んでいた。また、「自分のクラスのことを相談することは恥である」という思いを抱えたままに、誰にも相談することができない状況でもあった。

　今、児童生徒とその保護者の多様化、問題行動の深刻化など、教師一人の手にゆだね解決するには難しい問題が山積している。児童生徒とその保護者は、社会との相互作用による環境の変化に翻弄され、経済的な問題を抱える事例も少なくない。もはや、教師一人や学校単位で解決できる問題以上の問題や課題が、学校を取り巻いている状況である。ゆえに、教師自身と学校自身も外部の関係機関に「助けを求める能力」が必要である。

10.「仕事のやりがい」と心理的報酬について

　これまでは、メンタルヘルスとストレスの関係からまとめてきたが、次は「仕事のやりがい」と心理的報酬について考えてみたい。
　教師の仕事は、際限ない仕事ではあるが、心理的報酬と満足感、効力感を味わうことができる仕事である。心理的報酬は、行動後すぐに返ってくる即時的なものと、すぐには戻らずに児童・生徒が卒業して何年後、何十年後かに戻ってくることもある。ゆえに、日々の多忙感ばかりに目が向き、消耗していく教師も多いのが実態である。
　では、教師はどのような時に仕事のやりがいを感じるのだろうか。諸富（2009）によると、教師の「生きがい」を6つ挙げている。
① 「子どもたちとのふれあい」
② 「学級経営の達成感」
③ 「授業の達成感」
④ 「部活動の達成感」
⑤ 「学校づくりの達成感」
⑥ 「保護者からの感謝」
　一番は児童生徒の成長である。そして、例えば、合唱コンクールや体育祭などクラスで一致団結して取り組む行事の時には、普段の学級経営が見事に発揮される。部活動においての勝利などもそれにあたる。つまり、形のない状態「無」からの立ち上げから、日々小さな地盤を築き上げて組み立てていく喜びは、「やりがい」でもあり、「教師の生きがい」でもある。
　では、具体的に授業では、どうだろうか。木村（2010）によると、授業中に教師は心理的報酬を即時に受け取り、仕事へのモチベーションにつながっているとする。
・「授業中の児童生徒の自発的な発言」
・「普段は消極的だった児童生徒が授業参加してくれた」
・「教師の説明をちゃんと傾聴してくれる」

・「予想もしていなかった（良い）発言が出された」

等に教師は、次へのエネルギーをもらい、元気になっているという。

教師は、授業の組み立てに沿って、それに関連する児童生徒の発言や行動から心理的報酬を受け取っている（木村，2010）。そして、心理的報酬は、次への活力を与えてくれるものである。教師に仕事のやりがいを感じさせ、次へのモチベーションにつなげてくれる。

11. 教師自身ができる予防策——認知行動療法の視点を持つ——

最近、うつ病の治療などでよく用いられるのが、アメリカから来た心理療法の一つである認知行動療法である。「考え方」の修正を行う作業をカウンセラーと一緒に行うカウンセリング手法である。この理論の基盤は、アルバート・エリスの論理療法である。

この手法では、出来事とそれに伴う感情の間にある不合理な信念（ビリーブ）を突き止めて、修正することを行う。具体的には、他人からの行動をどう取るかを考えることから始める。例えば、「生徒に非難された」とする。生徒に非難されたから、もう教師としては失格だと考えて落ち込んでしまう。その生徒が優等生で一番指示を聞いてくれていた生徒だった場合には、さらに落ち込むだろう。ここで考えてみたいのは、優等生に非難されたからといって教師失格なのだろうかということである。実は、この考え方の背景には、「教師は生徒に好かれなければならない」という不合理な信念があるから、このような考え方になり自分を苦しめてしまうのだ。そこで、この心理療法は、この考え方を修正するために、カウンセリングを数回繰り返す。詳細は参考文献などを見ていただきたい。

このことからも、先に挙げた5つのドライバーを意識することと、自分自身の中にある不合理な信念を意識することが大切になる。ぜひ、学生の皆さんは学生時代に、自分の考えのクセと不合理な信念を明らかにしておくことをお勧めする。

| 学習課題 |

（1）自分の考え方や心のクセについて、理解してみよう。
（2）エゴグラムなどを用いて、自己理解を深めてみよう。

【引用文献】

木村優『協働学習　授業における高校教師の感情経験と認知行動・動機づけとの関連』教育心理学研究58(4)，2010.12，464-479

中島一憲編著『教師のストレス総チェック』ぎょうせい，2000

群馬県教育委員会(財)社会経済生産性本部コンサルティング部編著『教員の多忙を解消する』学事出版，2008

諸富祥彦『教師の悩みとメンタルヘルス』図書文化，2009

秋田喜代美・佐藤学編著『新しい時代の教職入門』有斐閣，2006

岡田一彦『教員の多忙化と時間外勤務の調査研究』学校メンタルヘルス13(1)，2010，59-62

文部科学省『平成21年度教育職員に係る懲戒処分等の状況において』2009

河村夏代・鈴木啓嗣・岩井圭司「教師に生ずる感情と指導の関係についての研究」『教育心理学研究』2004，52，1-11

Freudenberger, H. J Staff burn-out. Journal of Social Issues 1974 30 (1), 159-165

新井肇『「教師」崩壊—バーンアウト症候群克服のために—』すずさわ書店，1999

Selye, H. Stress without distress. 1974 Philodelphia, PA: J. B. Lippincott.

【参考文献】

保坂亨著『"学校を休む"児童生徒の欠席と教員の休職』学事出版，2009

久保真人著『バーンアウトの心理学』サイエンス社，2004

第9章

教育実習の意義と心得

　実習は実習校に赴き、その学校の児童生徒の通常授業の展開の中で、約4週間という長期間、クラスや授業や行事などに参加させていただくという大変貴重な時間である。そのために担当の教諭の先生、いろいろな調整をしてくださる管理職の先生、授業を受ける児童・生徒、保護者の方々など、たくさんの人の協力や理解や配慮があってはじめて成り立つものである。

　このため、事前に教育実習の意義と目的と心得を十分に理解し、必要な準備を入念に行っておかなくては、実りの多い実習とはなりにくいばかりか、実習先に迷惑をかけてしまうことにもなりかねない。

　そこで本章では、教育実習について噛み砕いて説明することとする。

1．教育実習の意義

(1) 教員は「教えるプロ」

　教員という職業は「専門職」である。平たく言えば「教えるプロ」である。「教えるプロ」とはどういうことかを考えてみよう。教科によって教える内容はさまざまである。また記憶させるもの、考える技術を身につけさせるもの、理解させるもの、感性を育てるものなど多岐にわたっている。時代とともに教える内容や、教えるポイントが変化するものもある。教える相手が100人いれば100人の理解の仕方がある。学年も小1と小6とでは、振る舞い方も理解の進み方も、行動の特性もまったく異なる。中学生と高校生とでもまた違う。

　このように、さまざまなタイプのさまざまな内容をさまざまな相手に、しかも決められた時間で教えなくてはならない。それが学校の教員である。そう考えると、何百、何千というケースを想定して、あらゆるタイプの「教え方」を身につけておかなければ、いざクラスを担当して授業を開始する段になっても上手に教えられないのではないかと考えてしまうかもしれない。しかし、いちいちそのたびごとに新しい教え方を身につけるのではなく、どんな場面でも「教える」という行為ができるのが「教員」すなわち「教えるプロ」である。

(2)「教える」には「教える技術」が必要

　「教える」という行為を少しだけ掘り下げて考えてみよう。

　「教える」とは、ある「知識や技能」を持つ者が、その「伝え方」を身につけて、それを「相手」に教えるわけである。このとき、それらはバラバラにあるわけではない。「知識や技能」によって「伝え方」は変わる。「相手」によっても「伝え方」は異なる。ある「知識技能」については、その「相手」に伝えられても、同じ方法で別の内容になるとうまく伝えられないかもしれない。別の相手であればなおさらである。そのように、その場その場で「伝え方」を工夫しなくてはならない。その工夫の仕方、すなわち共通した「教える技術」を身につけなくてはならないのが教員である。「教える技術」は単なる伝達の能

力ではないのである。

(3)「教える技術」の習得には相手が必要

　教える技術を知識として身につけたり、教える内容を教材研究で理解すれば教えられるのかというと、そうではない。最終的には相手あっての教育である。このため、大学の教職課程では、模擬授業というものを行う。ただし大学で行う模擬授業は、お互いに何を教え何を教えられるのかが、あらかじめわかっている。また「前に立っている人の話は、たとえ興味がわかなくても聞いてあげる」という前提のもとに展開されがちである。このため大学の講義や講演会に近い状態となる。

　とはいえ、講義や講演会のような練習が、悪いわけではない。たとえ講演会であっても人前に出て自分が用意した話を45分話すのは、技術も度胸も必要である。隣と雑談する聴衆もいれば、居眠りする者もいる。そういった気が散りがちな聴衆もいる中で、自分の話に引き付けるのには技術が必要である。こういったトレーニングには大学での模擬授業はよいかもしれない。少人数のグループ内で喋ることから始めて、次第に人数を増やしていくとか、喋る相手を先輩や教員を交えた場にしていくとか、少しずつ大きな舞台での体験に移していけば、度胸も身につき話運びもうまくなるだろう。しかしこれは、単に用意した話を人前で喋るためのトレーニングに過ぎない。

(4)「教える技術」は「情報伝達の技術」ではない

　教育は単なる「情報の伝達」ではない。このため、用意した話を人前で喋るのとは全然別の技術が必要である。それは、子ども一人ひとりの特性を理解して教え方を工夫したり、一人ひとりの理解の度合いを表情やしぐさや発問などで把握したりすることが必要となる。また、そもそも子どもとはどんなものなのか、どんなところに疑問を持つものなのか、どんな言葉をかけると興味を持ちやすいのか、どんな課題につまずきやすいものなのかということを知っていないと授業は展開できない。

　これは年齢・個人・発達段階によって異なる。一般論としては教職課程での

カリキュラムで学習しているかもしれないが、それをいざ自分の授業で行うとなると至難の業である。しかし実習に赴くことで、座学で得た知識の何倍ものことを短期間で理解することができるようになる。「あの講義で言われていたあのことは、このことだったのか」というふうに、毎日が発見の連続である。一例を挙げれば「静かにさせる」のと「話に興味を持たせて自分から聞きたくなるようにする」のでは雲泥の差がある、といった具合である。

（5）教育実習の時期による実習の質
　先ほど言った「毎日の発見」とは、「教える技術」は内容や相手にかかわらず共通するものなのだという発見であるはずである。それが身につくための機会であるからこそ、教職課程の途中でも実習に行く意味があるのである。
　教育実習に行くのは、早ければ大学3年次の5月。遅い場合は4年次の秋以降である。一番早い3年次の5月の場合、大学1、2年の教育課程しか受けていない段階での実習となるため、教科教育法などを十分には習得していないし、その他の教職科目もまだほとんど習得していないケースもあるだろう。
　しかし、だからといって「まだ習っていないことについては、できなくても仕方ないだろう」といった具合に考える者はいない。なぜならば、受け入れてくれる学校では、どういった段階の学生であれ「プロの卵」として受け入れるからである。「プロの卵」とは「その道のプロになることを目指して修行している人」である。やがてはその仕事に就くために、現在修行中の学生に、修行の場を提供してくれるのが「教育実習」なのである。
　このように、教職課程の半ばでありながら実習に行くのは、教育内容や技術を超えた意味があるからである。

（6）「教える」とはどういうことなのかがわかるのが実習
　教育学は実践しながら習得していくものである。これは「教える」という行為が、実践しなくては身につかないことや、わからないことが非常に多く、むしろ実践しながら積み重ねていくものであるということである。このため、実習に赴くと、たとえ4週間ではあっても次のような貴重な機会となる。

① 学校教育の実際を子ども自身や教師から総合的・体験的に学ぶ機会。
② それまでの知識や技能などの理論と、現場での実践の統合を図り、実践的指導力の基礎を形成する機会。
③ 大学では得られなかった基本的な教育技術の習得をする機会。
④ 教職への意欲の喚起と使命感を自覚したり、自らの教師としての適性を判断する機会。
⑤ 今後の大学での自己の学習・研究課題が明確となり、探究活動への動機付けとなる機会。
⑥ 社会の変容と教育の今日的な課題に対応する機会。

2．教育実習の目的

　教育実習は大学の講義や演習で身につけた知識や技能を試して、その意味を深める機会である。また実習での体験をもとに実習後の自己の課題を考えることも重要である。失敗を恐れずチャレンジする機会ととらえ、さまざまな目的を達成してほしい。
　なお、以下の各目的は、実習のさまざまな場面ごとに異なっている。ある目的は、授業観察で可能であるし、ある目的は研究授業で達成される。また中には、事前の学校訪問や、学校支援ボランティアの体験の中でも可能な目的もある。教育実習は4週間という限られた期間であるが、教職課程の他の場面でも可能なことはないかと、常に考えることも大切である。

（1）子どもの学校生活の実態、発達について理解する
　児童・生徒は普段の学校でどのような生活をしているのだろうか。
　個人と集団では振る舞いが異なるし、学校という空間内では、校外とは異なる。休み時間と授業中とでも異なる。とりわけ、授業で教員にコントロールされながら学習している場面は、特殊な状況であるといっていい。
　授業では担当教員が、発達段階や一人ひとりの個性に応じた子どもの特性を理解して、全体の時間と活動内容をコントロールしながら学習活動がなされる。

これは日々の関係性の中で、児童・生徒の協力のもとで可能になる。
　そういった、学校の教室の状況を、教員がどのようにつくり出しているのか、それに対して児童・生徒の一人ひとりがどのように振る舞っているのか、これらをつぶさに観察することが教育実習の目的の一つである。

（2）「学校」という空間で職場体験をする
　学校の教員は、クラスの仕事としては、プリントや教材の作成、児童・生徒の提出物の確認や採点・コメントの記入、成績の処理、保護者へのお便りの作成、教室の空間整備、給食指導や下校の指導など、さまざまな作業がある。また学校全体の仕事として、交通指導、地域の懇談会への参加、行事の準備など、教職員が協力して行う。教員集団が組織的に多くの児童・生徒を保護者から預かって行っているのが学校教育であるから、授業以外のさまざまな業務がある。これを実践することも教育実習の貴重な機会である。教室以外に、職員室、印刷室、保健室、体育館、図書室、給食室、多目的教室、校庭、などさまざまな設備があるが、これらに対する理解も、貴重な実習期間に可能となる。このように職場体験としての実習という側面も大きい。

（3）教職への意欲を高める
　学校という空間で正規の授業時間に授業をさせていただき、児童・生徒や保護者からは「先生」と呼ばれる体験の中で、子どもが自分を信頼していろいろな質問をしてくれたり子どもの成長を垣間見ることができたりするのも教育実習である。
　教員の中には、教職課程を選択して大学進学をしたときには、そこまで明確に「教師になりたい」とは考えていなかったが、教育実習に行くことで「自分は教師になりたいと強く考えるようになった」という者もいる。これは、ひとえに、子どもに授業をする体験から、教職という職業への魅力を強く感じることができたからにほかならない。
　それまでなりたいと考えていた者は、ますますその意欲を高めることになるし、気持ちが萎えかけていたものは、意を新たにすることになるだろう。

（4）それまで学んだ教職課程の実践と研究をし、学習指導の技術の習得をする

教科書や大学の講義で学んだ理論や演習を実践することで、学習指導の技術を習得することも教育実習の目的である。実際に実習で可能な授業数はそれほど多いわけではないが、なにより「子どもを前にして行う授業」ということが大きい。

自分の教材研究や授業の組み立てが、実践でどこまで通用したのか、どの工夫を子どもは受け入れてくれて理解してくれたのか、そういったことをフィードバックして再び授業を組み立てるという体験をすることで、授業をするというのは、そもそも何にどのように力を入れて準備をしなくてはならないのか、また授業中は、それをどのように展開し、時にはどのように方針転換しなくてはならないのか、それは児童・生徒とのどのような関わり方で可能になるのか、そういったことを実感できるのが教育実習である。

（5）道徳や特別活動などの生徒指導の研究と実践

教科教育に比べて、道徳や特別活動は、学校やクラスの特徴が出やすい。このため、いかに児童・生徒の実情に合った内容や方法や進め方になっているかといったことが、実習中に学ぶべきことである。一人ひとりの児童・生徒が参加できるように、特徴を踏まえて、課題を捉えて、丁寧に進めていくことが求められる。

（6）家庭地域などの把握と理解

学校から見た家庭や地域は、地域住民の立場で見た各家庭や地域とは異なる。学校にわが子を預けている保護者の立場や、地域に生活して共存していかなくてはならない地域住民の立場など、学校が成り立つには、さまざまな立場の人を理解することが重要である。各家庭もさまざまな事情を抱えて生活しているということをしっかりと理解しなくてはならないし、場合によっては実習生が保護者と対する場面もあるかもしれない。自分が子を持つ親の立場として考えて、謙虚に対応することの重要性を十分理解することが求められる。

これら、さまざまな目的が教育実習にはある。実習後はそれぞれの目的が達

成できたかを改めて振り返ることで、実習後の自らの課題を発見することにもつながる。

3．教育実習の心得

　実習における授業は、通常の学校の授業である。児童・生徒が学習しなくてはならないカリキュラムの一部を、担当教員に代わって教えさせていただく。このことがいかに重大なことかは、医師などの他の業種で考えてみればわかりやすいだろう。実習生といえども児童・生徒や保護者からすれば「先生」である。このことの重みを自覚しなくてはならない。先生が児童・生徒に与える影響は大きいということを自覚してほしい。このため、授業はもとより、実習中は細心の注意を払って臨む必要があり、そのために心得ておかなくてはならないことも数多くある。大学、各実習校の注意事項を遵守し、積極的かつ慎重に行動しなくてはならない。

（1）一般的な心得
　1）健康管理
　実習中は、生活リズムが変化する。起床の時間から活動時間、睡眠時間まで、それまでの学生生活とはガラリと変化する。精神的にも非常に緊張するし、ストレスもたまりやすい。このため体調を崩してしまうことのないように、睡眠や食生活のリズムやバランスなどに注意を払う必要がある。万一体調を崩してしまうと、実習先の児童生徒や教職員に多大な迷惑をかけてしまうことになる。
　2）挨拶励行
　社会人として、さまざまな場面での挨拶は、人間関係や仕事をスムーズに運ぶために必要な儀式である。また児童生徒への教育活動でもある。出・退勤時、入室退室時、不意にすれ違った時など、日常のさまざまな場面で、教職員、児童生徒、保護者、地域の方々などとの挨拶を心がけることが、教育的にも社会的にも求められる。

3）服装

　服装や頭髪などの身だしなみといった見た目の印象も重要である。清潔、さわやか、派手でなく質素といったイメージが、児童からも保護者からも求められる。また、動きやすく機能的な服装であることも重要である。教室での活動、運動場での活動など、場面に応じた服装に心がけることも大切である。

　金属のアクセサリーは、児童・生徒を傷つける恐れがある、また華美な服装は学習の場にはふさわしくないと考えられるため慎むべきである。香水や頭髪の無駄な染髪、男子の長髪なども同様である。

（2）勤務上の心得

1）出勤と退勤

　教育実習は、就職における勤務と同様である。このため、欠席することは個人的な事情であってもことは社会的な問題に及ぶ。無断に休むことが認められないのはもちろんのこと、可能な限り休むことがないように体調その他を整えることが重要である。とはいえ、病気や事故など不測の事態でやむを得ず欠席や遅刻をすることはありうる。その場合は決められた方法に従って速やかに連絡することが重要である。

　通常の社会人が勤務している状況とは異なるので、指定の勤務時間より早く出勤して準備に努め、児童・生徒との交流を余裕を持って行えるようにする。また勤務終了後は指導教諭の指示を受けて下校の確認をしたり、翌日の確認をして、挨拶をした上で退出する。

2）勤務

　実習生は、実習校の服務規則に従い、学校長や教務主任、指導教諭の指導に従い勤務しなければならない。「教育実習記録」に日々の活動を記録して、指導教諭の指示を仰ぐようにする。勤務中は勝手に実習校を離れてはならない。常に報告、連絡、相談を心がけ、自分の勝手な判断で行動することのないように心がけなければならない。

（3）指導上の心得
　1）言葉遣い
　丁寧な言葉遣いを心がけて授業を行う。また普段から明るい挨拶はもとより、丁寧な言葉遣いを心がける。また、児童・生徒の発達段階に応じて、言葉の難易度、スピードや話し方などを工夫して、相手に伝わりやすい的確な言葉を用いるように心がける。
　2）授業
　授業観察をする時は事前に指導教諭および各授業担当者に許可を得るようにする。授業中は妨げとならないように配慮して見学させていただく。その際、単に見せていただいているというのではなく、自ら学び取る姿勢で臨むことが大切である。
　自分の授業に際しては、教材研究や板書計画などを入念に行い、指導教諭との十分な打ち合わせや練習などを経てから臨まなければならない。また板書などの文字も筆順なども含めて正確に書くことができるように心がける。授業終了後に参観者からの助言を必ずもらい、次からの授業実践の課題とする。
　3）児童生徒に対する態度
　公平に親しみを持って、児童生徒の立場となって接することが大切である。自分の判断では上手く対応できないと思ったら、遠慮することなく指導教諭の指示を仰いで対応するようにする。
　4）その他
　教員としての守秘義務を遵守し、校外で個人的に接することなどがないようにする。校外での私生活でも倫理的な行動に努めることが求められる。

4．教育実習の流れと手続き

　教育実習は、まず自分を受け入れてくれる実習校にお願いに行くことから始まる。通常は前年度の概ね夏までに連絡をして、次年度のどの時期に行くかなどを先方の学校の都合などをお聞きしながら打ち合わせをする。学校によっては、この段階で一度事前訪問をして打ち合わせをする場合もある。実は、この

段階ですでに実習は始まっている。なぜなら、電話のやり取りや実習校への訪問の中で、児童や生徒として通っていた「サービスを受ける立場としての学校」ではなく、社会的存在としての学校に触れるからである。そうして実習に行く年度になると、早い時期に改めて連絡をしたり挨拶をしたりして、使用する教科書や担当学年などを確認する。また大学では「教育実習事前事後指導」を受けることになる。

（1）事前指導

「事前指導」の目的は、教育実習の目的をはっきりとさせ、実習に備えて必要な準備をして、効果的な実習となるようにすることである。

そのために、本章でも述べている、意義や目的や心得を理解したり、それまでの講義の内容である児童の心理や各教科の教材研究、発問や板書などに工夫した模擬授業、観察の方法や指導案の立案、実習に際しての心構えや準備などが考えられる。

その上で実習に行く前の週などに、持ち物や受け持つ教科や単元などの最終的な打ち合わせのための訪問をして、いよいよ実習が始まる。

（2）実習

実習中は担当の指導教諭や管理職の先生の指導を受けながら、実習は進んでいく。主に実習前半は校務分掌や学校での業務の理解と参加をすることで、学校という機関の仕組みを知ることとなる。また、他の教員の授業観察をすることで、「教える技術」を目の当たりにして、自らの授業の参考とする。またクラスに入り、朝の会や帰りの会などに積極的に参加して、関係を築くことも重要である。

2週目や3週目になると、授業を担当することも出てくる。このための準備や打ち合わせは特に入念にする必要がある。教材研究や指導案の作成などを丁寧に行う。また各種の学校行事や学級活動への参加ももちろん重要である。

この間の日々の様子は、実習日誌にできるだけ細かく記録して、指導教諭に指導を仰ぎ、アドバイスを求めることで翌日の実習をより充実したものにする

ことが重要である。

（3）事後指導

　実習が終わると、事後指導が待っている。これは、自らの実習を振り返り、反省するための機会であることはもちろんのこと、他の実習生がそれぞれどのような学校でどのような体験をしてきたかをお互いに情報交換して共有することも目的の一つである。それまで大学で学んできたさまざまな知識や技術をもとに行った実習で、さまざまなことを学び、その結果、教育観、学校観、子ども観などの変化があるはずである。座学と実習の違いは、言葉では言い尽くせない。その言い尽くせないなりの要素を他の実習生と共有することもまた重要である。

　このため実習記録を整理したりレポートを作成したりする。また学生同士で発表したりディスカッションをしたりする。そうして、今後の学習課題なども明らかにして、ようやく教育実習が完結する。

5．教育実習の内容と方法

（1）事前学習

　教育実習は、言わば試合である。試合であれば勝つことを目標にして、相手チームの研究をし、自らのコンディションを整えて試合に臨むだろう。事前のトレーニングはもちろん、自分の苦手な部分をビデオ分析したり、うまいプレイヤーのビデオを見たり、うまい人に教えてもらったりするはずである。そうして十分な準備をしても、勝てない場合があるのが試合である。

　教育実習も同様で、教育実習に赴くに当たって、事前に十分な準備をしていないと、折角の実習期間の意味が半減してしまう。十分な準備をするためには、直前に準備を開始したのでは遅すぎる。事前指導の段階で、すでに準備期間は始まっているといってもよい。準備中にわからないことが出てきた場合でも、実習前であれば、足りない資料を探すことも、大学でいろいろとたずねることも可能だが、実習に行ってしまってからでは、それも難しい。

事前の準備をしっかり行った上で担当の先生の授業を観察すれば、その先生がどのような工夫をしているのかがよりいっそう理解できるし、その後の自分の授業を組み立てることにもつながる。だから、まずは事前の準備が大切なのである。
　この場合の必要な準備とは、まずは自分が赴く期間に行われる授業内容について十分に理解しておくことである。一つの事を教えるには、その背景にある十の事を理解していないと教えられない。その単元は何を教えることが目的なのか、それまでにどのような学習がすでになされているのか、どれだけのことを、どれだけの時間使って、どのような教材を使いながら教えるのか、それらの事をあらかじめよく理解しておくことが必要である。
　そのために、まずは指導要領や教科書をよく読み込むことが重要である。自分が習う立場になって考えてみたり、教える立場になって考えてみたり、模擬授業をしてみたり、いろいろな角度からその単元を眺めることで、より深く理解することが可能となる。自分が十分理解できていないことには、実習は始まらないので、この準備段階をまずは念入りに行うことが大切である。

（2）授業観察
　実習先は日々の教育活動が実際に行われている「学校」である。そこで起きたことすべてが、学校教育である。したがって、まずはどんなことが行われているかを詳細に観察して、それを記録することで、多くのことが学べる。先生は無意識にしていることでも、そこには長年培われてきたさまざまな工夫があるはずである。
　では観察するとき、何を観察すればよいのだろうか。ここでは、ビデオカメラが撮影するように、事実を淡々と記録していくということではなく、教育的に工夫されていると感じたことを記録していく必要がある。そのためには自分の中に観察者としての「視点」が必要となる。大雑把に言えば教育的なコミュニケーションで大切なのは、自分が言いたいことを言うことではなく、相手に伝わる言い方をすることである。相手に伝わるにはどうすればよいのか、伝わりにくいのはなぜなのか、どのように工夫することで伝わりやすくなるのか、

そもそも今伝えたいのは何なのか、といったことを教師は考える。

その結果が、どのような順番で話をするか、言葉遣いや間の取り方はどうするか、いろいろな児童・生徒に対応するための配慮はどうか、挙手をさせるかどうか、児童・生徒の発言にどのような反応を返すのか、予想どおりに行動しないときにどのように対処するのか、といった行動に現れる。もちろん、それらの工夫はうまくいく場合もあればいかない場合もあるので、その時の児童・生徒の反応も記録しておくことが大切である。

このような行動や発言を簡潔に記録するにはトレーニングが必要で、最初はとても難しいかもしれない。後で自分が読んでわかるように書いておくことが、自分の財産になる。実習に行く前に、何度かトレーニングをしてみるとよい。

授業の他にも学校では、朝の会や帰りの会、給食や掃除の時間など児童・生徒と接している時間はいろいろある。ここでも、どのような声をかけ、コミュニケーションをしているのかを観察することが必要となる。また、機会があれば他の実習生の授業を観察することもお互いの勉強になる。児童・生徒の立場になって、わかりやすい授業かどうかを観察して、自分の研究授業に生かすことを心がけることが良い実習のために必要である。

（3）参加

教育実習でいきなり授業を任せられることはない。まずは児童・生徒と接することから始まる。朝の会や帰りの会で自己紹介をしたり、休み時間に一緒に遊んだり、給食を一緒に食べたり、掃除をしたり、クラブ活動などに参加したり、学校生活のいろいろな場面で、児童・生徒とコミュニケーションをとり、共同作業をする。その中で自分自身も少しずつ、学校の生活リズムを身につけ、いろいろなことを覚えていくことが可能となる。

児童・生徒は教育実習生にとても興味を持っている。日常の授業が行われている日々とは異なるイベントなので、これはある意味当然である。だからどのように接していくかは、その後の実習生活に大きく影響する。

何でも積極的に参加することが大切だが、自分は目の前の児童・生徒たちにとっては「教師」の側だという意識を持って、どのような関わり方をするのが

良いかを常に考えることも必要である。自分のことをいろいろと話したり、自分の特技を見せたりといった、フレンドリーな態度も必要だが、馴れ合いすぎないという自分に対する厳しさも必要である。

　軽はずみな行動は厳に慎まなくてはならない。常に誠実に行動することも求められる。何をするにしても独りよがりにならないで指導教諭とのコミュニケーションを大切にすることで、有意義な実習となる。はじめてのことなので失敗することもあるが、そういう時は指導教諭に相談をして指示を仰ぐことである。最初のうちは参加をすることが不安かもしれないが、こちらが熱意を持って誠実に行動すれば、また万一うまくいかないことがあっても、次はうまくいくと思い直してトライすれば、次第に良い結果を残せるようになるはずである。うまくいかないときには、指導教諭に相談すれば、アドバイスをいただけると思うので、それに従っていろいろな方法を試して、チャレンジすることが大切である。

（4）授業
　授業の実施は、教育実習の期間中もっとも緊張する時間かもしれない。自分が教壇に立ち、目の前の児童・生徒に授業をするのであるからそれは当然である。自分が担当させていただく授業が決まったら、早めに指導教諭と相談し、授業をどのように組み立てるのか、自分の考えを指導案にまとめて、事前の打ち合わせをしなくてはならない。必要な教材があれば、これも早めに用意しなくてはならない。

　板書の計画、プリントの配布のタイミングや順番、児童・生徒に考えさせる時間はどの程度が適当なのか、全体の時間配分など、授業の隅々にまで気を配って指導案を作成することで、自分が伝えたいことが伝わりやすい授業になる。指導教諭にいろいろと質問してアドバイスをいただくことも大切である。

　一を教えるときに十を知っておかないと教えられないと言ったが、ありがちな失敗は、一を教えなくてはならない場面で十しゃべってしまうということである。たくさんのことを伝えすぎて授業が盛りだくさんになると、聞いた側は消化不良で理解できないまま終わる。何を教えるべきなのか、ポイントはどこ

にあるのか、児童・生徒の心にしみ込むのにどの程度の時間が必要なのかなど、いろいろなことを考えなくてはならない。放課後の教室で喋ってみたり、他の実習生がいたら聞いてもらったり、事前に練習をしておくとよいだろう。

　授業の本番は、自信を持って堂々と行うことが大切である。自分が不安な様子だと、それは教室内に広がるからである。そして、あせらずに、最初はゆっくり、そしてはっきりと話すことで、児童・生徒も実習生のつくりだそうとする世界へと入っていける。しゃべる時は前を向いて、教室の隅々にまで視線を配るなどの工夫をすると、より伝わりやすい。そしてすべての児童・生徒に配慮することが大切である。

（5）事後学習
　授業を終えたら、自分の授業が果たしてうまくできたのかどうかを具体的に反省することが大切である。事前の準備どおりにできたことと、できなかったこと、準備したけど使えなかったものはないか、予定通りにしゃべれたかなど、まずは自分が授業を行えたかどうかを指導案を見ながら振り返って確認しておくことである。続いて、はたして児童・生徒が自分の授業でどれだけの理解をしたのかも確認することが必要である。
　指導教諭のアドバイスはもっとも貴重なものである。その日の授業がどうだったかを時間をかけて聞き、それをメモしておくことである。そして、それをどうすればより良くなるのかを考えて、直せる所は次に生かすことが大事である。短い実習期間だが、一回ごとに良い反省をすることで、毎回毎回、新しい発見と成長が期待できる。
　他の実習生が見てくれていたら、感想をもらうと参考になる。どこが良くてどこが悪かったのか、どこをどうすれば、より良くなるかなどを聞いてメモをしておくことである。そして二度目の授業では、それらの問題点を生かすために、どのような準備をすればよいのか、また、自分の中に足りないものはどのようにすれば補えるのか、指導教諭の指示を仰いだり、自分でいろいろ考えたりして、より良い授業になるように考えれば、実りのある実習となるであろう。

6．実習のまとめ

すべての実習が終わったら、大きな達成感を抱きほっと一息つくだろう。しかし、記憶の新しいうちに、反省をまとめて教育実習事後指導に向けての資料作りをしなくてはならない。

まずは日々の日誌を見返して、4週間の出来事を思い出してみることである。おそらく4週間前のことになると、たとえ日誌を見たとしても細かいことは忘れてしまっているだろう。そこで毎週週末にはそのつどまとめをしておくことで、全体の振り返りもしっかりとすることができる。毎日の行動だけではなく、自らの気持ちや感じたことなども細かく記録しておくことで、4週間の自分の変化と成長と不足しているものを自覚することが可能となる。また指導教諭に言われたことや他の実習生からの意見や感想もこまめに記録しておけば、それは貴重な財産である。

そうして記録した日誌をもとに、4週間の実習を振り返り、あの時の自分には何が足りなかったのか、どうすればより良い実習をすることができたのかを考えよう。これは研究授業だけではなく、日々の生活や、児童・生徒と触れ合う中での出来事すべてについて考えてみることが大切である。

① どの子にもきちんと接することができたか。

　一人ひとりの名前を覚えて、どの子にも等しく接することができたか。良いことがあれば褒めて、ダメなことがあればきちんと叱ることができたか。

② 掃除や給食やクラブ活動や休み時間などでもよい関わりが持てたか。

　授業以外の時間にも児童・生徒と積極的に関わったか。教室以外の図書室や校庭など、校内のいろいろな場所に行ってみたか。

③ 積極的に行動できたか。

　言われることをするだけではなく、言われないことでも進んでしたか。自分からいろいろな提案をしてみたか。

④ 授業の教材研究ができていたか。

　自分が担当する授業の教材を穴があくほど読み込んで、十分な準備ができ

たか。失敗しても、きちんとフォローができたか。
⑤　必要な資料を作ったり学級経営上のさまざまな事務作業ができたか。
　プリント作成、答案採点、出席簿管理など、事務作業を正確かつ迅速に行えたか。
⑥　コミュニケーションがきちんと取れたか。
　指導教諭と十分なコミュニケーションが取れたか。児童・生徒ときちんとコミュニケーションが取れたか。学校の他の先生方や保護者の方々とコミュニケーションが取れたか。
⑦　時間をきちんと守れたか。

　これらのことを事前にしなくてはならないと自覚をしてから実習に赴いても、いざ実習が始まると、勝手の分からないことばかりで、時間に追われながらの作業になる。そのためどうしてもできずに終わってしまうことが出てくる。しかし、4週間の間に少しずつできるようになっていき、実習期間の最後の週には、かなりのことができるようになっていることが望ましい。
　そこで、自分がまずまず予定通りできたことと、あまりできなかったこと、それぞれについて、自分なりの分析をしてみることが大切なのである。できなかったことは「なぜ、できなかったのか」「どうすればできたのか」できたことについても、「どうすればもっと良くなるのか」、そういったことをきちんとノートにまとめて、事後指導に臨むことで、意味のある実習となるのである。

学習課題

（1）あなた自身が、実習に赴くに当たって、不十分だと思われる能力は何かを箇条書きにまとめなさい。
（2）その克服のためには、どのような努力をすればよいでしょうか。実習に赴くまでと、実習中、実習後に分けてその工夫を考えなさい。

【参考文献】
山﨑英則編著『教育実習完全ガイド』ミネルヴァ書房，2004.5

第10章

教員採用試験

　教員採用試験は、教職を志す貴方たちがその夢を叶えるためにどうしても突破しなければならない関門である。第10章では、
① 教員採用試験の概略
② 教員採用試験の特徴
③ 教員採用試験が求めている人物像
④ 教員採用試験に合格する人とは
⑤ 教員採用試験に合格するためにすべきこと
といった内容を述べ、この関門を突破するためにいったいどのような資質・能力、そして努力が求められるのかを具体的に述べている。第1章とあわせて、これらの内容が大学4年間における自分磨きの力となることを祈っている。
　教員になるためには自分を磨かなければならない。と同時に、自分を磨かなければよりよく生きることはできない。第1章と本章が、自らの人生を確かに、豊かに生きるための参考になればこの上ない喜びである。

1．本章の目的

　教員採用試験は、教職を志す貴方たちがその夢を叶えるためにどうしても突破しなければならない関門である。この章では、大学で教員採用試験支援に関わり、開学4年目の初の教員採用試験挑戦で14名の公立現役合格者（高等学校体育、英語を含む）、7名の私学合格者（高等学校6名、小学校1名）を生み出した筆者の経験を基に、教員採用試験について貴方たちに役立つ話を語ることにする。
　ここで語る内容は、以下の通りである。
① 教員採用試験の概略
　　教員採用試験の概略を述べる。詳しくは各大学の教職センター、各受験雑誌で確認すること。この手の情報は、最新情報をその都度受験雑誌やインターネット等で確認し、入手しなければならないからである。自ら情報を常に進んで獲得する姿勢と意欲が大切となる。詳細な情報はそれらに譲り、本章では教員採用試験にとって絶対に求められるあり方、それに関わって持っておくべき情報、合格の秘訣となる自分磨きにとって大切な、伝えるべき情報を述べる。
② 教員採用試験の特徴
③ 教員採用試験が求めている人物像
④ 教員採用試験に合格する人とは
⑤ 教員採用試験に合格するためにすべきこと

　これらのことを語るのは、貴方たちを教員採用試験に合格させたいからだけではない。そもそも教師は、第1章で語ったように、人間性を養うために自らを磨こうとする強い思いがなければなるべきではない職業である。目の前に貴方たちがいれば、一人ひとりに「貴方は大丈夫」「貴方はここをこう直しなさい」「貴方は今のままの姿勢では無理」とコメントを加えることができるが、それは叶わない。そこで、それを自問自答し、思考、判断してもらうために、やり方だけでなくあり方を重視して語る。貴方が本気で教員になりたいとして、

そのために自分磨きをどのようにすればよいのかを考えてもらうために語る。それが最も真摯な貴方との向き合い方であると考えるからである。

本章の大きなねらいの一つは、教員になる決意を持った貴方に、教員にとって必要な「自分磨き」に挑戦してもらうことである。

2. 我々の可能性——適応力——

人の最もすぐれた能力は何か。

それは自分自身を環境や条件に適応させることができる能力にある。

いくら人間界で一番足が速くとも、その人はチータの速さには遠く及ばない。いくら人間界で一番力が強くとも、熊の力にはかなわない。そんな人間に備わった、他の生物にはない極めて優れた能力とは何なのか。それは、自らを育て、自らを変容させていく学習能力である。

その能力がいかに突出したものであったかを考えてみよう。我々のご先祖様は、猿であった。つまり、我々のご先祖様は猿から人間になった。長い時間をかけ、猿から人間になった。長い時間をかけて猿から人間になるという、極めて長期にわたる自己変革、自己変容の能力。猿から人間という、その質的変化の大きさ。「ダーウィンの進化論」を持ち出されるとわかったような気になるが、その類い希なる変化、変容の力。我々はそのDNAを受け継いでいる。そのDNAを、貴方たちは間違いなく持っている。

ある猿が木から下り、二本足で立ち、自由になった手で道具を作り、それらのすべてが脳に大いなる刺激と発達を与えた。それを受けて人間は、言葉を獲得し、文字を獲得し、文明、文化を開き、今に至るといわれている。エンゲルスは、有名な『猿が人間化するにあたっての労働の役割』の中で、猿から人間に変わる過程において労働が果たした役割を述べている。我々のご先祖様が強い獣に追われ海に逃げ、海の中で二本足になりやすくなり、その後地面でも二本足になったという話もある。

それにしても、「なぜ、ご先祖様は地面に下りて二本足で立とうとしたのか」。海の中で二本足に慣れたからといっても、地面の上で「なぜ二本足になろうと

したのか」。さらに、「なぜ、人間になれたのか」。

　さまざま自問自答した。「捕りたい獲物がいたから」「たまたま立った」「上手に下りた仲間がいたから」などと、いろいろ考えた。しかし、捕りたい獲物がいるなら普段自分が使っている四本足歩行の方が有利かもしれない。たまたま立ったのなら、また元の四本足歩行に戻るはずである。上手に下りた仲間がいたのなら、問題はその上手に下りた仲間はなぜ二本足で歩こうと思ったのかになる。自問自答の末、自分が納得した自分の答えは、何であったか。

　それは、「二本足で立つと決めたから」という答えであった。

　「二本足で立つと決めたから」といっても、その時点ではご先祖様は言葉を獲得していない。ご先祖様の思いを今の筆者が想像し、代弁しての話である。言葉は獲得できていないが、言葉にならないご先祖様の意志がそこにはあった。木から下りるということは、木からたまたま下りたり、木から下りざるをえない出来事に遭遇して下りたりしたのかもしれない。しかし、二足歩行は、ご先祖様の「二本足で立つ」という意志によって決断された。だからその後ご先祖様は、試行錯誤はあったであろうが、二度と四本足歩行には戻らなかった。ご先祖様は「二本足で立つと決めた」のである。

　ご先祖様は、「二本足で立つと決めた」から立った。この答えに辿り着いたとき、後者の自問である「なぜ、人間になれたのか」の答えも見えてきた。

　「なぜ、人間になれたのか」という疑問は、筆者が次のように考えていたために生まれた。木から下りた猿は、ご先祖様だけではなかったであろう。ご先祖様と同じように木から下りたものの、人間になれなかった、人間にならなかった猿もいたはずである。二本足で立った猿も、ご先祖様だけではなかったのではないか。二本足になっても、複雑な道具を作ろうと思わなかった猿がいたのではないかと。つまり、途中までは進めても人間になれなかった猿と、人間になったご先祖様との違いがある。その違いは何であったのかという疑問が、「なぜ、人間になれたのか」という疑問である。

　他にも木から下りた猿、二本足になった猿はいたかもしれない。しかし、彼らは人間になれなかった。人間になれたのは二足歩行を行おうという意志を持った何種類かの猿だけだった。その猿たちが、各民族のご先祖様にあたる。そ

う、意志があったからこそ、ご先祖様は人間になれた。いや、意志がなければ、ご先祖様も人間になれなかったかもしれない。前を向いて生きよう、明日に向かって生きよう、そう強い意志を持って生きたご先祖様だけが猿から人間になれた。つまり、人間の持つ適応力は、意志の力があって初めて発動する。

　ちなみに二足歩行といえば、かの有名な肉食恐竜ティラノザウルスも二足歩行である。しかし、ティラノザウルスは、自由になった手が発達するどころか退化し、脳ではなく顎や牙、口が発達した。ティラノザウルスと並べて語っては申し訳ない気もするが、二足歩行を始めた猿のうちにも自由になった手を活用できない猿もいた。道具を作れなかった猿もいた。言葉を獲得できない猿もいた。しかし、我々のご先祖様は、そのすべてを自らの生きる力でクリアした。この類い希なる適応力。自らの姿を猿から人間に変えてしまうほどのその力の強大さ。貴方たちは、そのDNAを受け継いでいる。凄まじい適応力を確かに受け継いだ「人」なのである。他の生物に比べると強大とも言えるその大きな力を自覚してほしい。その力を活かし、磨いてほしい。そのためには、決意することが肝心である。強い意志がなければ貴方たちの適応力、成長力は発動しないのである。

　自らを鍛え、成長させようと思えるかどうかが大きな勝負のポイントである。見事その決意ができたのなら、その決意にふさわしい艱難辛苦、要するに苦労を自ら買って出て、失敗を重ね、それでも生きて、生きて、生き抜くことである。生き抜いた先には、間違いなく見違えるように成長した自分がいる。

　未来とは、苦労することである。

　未来とは、失敗することである。

　未来とは、失敗から学ぶことである。

　未来とは、前向きに強く生きようと決意することである。

　人が持つ他の生物には及びもつかない強大な能力である適応力を、貴方の意志によって発動させてほしい。自分磨きの道を進んでほしい。

3．教員採用試験とは

（1）教員採用試験で自らの成長を

　教員採用試験を知り、教員採用試験について自ら考えることは、貴方たちが自分を考え、自分と対話する絶好の機会になる。一人前の教師になるために何が求められ、何を身に付けなければならないのかを考えていけば、貴方たちは今の自分が獲得できているものと獲得できていないものとがあることに気づく。

　教員採用試験の願書の「自己PR」を書くだけでも、貴方たちは、自分の獲得した長所や成長、今の自分を生み出したきっかけや出会いなどを自分と対話しながら探し、自分のこれまでの人生を振り返らなければならなくなる。振り返らなければ願書の「自己PR」が埋められないだけでなく、面接で試験官の質問に答え、自分を語ることもできない。

　つまり、教員採用試験に向けた準備は、そのまま自分磨きの作業になる。だからこそ願う。その機会を通して、存分に自分と対話し、それを生かして自分の成長の場にしてほしいと。教員採用試験に向けた準備で成長し、教員採用試験受験そのものでまた成長してほしい。筆者はそれを強く願っている。

（2）所変われば品変わる

　教員採用試験とは、各都道府県教育委員会、政令指定都市教育委員会が行う採用試験のことである。全国で70を超える公立学校教員採用試験が行われている。

　その多くは、1次試験合格者が2次試験に進み、2次試験に合格すると採用内定通知、もしくは名簿登載通知をいただけるというシステムである。「その多く」という曖昧な言い方をしなければならないところに教員採用試験の特徴がある。

　教員採用試験は、「所変われば品変わる」である。つまり、全国で共通している部分と、受験先によって大いに異なる部分とで構成されているのである。

したがって、自分の志望先の教員採用試験の分析は大変重要となる。分析するためには、早期に受験先を決めることが重要となる。

内容は実施教育委員会によって異なると述べたが、それを「模擬授業」で紹介してみよう。

受験生の授業力と採用後の教員としての将来性を見るために、今では、教員採用試験で「模擬授業」が実施されることは当たり前となってきた。この「模擬授業」では、受験先によって、あらかじめ教科や単元を受験生に知らせているところといないところ、単元指導計画を書かなければならないところと書かなくてよいところ、その単元指導計画を提出するところとしないところと、多くの違いがある。さらに、違いはそれだけにとどまらない。「模擬授業」までの準備時間も、長いところは80分、短いところは何と3分というほど、その差は大きい。模擬授業そのものの実施時間は、8分前後が一般的であるが、中には10分、あるいは3分半のところもある。ここでも違いは大きい。

(3) 複数受験を——受験生の覚悟——

したがって、合格を本気で目指すならば、受験先の傾向を徹底的に調べる必要が生まれる。そのため、3年の後期には自分の受験先を決めておくべきである。また、受験は最低でも2カ所、基本は3カ所受験である。しかし、そう言っても1カ所しか受験しない人がいる。

教員採用試験をたった1つしか受験しないという受験生は、そのほとんどが「地元で教員になりたいので」と言う。「地元で教員にならなければならない。他では教員になれない」理由がある人は別である。例えば、家族の介護、自身の障害等の問題である。しかし、そうではなくただの地元志向、地元がよい、親元がよいというのは、2カ所、3カ所の受験をする受験生も、思いでは同じである。誰しも、自分が生まれ育った地元には愛着がある。家族もいる。しかし、「地元で教員になりたい」の根本は、まず「教員になりたい」という思いなのではなかろうか。「地元でなければ教員にならない」「地元でなければ教員にならなくてもよい」という気持ちでいるならば、教員にはならない方がよいかもしれない。それほど教員には覚悟が求められる。

「私は子どものことが好きだから教員を目指します」と話す人がいる。その発言を悪いとは思わない。しかし、筆者の場合、この話にあまり心は動かされない。その人は、子どもの素敵な面、可愛い面だけを見て好きだと言っているのではないかと心配になるからである。素敵でない面、可愛くない面、大変な面、手のかかる面を見たり、大変な親や手のかかる親に直面したりしたときに、その思いが崩壊してしまうのではないかと心配になる。

　求められるのは、どんなことがあっても教員になるという覚悟である。教員になってからは、這いつくばってでも頑張り抜く、耐え抜くという覚悟である。「地元で教員になりたい」の根本に「教員になる」という強い意志がなく、「地元でなければ教員にはならない」という程度の覚悟しかないのであれば、教員として現場に立った時に崩壊する危険性も否定できない。「教員にはならない方がよいかもしれない」と先ほど述べたのはそういう意味においてである。

　要するに、本気で教員になりたいのであれば、事情なき1カ所のみ受験は、信念ではなく無謀である。無計画、思慮不足と言ってもよい。出身地、関西、関東で見ていけば、たいていの人は試験日がぶつからずに3つの教育委員会を受験できる可能性が高い。教員になりたいのであれば、是非複数受験をすべきである。

（3）小学校免許取得を
　合格のためには、小学校の教員免許を取得し、小学校教員の教員採用試験を受験することである。余程の高い専門的能力がない限り、中学、高校の教員に現役で合格することは難しい。
　「余程の高い専門的能力」とは、例えば英語では、TOIECが700〜800点あるということである。推薦制度というものが教員採用試験にはあり、これを上手く活用するとペーパーテストや一次試験が免除される。しかし、個人が中・高保健体育で特別推薦をいただこうとすれば、自分の専門種目で個人種目なら日本一、団体種目なら全国制覇、もしくは準優勝をしたといった経歴が求められる。そこに、オリンピックに出場した、アジア大会に出場したといった人間が受験をする。「余程」と述べた意味がわかっていただけるであろう。

中学、高校の採用人数は、小学校に比べると少ない。それはそのまま常勤講師、非常勤講師に採用される可能性も厳しいことを意味している。自分の受験先には、すでに講師をしながら正規採用を目指して頑張る20代後半、30代の先輩たちがいる。その人たちは、今さら別の道に進むこともできない。結果、教員採用試験に合格できなかった人は次の年も講師に応募する。そこに新たな講師志望者が加わる。競争は激化するしかない。中学校の保健体育講師になろうと思えば、中学校にあるクラブのスポーツを専門にしているかいないかで分かれる。つまり、たとえ自分が懸命に努力をしてきても、マイナーなスポーツであれば講師採用にとっては力になりにくい。高校であれば全国的な実績があれば専門的にクラブの指導ができると評価され、講師にめでたく採用されることもある。

　中学校の教員になりたいのに、小学校の免許をとってどうするのだと思っている人もいるかもしれない。しかし今は、小中一貫教育が重要視される情勢である。小学校教員が中学校に移動するということは今後ますます増えていく。まずは、教員になることが先決である。そして、高校の教員になりたいと思っている人は、私学の受験も重要であることを最後に付け加えておく。

（4）神のみぞ知る――求められるのは最大限の努力――
　このような現実を知らないのに、ただ漠然と何の根拠もなく何とかなると思っている現役学生がいる。小学校免許を持たずに中学・高校の免許だけで自分の希望が実現するほど現実は甘くない。
　「人事」は「ひとごと」と書く。どうなるかを決定するのは、採用する教育委員会であり、そこの事情による。事情によって、どの校種、どの教科の免許を持っていることが有利になるかは変わる。どうなるかは神のみぞ知る領域といえる。しかし、実はこういう時にこそ、天命は下る。見えざる神の手が動き、懸命に努力したものが報われる。ただ、その報われ方は、世間の安直な物差しで測れるほど浅くない。思い通りでなかった結果が、実は自分の成長に最もつながったり、本意でない結果が、最高の人との出会いを生み出してくれたりする。未熟な人間は、目の前の結果を見て腐ったり、糠喜びをしたりする。値打

ちのある人間は、どんな局面におかれても、自分なりの最大限の努力を行う。その結果、努力する人は降りかかった困難を見事に自分なりに乗り越え、自分に降りかかった苦労をすべて自分が成長する契機にしてしまう。

　値打ちのある人生とは何か。

　それは、値打ちのある人が歩んだ人生のことを指す。

　その人の人生の歩みが素晴らしいのではない。その人の人生の歩み方が素晴らしいのである。その人が、自分の体験した現実や失敗から、懸命に学んでいることが素晴らしいのである。そういう人は、あらゆることから学び、素晴らしい人に成長する。そういう人になれば、体験したことに何一つ無駄なことなどないのである。

4．合格者から学ぶべきこと

（1）共通点

　教員採用試験の厳しい現実の中で、栄冠を手にした人がいる。自分磨きを行う上で自分のどこをどう磨けばよいのかということを考える上でも、合格者がどんな人たちであったのかを知ることは重要である。

　その人たち合格者はどんな人であったのか。

　「ある人は、○○に一心不乱に取り組んだ。来る日も来る日も休みなく練習に励んだ。それだけでなく、キャプテンとして創部まもない部の規律と団結を重んじ、そのために憎まれ役も買って出た。誤解も受けた。しかし、それでも任務を全うすることから逃げなかった」。

　この文章の○○が、柔道か、バレーボールか、ハンドボールかという違いがあるだけで、何人かの合格者には、見事な共通点があった。

　彼らは本当に努力家であり、責任感があり、自分の役割、任務を全うすることに誠実であった。

　部の練習においては率先して練習し、それだけでなく授業でも最前列で授業を受ける、授業を休まない、授業で居眠りしない、そして自らの言動を通して部の規律を創るという意志と決意にみなぎり、それらを実行していた。

しかし、今の時代、集団の中でそのようなまともなことを行うことは並大抵の苦労ではない。少子化、学校・教員の権威低下、規範意識の低下、行き過ぎた個人の尊重の中で、嫌なことはしなくてよい社会のシステムが存在する。その中で、耳の痛いことを言う人を今の若者は基本的に嫌う。しかし、みんなをリードしようとすれば、耳の痛いことは必ず言わなければならない。目標や方向、夢やビジョンを熱く語らなければならない。それをすると同世代からは、「うざい」「あつくるしい」といった表現を受けたり、そう思われて距離を置かれたりする。結果として、言われのない誤解を人から受ける。

　合格者の話を聴くと、これは希なことではないことがわかる。人は、そのことを恐れ、そのことがわかるから、わが身を群れの中に隠し、安楽、平和、静寂を保とうとしている傾向がある。

　リーダーとして人の前に立つポジションゆえに、人から特別な目線で見られることも多い。他の人のように、お気楽に群れの中に身を隠すような安楽な状態ではなかなかいられない。そういう中でも、合格者は時に誤解を受けてでも自分の責任を果たそうとし、その任務の中で苦しみ、葛藤し、任務放棄を囁く自分と戦い、誘惑に屈せず頑張り抜いた。彼らは、安易に流されず、苦労してわが身を磨いてきたから、成長できたのである。だから、教員採用試験に合格できた。信念とは、こういう苦しみの中でこそ、初めて育つものである。合格者は、そういう人たちであった。

　バレー部のキャプテンは、公立の教員採用試験には残念ながら合格できなかったが、その後私学の試験をいくつも受験し、見事高校体育教員として合格を勝ち取った。その粘り強さは、彼女の生きてきた人生そのものが磨いた力である。受験先の教育委員会からは、「残念ながら正規での採用はできませんでしたが、是非講師に来てください」というお声までいただいた。

（2）自分を磨く努力
　ある人は、教職センター・教員採用支援室の講座に必ず出席した。柔道部のハードな練習の合い間をぬって講座に出席した。授業の始まりに、その人しか出席していない時があった。その時、彼女は教職センター・教員採用支援室の

主事にこう言った。「先生、私一人だけでもどうぞ授業をしてください」と。そして講座が終わるとまた柔道の練習のために道場へ戻って行った。

ある人は、自分の専門的知識を獲得することに執念を燃やしていた。ニュージーランドに留学をし、その後日本で大学に編入しても英語力を磨くことを怠らなかった。自ら他大学の研究会にも入り、努力を続け、TOIECは895点を獲得するまでになった。そして、現役で高校英語の教員採用試験に合格した。

ある人は、学生生活の充実と教員採用試験に向けた学習を頑張った。開学間もない大学の初めての体育祭実行委員長を務め、教員採用試験合格を目指すグループ勉強会に積極的に参加した。彼女に模擬授業の指導をしたところ、その吸収の早さに驚いたが、それは本人の人と関わる能力の大きさによるところが大きい。彼女は、多くの人と積極的に関わりを持ち、その結果さまざまな体験ができていた。失敗も当然あったと思う。しかし、前向きで動じることのない強いハートと明るさ、元気さを兼ね備えた人であった。

(3) 合格に求められるもの

おわかりであろうか。

結論から述べれば、合格者は、人として成長する資質を持った人たちであった。その資質とは、努力、責任、不屈といえる。

次に続く貴方たちに、エールとして敢えて述べておきたい。

人としての姿勢ができている者が、合格できるのだということを。

すぐ文句や不平不満を言ったり、感じたりする者は、合格しないことを。

失敗と失敗を乗り越える体験があるから、合格できるのだということを。

みんなのために先頭に立とうとする者が、合格するのだということを。

頭の中で考えるだけで実行に移す努力をしなければ、合格に向けて進めないということを。

明るさ、前向きさ、謙虚さ、要するに人として「華」のある人が、合格できるのだということを。

そして、努力しないものは、絶対に合格できないということを。

5．教員採用試験が求める人物

（1）優秀な人物がほしい

　学校現場は、優秀な人物を求めている。

　優秀とは、受験学力の優秀さではない。人物としての優秀さである。立派な教員になる可能性を持っているという優秀さである。言い換えれば、子どもたちに確かな学力を育て、子どもたちと温かな人間関係をつくり、子どもたちと保護者から信頼を寄せられる担任が切実に欲しい。学校現場は、喉から手が出るほどそのような若者が欲しいのである。

　毎年のように学級崩壊を起こし、子どもたちの思いを理解できない、理解しようとしない教師も中にはいる。そういう教師は辞めさせるべきであると、多くの人が発言する。しかし、現実にはそう簡単に正規教員をクビにすることはできない。明確に述べると角が立つので誰もそうは言わないが、そういう教員が定年退職や早期退職をしたら、代わりに採用する教員は立派な教員になることができる若者を採用しようと、本心では考えている。確実にできる教育改革の改善策は、優秀な人物を教員に採用するということなのである。したがって、教育委員会の能力が高ければ高いほど、その教育委員会は必死で採用試験を改善し、効果的に成果が上がるよう実施しようとする。

　一度採用すれば、その人間には生涯賃金2億円程度を出費しなければならないと世間では言われている。対費用効果の点でも、各教育委員会は教員採用試験に必死で取り組む。そのため、教員採用試験は毎年改良が施され、進化してきている。

（2）どんな人物を採用したいのか――3つの強さと2つの力――

1）3つの強さ

　では、どんな人物を採用したいのか。受験要項には、さまざまな表現で教育委員会が求めている教師像が述べられている。受験先の教育委員会が求める教師像は、よく読んで理解しておかなければならない。キーワードは暗記できて

いて当たり前である。全国の要項を集めれば、本質的には同じ内容をさまざまな表現、切り口で受験生に訴えている。これらを筆者流にまとめてみよう。

教育委員会が求めている教師像とは、3つの「強さ」を持つ人物である。その3つとは、

① 身体の強さ
② 粘り強さ
③ 打たれ強さ

である。

① 身体の強さ

　今の教育現場は多忙を極めている。その中で、毎日毎日仕事をコンスタントにこなしていくには、まずもって健康でなければならない。何年もそのコンディションを維持するには、規則正しい生活を送ろうとする姿勢も重要になってくる。瞬間的な身体の強さもよいが、継続する身体の強さが必須である。

② 粘り強さ

　学校や教師に対する世間の風当たりは、「モンスターペアレンツ」という嫌な表現が生まれて以降は、ややましになった。マスコミも学校や教師に若干配慮する面が生まれている。しかし、それでも「まし」になった程度である。依然、厳しい視線がある。その中で保護者や地域の信頼を得るためには、口先だけでは無理である。継続的な指導、継続的な取り組みがあってこそ、なるほど普段言っている通りだ、さすがあの学校、あの先生だということになる。もともと教育は、カップラーメンやファーストフードとは対極にある、木を育てるような営みである。粘り強さなしに教育はできない。

③ 打たれ強さ

　教育には、簡単に導き出せる答えなど滅多にない。もちろん、鉄則といった注意事項はある。どんなことがあっても放してはならないものの見方もある。しかし、目の前の困難を解決できる絶対的で唯一の答えなど、滅多にない。そんな都合のよいものは存在しないと思う方がよい。

　直面する困難を解決に進めていける答えは、教師が自分の頭と心、信念と

分析によってよく考えた選択肢から、これなら後悔しない、間違いないというベターな選択肢を、主体的創造的に思考し、判断し、決定するものである。自分の頭と心の背丈が未熟な時には、視野が狭く、とらわれることも多く、結果として選択ミスや選択肢もれといった失敗はつきものである。むしろ失敗を覚悟すべきである。必ず失敗する。そう言えるほど、教育という営みは難しい。

　しかし、失敗がいけないのではない。いけないことは、失敗から学ばないことであり、失敗を恐れることである。人は自分が最も可愛いため、犯した失敗を責任転嫁したり、身勝手に失敗の大きさを割り引いたりして、自分の犯した失敗を直視できないことが多い。まず、5の失敗をしたら、5の失敗をしたと自分で正しく評価することが難しい。失敗を過小評価したり、過大評価したりすると、失敗から正しく学び切れない。特に失敗を過小評価をする人物は、人間としての伸び代が少ない。失敗を直視し、失敗から正しく学べる人は、優れた人なのである。

　失敗を恐れ、形だけを整え、保身に走ろうとする姿勢が教員に生まれてしまえば、教育の生命力は失われる。人は、愛情の中でしか育たない。しかし、保身は子どもたちへの愛情ではない。単なる自己防衛、組織防衛に走った姿である。

　失敗から学ぶことには勇気がいる。惨めな自分の姿を直視しなければならない。思い出すことがつらい出来事を分析の対象にしなければならない。迷惑をかけた人びとへの良心の呵責に耐えながら過ちを見直さなければならない。しかし、その一つひとつが自分を育てる。それは、間違いなく教員として学んでいることである。

　貴方たちが進む教職の道には、100点満点はない。その道では、人によって正答が違う。採点基準が違う。ある人が○をつける答えに、ある人は×をつける。人の意見を傾聴し、特に上司の意見を虚心坦懐で受け入れ、主体的に、自分で精一杯考えて、自分の答えを創らなければならない。自分で納得できるように、自分の論理を必死で、懸命に組み立てなければならない。この点で教員には、論理的思考力が求められる。屁理屈ではない論理の力である。

これだけ難しい教育の道であるのだから、貴方たちは開き直るべきである。開き直る覚悟が自分の力を発揮することになる。失敗せずに順調に前に進もうという考えを捨てればよい。「失敗せずに」という考えは、教育の道においては逆に自分の足を引っ張る危険性がある。子どもたちの成長のためには、自分が失敗や間違いに直面することがあると今から覚悟しておいた方がよい。大切なことは、失敗した時にそこから学ぼうとする自分の行動と思考である。これを間違わないようにして、失敗に直面したときには全神経を集中して、失敗や間違いから多くのことを学び切ることができるようにしてほしい。
　この点で、教員を目指す人物には、愚直さがいる。器用さは、反対に命取りになる。器用な人間は、その器用さを発揮してピンチを切り抜けようとする。切り抜けようとしている間、頭の中は自分のことでいっぱいになる。子どもたちのことを忘れてしまう。
　愚直な人はそうはならない。「愚直」の意味の通り、正直すぎて気がきかないほど、子どもたちの成長を目指す。教育の道の真ん中を歩く。目の前の障害物にぶつかろうとも、子どもたちの成長を握って放さない。「打たれ強さ」を自分に養うことができる人物は、愚直に努力できる人物といえる。
　器用であることを否定したいのではない。器用さに足下をすくわれないようにしてほしいのである。器用でなくても結構、真っ直ぐ子どもたちのために突き進む姿勢、どんなことがあってもブレないで進む姿勢が教員には求められることを、貴方たちには伝えたいのである。
　時々の風を読んで利口に世間を渡ろうとする人間は、教員としては大成しにくい。追い詰められることの多い教員の仕事では、小利口な人間は最終的に保身の誘惑に勝てず、自分を正当化するために、失敗を子どものせいにしたり、親のせいにしたり、人のせいにしたりする。愚直な人間は、現実とまっすぐ向き合い、誠心誠意、自分の至らないところ、自分の修正すべきところを検討しようとする。この差は大きい。
　「打たれ強さ」を身に付けるためには、一回の失敗で崩れてしまうような弱い自分にはならないことである。それでは、数多くの失敗を体験できない

からである。弱い自分をつくるということが、教師にとっては最も取り返しのつかない失敗の一つかもしれない。そうならないためには、一回目の失敗で必ず立ち上がることである。失敗したくない、失敗を避けたいと思うのは、人間なら誰しも同じである。それは、全世界共通である。したがって職場の先輩たちは、失敗したときの貴方の辛さをよくわかる。貴方が何も言わなくても、貴方の立ち直りを期待し、応援しようと貴方を見てくれている。不格好で構わない。でも、失敗からは立ち上がる。

　もし、どうしても自分の力で立ち上がることができないと思ったら、まず自分の失敗とそこから感じる自分の辛さを、正直に自分の言葉で誰かに語りなさい。きっと楽になれる。管理職の先生には、必ず聞いてもらいなさい。そのときの貴方は、初めの一言が口から出ずに震えているかもしれない。語るうちに涙が溢れるかもしれない。でも、語ることができれば、語った分だけ楽になる。自分のことを自分の言葉で語ったとき、語った分だけ貴方は強くなっている。その繰り返しの中で、貴方の強さは鍛えられる。

　失敗がいけないのではない。失敗を繰り返すことがいけないのである。失敗から学ぶことが、失敗を取り返すことにつながるのである。

　教員は打たれ強くなければならない。打たれ強さとは、失敗し、批判され、責任を指弾され、地面に叩きつけられても、それでも這い上がり、這いずり回ってでも前に進もうとする強さである。

　自分が打たれ弱いと思っている貴方、読んでいて心が苦しくなった貴方は、そう思い、そう感じるから自分が弱いと早合点してはならない。貴方の感性は貴重である。貴方の繊細さは、困っている子どもたちの思いを本当に理解する力になる。そう考えた上で、自分は苦労体験が少ないと考えるのなら、迷わず苦労体験を増やしなさい。

　部活動は、苦労を体験するという点で学び甲斐がある。一生懸命練習しても結果が出ない辛さがそこにはある。目標に向かって努力する自分、にもかかわらず伸びない自分、本番が迫り不安な自分、そういう自分との対話がそこにはある。ときに筋の通らないことを上から言われる。その不条理さがまたよい。世の中は、不条理に満ちているからである。この世の中で、不条理

が少ない場所は教室と家庭である。人によっては例外もあろうが、一般的にはそう述べて差し支えない。貴方たちは、その快適な教室から、不条理に満ちた世の中に旅立つのである。その人生の旅に備え、己を磨き、鍛えなければならない。

　部活動に入っていない貴方は、学校ボランティアに出ることである。学校現場で、教育実習とは違う、普段の学校で、積極的に子どもたちと関わり、そして学ぶ。失敗を恐れず積極的に動き、管理職や各主任の先生方の耳の痛い話を真剣に聞くことである。

2）2つの力

3つの強さは、教員に求められるものは何かという問いに対する答えでもあるが、教員採用試験を分析すると、以下のような2つの力が求められるともいえる。

① 　絆を結ぶ力（信頼関係を構築できる力）：子どもたちと人間関係、信頼関係をつくることができる人物
② 　チーム力：学校の教育課題に管理職を中心にしてチームで取り組むことのできる人物

① 　絆を結ぶ力

　言うまでもなく、教員は子どもたちを育てる職業である。したがって教員は、子どもたちから信頼される存在でなければならない。そうでなければ、子どもたちが担任の指導を全面的に受け入れるはずがない。信頼している担任に「頑張ろう」と言われるから、「そうだな。頑張らなければ」と子どもたちは思えるのである。子どもたちから信頼されていない担任に、子どもたちのやる気のスイッチを入れることはできない。「絆を結ぶ力」が必要なことは、誰もが認めることである。したがって教員採用試験では、面接、場面指導、模擬授業を通して、受験生は子どもたちから信頼される人物かどうか、信頼関係を築ける力や雰囲気があるかどうかを見る。

② 　チーム力

　「チーム力」は、今の教員に強く求められる。

　学校でさまざまな問題が起き、その激しさが増し、学校、教員に対するク

レームが増えていく今の時代は、昔のように一人ひとりの教員だけで対応できる時代ではなくなっている。今は、学校の教職員が一つのチームになって行動して問題や課題に取り組まなければ、学校、教員が前に進めない時代である。

したがって、一人ひとりの教職員は、自分がチームの一員である自覚を強く持って、学校長を中心に、組織として行動するチームプレーの精神が強く求められる。教育実践の質を高めるためには、どうすればチーム一丸となることができるのかということが決定的に重要になる時代である。

しかし、実際には未だにスタンドプレーを行う教員、サインを見落としたり、作戦を聞き落としたりする教員、犠打を嫌がるようなチームに対して献身的でない教員、監督が誰なのかもよくわかっていないような教員が、残念ながら現場には存在する。そのことを管理職も、教育委員会もよく知っているだけに、このチーム力については真剣に見る。面接の中の一つ、「集団討議」は、まさにこの力を見ようとするものである。

6．教員採用試験の特徴

かつて、教育現場が平和であった頃、教員採用試験は、有名国立大学教員養成系出身者が学力を試されるペーパー中心のものであった。しかし、いくら紙の上で正解を導き出す力が高くとも、それだけで教員になることはできない。現場の問題が深刻さを増していくにつれ、学歴、学力よりも、生きる力、たくましさ、人間関係をつくる力、空気を読む力、チームで行動できる力が重要であることに現場は気づく。気づかざるをえない問題に直面させられるからである。学級崩壊、親や子どもたちからの不信を生む不用意な言動、やる気のない言動、責任を問われるような管理能力のなさ、許すことのできない不祥事などである。

そのため、採用の段階で現場の抱える問題に対応できる能力のある人物を採用しようと、教員採用試験は大きく変貌を遂げる。今や教員採用試験は、世の中の採用試験の中でも最も進んだ試験の一つとなった。その特徴の一つは、教

員採用試験に学校現場で求められる要素を持ち込み、教員採用試験と学校現場との段差をなくし、2つが直結するように工夫していることである。教育改革に取り組むスピードの速い大都市圏を中心に、教育委員会は、とりわけ教員採用試験改革に熱心である。

　ある教員採用試験実施担当者は、「我々は『人物』が欲しいのです」と述べた。つまり、教員採用試験は、人物を評価する試験であると述べたわけである。その評価規準は、先ほど述べた「3つの強さ」であり、「2つの力」である。

　その力があるかどうかを測るために、教員採用試験はどう変貌したか。

　それが、ペーパー重視から面接重視ということなのである。

　ある教育委員会は、1次試験受験者の全員を1次試験で面接する。それもしっかりと人物を1次から見るため、面接試験の日をいく日も設定し、一人当たりの面接時間をしっかり確保できる工夫が施されている。昔の面接は、1次試験で足きりをしてから行う傾向があった。同じ面接であっても、昔と今とでは発想と目的が大きく異なる。そこには「少々ペーパーが悪かろうと人物が良ければ」という採用者側の本音が聞こえるようである。事実、「1次の筆記試験は全体の得点の半分。半分は面接で決めます」と公言する採用担当者も少なくない。面接で良い人物を見つけたら、その人物をマークして見ようという姿勢である。

7．面接

（1）面接の内容と極意

　人物を見極めるための面接、試験の合否の半分を占める重要な面接である。何とかその目的を達成しようと、教育委員会によって面接方法は研究され、その実施方法も多岐にわたっている。最も一般的な「個人面接」は当然行われる。それ以外に同じ質問を順に問う「集団面接」、一つのテーマを与え受験者がどのようにチーム力を発揮するかを見る「集団討議」、実際に学校で起きるような問題を受験生に浴びせかけ、咄嗟の問題対応力や受験生の指導力を見る「場面指導」「模擬授業」と組み合わせた面接と、ざっとこれぐらいの種類がある。

後はこれらの面接を目的に合わせて組み合わせる。

　実際、短時間にその人を見ることができるのかと問われれば、それは無理な面と可能な面がある。

　無理とは、そもそも時間的制約があるからである。限られた時間で、その人のすべてを正確に見て取れると考えることの方に無理がある。

　しかし、短時間でもある程度のその人の部分は見える。また、試験の監督官は、面接の難しさを承知しているからこそ、全能力を挙げて貴方たちを理解しようと必死で観察している。貴方たちはそのことをよく承知しておけなければならない。貴方たちは短時間で判断されるのである。短時間で判断されても大丈夫なように、どうすれば自分の良い面を見てもらえるか、普段から備えておかなければならない。普段から心がけて身に付けてきたことでなければ、緊張した面接の場でそれを発揮することなどできはしない。面接の極意は、日常の自分を磨くことにある。

　大体、人間が咄嗟にできることは、普段からできていることである。大抵の人間は、その時だけ最高のパフォーマンスを発揮しようと欲張る。そんなことは無理である。普段できていないことは面接でもできない。そうではなく、普段の自分の質を高めることである。面接の時だけ良い子にしていてうまくいくほど面接は簡単なものではない。試験官は、面接で相手を見抜くプロなのである。

（2）面接で求められるもの

　では、貴方たちは面接でどこを見られるのか。

　入室、お辞儀、挨拶、姿勢……、これらは試験官が意識的に見ている。貴方たちは、これらのことが完璧にできるように練習していなければならない。それだけでも違う。

　願書の実施要項書類には教育委員会が求める教員像が書かれている。当然、それを読み、備えを万全にしておかなければならない。しかし、数行にわたる長い文章を基に一人ひとりの受験生を見ているかといえば、必ずしもそれだけではない。何せ、短時間の面接である。試験管の脳は、直感も含めて無意識に

相手を判断している。

　では、試験官の脳は何を無意識に見ているか。

　それは、人としての姿である。

　このことを筆者は、「華」のないものは教員採用試験に合格しないという表現で学生によく話している。

　「華」とは何か。

　第一印象が良いことである。

　人としての魅力が表れていることである。

　具体的に述べれば、全身から感じられる明るさであり、元気さであり、素敵な笑顔である。

　教員には、人から慕われ、親しみを感じられるような、人を受け入れるオープンな雰囲気が必要である。それを明るさ、元気さ、素敵な笑顔と表現した。

　誤解をされると困るのだが、暗い印象、消極的で活力を感じさせないタイプの人は、面接で良い点数はもらえない。

　「誤解をされると」と述べたのは、一見暗そうに見える人であっても、人見知りが強いだけで明るい人はいるし、物事を追究する大きな力を持っている場合もあるからである。何より、自分を外に向けて表現するきっかけに出会わなかっただけで、よいきっかけがあると一気に隠れていた明るさが表に出てくる人もいるからである。こういうものの見方は、子どもたちを育てる教員には大変大事なものの見方である。つまり、今の姿は仮の姿ということである。そのようなことは、誰にとっても起こりうるものである。

　ただ、短い時間の教員採用試験における面接では、何がどうあろうとそのままでは点数は伸びない。これは本人の成長の段階やこれまでの人生とは関係のない、教員採用試験の現実である。

　したがって貴方たちは、教員採用試験の合格を目指すのであれば、普段から自分の「華」を養わなければならない。そのためには、部活動で真剣に語り合ったり、大学で行われる学園祭や各種行事に積極的に参画したり、とにかく人と積極的に交流することである。その人自身の内面が本当に元気で、明るく、人とのつながりを大切にする積極性に溢れたものに育っていない限り、面接で

試験管に「華」を感じさせることはできないものである。毎日の生き方が、自分を育てるのである。

「華」を養うことは、友達と本当の友情を創り上げることともいえる。自分を本当に理解してくれる友達がいれば、人は明るく笑える。傷口を嘗め合い、変にかばい合い、気を遣い合うことではない。それでは笑いは嘲笑、あざけりの笑いとなろう。求めるべきは、お互いを高め合える「本当の友情」である。

友達が大学の講義で居眠りをしていれば、貴方はどうするか。そのままにしておくか、起こそうとするか。起こしたら友達は頑張って起きようとするか、起こすなと怒るか。それだけでも二人の友情の質はわかる。

友達同士なら起こせる。自分が本当に疲れ果てるような事件、出来事があって授業中に寝そうなら、友達に起こしてと頼める。そんな事情があれば、友達の方が上手に授業をしている先生に伝えてくれるかもしれない。「先生、すみません。Aは、昨日○○で寝ていないのです。本当に申し訳ありません」と。

（3）できて当たり前のこと

先ほど「入室、お辞儀、挨拶、姿勢……、これらは試験官から意識して見られている」と述べた。ここでは、「入室、お辞儀、挨拶、姿勢」といったできて当たり前の（とはいいながら、いざやるとなると難しい）ことを身につける方法と、他では教えてもらえないような大事なポイントについて述べる。

普段から自分から挨拶をしている人は、面接はもちろん、社会に出てからの評価も高い。それほど、挨拶は社会人にとって、また人間関係を築く上での必須事項である。その日だけの付け焼き刃の挨拶が通用するほど、挨拶も面接も簡単なことではない。

これから述べる動作のすべてに共通する注意点として、動作は一つひとつ行うということがある。「〜しながら〜する」といった2つのことを同時にするのはNGである。

そして、面接では、自分で自分を3回褒めてあげられることを目標に頑張る。これが重要なポイントである。では、どこで3回褒めるのか。以下に述べる。

① 入室から最高の笑顔まで

- 入室の際には部屋の外でドアをノックする。
- 中から「どうぞ」という返事をいただいて初めて入室する。
- もし中から返答がなければもう一度ノックする。
- （個人面接の場合）入室後にドアを閉める。
- 「失礼します」（「失礼致します」とまで丁寧に話せればよいが、大抵の人は「致します」を無理に付けると日本語のリズムが狂い、おかしな敬語を使う要因となるのでお薦めしない）

と元気な声で述べて、30度のお辞儀をする。
- <u>お辞儀から顔を上げたときに、最高の笑顔で3拍そのまま。</u>
  ＊ここまでの時間は、試験官と貴方との出会いの瞬間である。ここで第一印象が生まれる。試験管に最も自分を見てもらえるチャンスの時間ともいえる。ここで、お辞儀から頭を上げた時に最高の笑顔を見せる。女性は柔らかさと明るさ、男性は爽やかで高学年を担当させたくなるたくましさを感じさせる笑顔を研究すること。そして、その笑顔を3拍キープすることで試験官に良い印象をより強く与える。「緊張しない」「落ち着け」などと余計なことを考えず、ひたすら下線部を実行するよう意識する。もし、最高の笑顔を見せられたら、自分の頑張りを自分で褒めてあげる（1回目）。

② お辞儀から着席まで
- 席の横まで進み、綺麗な（背筋の伸びた）姿勢で立つ。
- 「よろしくお願いします」と明るく述べ、30度再びお辞儀。指示に従って着席。
- 着席したら、試験官をざっと見渡し、何人いるか、試験管の年齢は何歳くらいかを見る。それができたら、「よしよし、自分は頑張れているぞ」と自分を褒めてあげる（2回目）。
  ＊なぜこのようなことをするか。
    余計な緊張をしないためである。
    「緊張しないぞ」と思って緊張せずに済めば、誰も苦労はしない。「緊張しないぞ」と思っている時点で、実は人間は緊張しているので

ある。だから、具体的な動作に神経を集中させる。①で「最高の笑顔を見せられたら、自分の頑張りを自分で褒めてあげる（１回目）」のも、緊張せず、自分の能力を発揮できるためにしていることである。教員採用試験の面接という人生の大舞台に立って頑張っている自分を褒めてあげようではないか。

③　第一声
・着席後の初めての声は、面接の第一声である。名前であろうと、質問に対する答えであろうと、明るく大きな声を出す。大きな声は身体のやる気スイッチを入れる。試験官からの印象も良い。声の大きさは、試験官の後ろの壁に届く声を出す気持ちで。それができたら「よしよし、自分は頑張れているぞ」と自分を褒めてあげる（３回目）。

④　姿勢、お辞儀
　座った姿勢は男性と女性とでは異なる。気をつけてほしいのは手の置き方である。
　男性は膝あたりに手を置くが、女性は両足を閉じ、その上で両手を重ねて身体の中心に置く。
　女性はお辞儀の際も、両手を重ね、身体の中心に置いてお辞儀をする。ホテルで働く女性や日本のキャビンアテンダントをイメージしてほしい。
　お辞儀の角度は30度。しかし、面接が終わり「ありがとうございました」と言って行うお辞儀だけは45度である。

（４）答え方
①　二文で答える。
　質問に対する答え方は、簡単明瞭を心がける。長話は危険。試験官は何人もの受験生に面接を行う。要領をえない話し方では絶対に良い印象は与えられない。したがって二文で答える。
　一文目は、問いに対する自分の答え。「～です」「～であると考えています」と答える。
　二文目は、答えの理由、根拠。「～だからです」「～と思ったからです」

「〜を見たからです」と答える。

「二文でいいの」と不安に思う人もいるかと思う。そう思ってしまうから、だらだらと要領を得ず、結論が見えない話を面接でしてしまう人が出てくる。そもそも長い話をする人は、自分が長話をしていることに気づいていない。貴方たちもそういう人に出会ったことがあるのではなかろうか。

相手は、試験官である。試験官は、面接では質問をすることが仕事の一つである。貴方の答えに不足を感じれば、試験官の方から「では、〜についてはどうなのですか」と質問してくれる。そのやりとり、面接官との会話のキャッチボールを大事にすることである。

② みんなで進む

集団討議は、答えが分かれそうな一つの難しいテーマを与えることで受験生のチーム力を測ろうとしている。その際に重要なことは、みんなで協力し合って話し合いを進めるという姿勢である。

集団討議の目的は、受験生に、チームの一員として協力し合って課題を達成しようとする資質・能力がどれだけあるかということを測ることにある。目立ったもの勝ちではない。かといって、最後まで何も話さないというのは愚の骨頂である。しかし、いくら発言しても、自分の正当性に固執し、人の意見の良さを生かせない受験生は自滅する。

チームでベターな答えを求めるのなら鉄則がある。部活動等、集団行動の経験が豊富であればそれは容易にわかる。以下に箇条書きで討議の鉄則を述べる。

① みんなの意見を出し合う。(発言の保障は、みんなの総意をつくる道。司会役になったら、この点は完璧に行わなければならない。初めは必ず全員から意見をもらう。同時に手が上がったときは、発言回数の少ない人を優先する。)

② その中で目的にかなう意見はどれか、どれにどれを加味すればより良くなるかを検討する。(出てきた意見は最良の選択肢。そこから選ぶと同時に、AとBを加味し合うことでより良い意見になるのではないかと思考する。)

③　司会は、論点がずれていかないように注意する。ずれているのに司会が気づかない場合には、柔らかくそのことを知らせる。
④　話し合いの結果、何が合意になり、課題になるのかをみんなで確認する。司会の場合、最後には必ずこのことを行い、討議参加者の労をねぎらう。（話し合いをした限りは、しただけのことはあったというふうにしなければならない。そのために、確認できることを明確にしなければならない。）
⑤　これは良いと思った意見があれば、「○○さんの意見のここは素晴らしいと思いました」と評価する。（人から学べる人間は成長する。）

集団討議で評価される意見は何か。

それは、二つある。一つは、みんなが何を言ってよいかわからなくなってしまった迷い道状態の時に、それを打開してくれる意見である。もう一つは、話し合いを質的に深めてくれた意見である。それまでは右からしか考えられていなかったのに、その人の意見で左からも考えられた、上からも下からもみんなが考えられるようになった、という意見である。

つまりは、みんなに「貢献」した意見である。そう、集団討議で求められている点は、チームへの貢献度なのである。当然、普段からみんなとチームを組んでいる人間でなければ、採用試験の時だけ貢献度を上げようとしても無理である。どこまでいっても、普段の生活、普段の学び、普段の生き方を磨かなければならないのである。

（5）場面指導

教員採用試験が最も進んだ試験であるといわれる理由の一つが「場面指導」である。「場面指導」は、学校で起こりうる問題を受験生に投げかけ、受験生がその場で臨機応変に、どうその問題に対処できるかを見ようというものである。これは、まさにその人の人間性が表れるすぐれた試験方法である。裏を返せば、受験生にとっては「模擬授業」と並んで大変な難関であるといえる。

難関である理由の一つには、出題される問題の質が高いということがある。筆者は、学校現場に講演や指導助言に多く行くが、その場で「場面指導」で出題される問題を紹介すると、経験豊富な先生方が黙る。現場の先生でも、間違

いないという答えはすぐには出せないような問題の難しさがそこにはある。それを現役学生の場合には、学校現場の経験なしに答えるわけである。受験生が困るのも当然である。「場面指導」を重視するある市の教員採用試験担当者は、「学校現場を知らない受験生は要らないのです」と述べていた。それも頷ける。学校現場をまったく知らない人間では、手も足も出ないかもしれない。

とはいいながら、学校現場を知らなくても答えられる受験生がいる。それは、部活動等で、部の運営（例えば、キャプテン等）とその種目の追究という二つを大切にして取り組み、苦労してきた学生である。彼らには、苦労を通して獲得した人間性がある。人としてどう生きるべきか、どう進むべきかという信念のようなものが育っている。

「場面行動」とは、子どもたちが起こす問題のある場面のことである。その時、教員に試されるのは、教員としてどう対応すべきか、という人としての判断である。そこには、人とはどうあるべきかという各人の答えがその根本にある。部活動で苦労してきた受験生には、その答えがある。

第1章で述べたように、教育には絶対的な固定した答えはまずない。とりわけ、「場面行動」では教員そのものの内面世界、人としての価値観が表れる。「場面行動」に対する正しい対応は、自分磨きの成果の上に成立するのである。

（6）模擬授業

他に広い意味では面接の一種ともいえる、現場での指導力、受験生の授業力を見る「模擬授業」がある。「場面指導」とともに、教員採用試験が最も進んだ試験であるといわれる所以である。この「模擬授業」はいろいろなことを筆者に考えさせる。

例えば、採用試験時に採用後に求められる技能を試すことは決して当たり前のことではない。営業で採用する人間に「模擬営業」をさせるであろうか。回転寿司や寿司店に採用する前に「模擬寿司握り」をさせるであろうか。看護師に採用する前に「模擬看護」をさせるであろうか。では、なぜ教員採用試験では「模擬授業」があるのか。

一つには教員養成系大学のあり方が原因になっていると考える。看護師であ

れば、わざわざ短時間の「模擬看護」をしていなくとも看護師の資格があれば採用される。看護学校で採用後と段差のない内容の技能講習、実習を受けていることがわかっているからである。後は、現場で経験を積んで、という話になる。対して、教員養成系の大学で、本当に採用後に求められる技能を鍛えてくれているのであろうかという現場の懐疑の目がある。先進的な教育改革に取り組んでいる教育委員会は、その多くが教師塾といった名称で学生に現場で求められる力量を育てようとしている。その根本には、教員養成系の大学の教育力に対する懐疑の目があると筆者は受け止めている。本当に教員養成系の大学で、先生に求められる力量を育ててくれているのか——という懐疑の目である。

現場に出て求められる能力を専門領域的に述べれば、授業力と生徒指導力の2つである。この2つは両輪であって、両輪が共にしっかり備わっていることによって教育は効果的に機能するし、それができる教員が教師力の高い教員である。少なくとも今後の教員養成系大学は、この2つを徹底的に磨き抜く場所にならなければ、大学の存在意義が問われる。いや、そもそも教員採用試験に学生が合格できなくなる。

ドライバーを育てる学校は、運転の仕方という技能を徹底的に磨くところでなければならない。もしそこでエンジンの仕組みに偏った授業をしていれば、知識はあっても運転のできないドライバーを卒業させることになる。

そのためには、教員養成系の大学では、各科教育法の授業改善が求められる。国語、社会、算数、理科の各教科に、道徳も加え、統一した指導案の形式で、繰り返し学生に模擬授業を行わせることが必要である。小学校であれば、まずは中学年を軸に単元指導計画をグループで作成し、模擬授業を行う。それも45分の授業は少なめに、多くの学生が実際に模擬授業を行えるように8分程度の短い模擬授業を繰り返し、繰り返し行う演習的授業が必要である。

「いろいろなこと」と述べたのでもう一つ。寿司屋で採用前に「模擬寿司握り」をさせる必要がないのは、その職において順を追った仕事の覚え方が存在するからである。初めは洗い物、掃除に始まり、お茶だしと、その道に入った者は順を追って仕事を覚えることになる。いきなり親方のようにお客様の前で寿司を握るということはない。

しかし、お寿司屋さんにたとえるならば、教員は、4月になればいきなりお客様の前でお寿司を握る仕事である。どんなに学んでいなくとも新規採用教員は、4月からは形の上では一人前の教員として子どもたちの担任になるのである。
　しかも、かつては新規採用教員には、自然と先輩教員が目配りをし、タイミングを見て指導したり、薫陶したりする学校文化があった。しかし、多忙を極める教育現場では、そのような時間的ゆとり、精神的余裕が失われつつあり、新規採用教員を指導する学校文化が衰退しつつある。この現実は厳しい。運悪く面倒見の悪い地方に採用され、面倒見の悪い学校に着任すれば、新規採用教員が学校の中で一人ぼっちになってしまう危険性すら否定はできない。
　しかし、何があっても基本的には自分で学ぶものである。学ぶとは、そういうものである。そもそも教員には、教えてもらうのを待つのではなく、進んで学ぶ学習能力が求められる。これは、教員に求められる「姿勢」の一つといえる。今の学校現場は、多忙を極めている。かつてであれば学校の中で先輩はいろいろと目をかけてくれ、指導をしてくれる文化があった。しかし、今はその時間的、精神的ゆとりが学校の中にない。また、若い教員が一気に増え、若い教員は若い教員だけで集まり、群れてしまったりする傾向もある。これでは、学校の中で授業力と生徒指導力を受け継ぐことはできなくなる。
　そんな時代であればこそ、教壇に立つことができたならば、必ず研究主任や教務主任、主幹教諭や指導教諭、また遠慮せずに教頭先生、校長先生に自分から尋ねに行く、話をしに行く習慣を身に付けてほしい。自分が知りたいことがあったら、先輩に聞く。その時、的確に答えてくれる先輩は、力のある先輩である。
　教員への道は、すでに始まっている。今をどう過ごし、今をどう生きるのかということと、教員への道はつながっている。教員に求められる学びの姿勢を獲得するためには、今から大学で自分から学ぶことである。

学習課題

（1）教員採用試験対策用の参考書・問題集を「一般教養」「教職教養」「専門教養」各1冊ずつ購入し、勉強を始めなさい。始める時期はどんなに遅くとも3年後期（勉強に自信のない人はそれより早く）からである。

（2）以下の点は大丈夫か。各自でチェックしなさい。
- ☐ 暗記法はわかっているか。
- ☐ 参考書・問題集のやり方はわかっているか。
- ☐ 優先順位のつけ方はわかっているか。

（3）自己アピールを書きなさい。

　　ただし、〈初め〉に自分の長所を述べ、〈次に〉その長所が身に付いた体験をドラマ風に述べ（例：挫折→努力→成功）、〈最後に〉教員になった暁にはその長所を生かしてどのように頑張るつもりか決意を述べなさい。

【参考文献】

梶田叡一『教師力再興』明治図書，2010.6

梶田叡一・加藤明監修著『改訂　実践教育評価事典』文溪堂，2010.8

鎌田首治朗『真の読解力を育てる授業』図書文化社，2009.5

教職問題研究会編『教職論〔第2版〕』ミネルヴァ書房，2009.3

梶田叡一責任編集『教育フォーラム』金子書房から年2回発刊される書籍．テーマごとに編集され，各執筆者が小論を掲載。教育に対する深い認識を形成できる良書である．

資料編

教育に関する主要法令（抄）等

```
1. 日本国憲法           8. 教育職員免許法
2. 教育基本法           9. 学校図書館法
3. 地方公務員法         10. 学校給食法
4. 学校教育法           11. 学校保健安全法
5. 学校教育法令         12. 幼稚園教育要領
6. 学校教育法施行規則    13. 小学校学習指導要領
7. 教育公務員特例法     14. 中学校学習指導要領
```

　教員採用試験のために学習すべき教育法規の領域は、①教育の原則を定めた法規［日本国憲法・教育基本法］、②学校教育に関する規定［学校教育法・同法令・同法施行規則・学校図書館法・学校保健安全法・学校給食法］、③教幾職員に関する法規［地方公務員法・教育公務員特例法］、④教育行政に関する法規［地方教育行政の組織及び運営に関する法律］などの体系に分類できる。

　資料編に掲載はしなかったが、教育福祉に関する法規等として児童福祉法や児童虐待防止法、中央教育審議会・教育課程審議会答申、世界人権宣言、児童憲章なども、次世代の教育者には必修の教養である。

日本国憲法
(昭和21年11月3日公布・昭和23年5月3日施行)

　日本国民は、正当に選挙された国会における代表者を通じて行動し、われらとわれらの子孫のために、諸国民との協和による成果と、わが国全土にわたつて自由のもたらす恵沢を確保し、政府の行為によつて再び戦争の惨禍が起ることのないやうにすることを決意し、ここに主権が国民に存することを宣言し、この憲法を確定する。そもそも国政は、国民の厳粛な信託によるものてあつて、その権威は国民に由来し、その権力は国民の代表者がこれを行使し、その福利は国民がこれを享受する。これは人類普遍の原理であり、この憲法は、かかる原理に基くものである。われらは、これに反する一切の憲法、法令及び詔勅を排除する。

　日本国民は、恒久の平和を念願し、人間相互の関係を支配する崇高な理想を深く自覚するのであつて、平和を愛する諸国民の公正と信義に信頼して、われらの安全と生存を保持しようと決意した。われらは、平和を維持し、専制と隷従、圧迫と偏狭を地上から永遠に除去しようと努めてゐる国際社会において、名誉ある地位を占めたいと思ふ。われらは、全世界の国民が、ひとしく恐怖と欠乏から免かれ、平和のうちに生存する権利を有することを確認する。

　われらは、いづれの国家も、自国のことのみに専念して他国を無視してはならないのであつて、政治道徳の法則は、普遍的なものであり、この法則に従ふことは、自国の主権を維持し、他国と対等関係に立たうとする各国の責務であると信ずる。

　日本国民は、国家の名誉にかけ、全力をあげてこの崇高な理想と目的を達成することを誓ふ。

第3章　国民の権利及び義務
第10条　日本国民たる要件は、法律でこれを定める。

第11条　国民は、すべての基本的人権の享有を妨げられない。この憲法が国民に保障する基本的人権は、侵すことのできない永久の権利として、現在及び将来の国民に与へられる。

第12条　この憲法が国民に保障する自由及び権利は、国民の不断の努力によつて、これを保持しなければならない。又、国民は、これを濫用してはならないのであつて、常に公共の福祉のためにこれを利用する責任を負ふ。

第13条　すべて国民は、個人として尊重される。生命、自由及び幸福追求に対する国民の権利については、公共の福祉に反しない限り、立法その他の国政の上で、最大の尊重を必要とする。

第14条　すべて国民は、法の下に平等であつて、人種、信条、性別、社会的身分又は門地により、政治的、経済的又は社会的関係において、差別されない。

2　華族その他の貴族の制度は、これを認めない。

3　栄誉、勲章その他の栄典の授与は、いかなる特権も伴はない。栄典の授与は、現にこれを有し、又は将来これを受ける者の一代に限り、その効力を有する。

第15条　公務員を選定し、及びこれを罷免することは、国民固有の権利である。

2　すべて公務員は、全体の奉仕者であつて、一部の奉仕者ではない。

3　公務員の選挙については、成年者による普通選挙を保障する。

4　すべて選挙における投票の秘密は、これを侵してはならない。選挙人は、その選択に関し公的にも私的にも責任を問はれない。

第16条　何人も、損害の救済、公務員の罷免、法律、命令又は規則の制定、廃止又は改正その他の事項に関し、平穏に請願する権利を有し、何人も、かかる請願をしたためにいかなる差別待遇も受けない。

第17条　何人も、公務員の不法行為により、損害を受けたときは、法律の定めるところにより、国又は公共団体に、その賠償を求めることができる。

第18条　何人も、いかなる奴隷的拘束も受けない。又、犯罪に因る処罰の場合を除いては、その意に反する苦役に服させられない。

第19条　思想及び良心の自由は、これを侵してはならない。

第20条　信教の自由は、何人に対してもこれを保障する。いかなる宗教団体も、国から特権を受け、

又は政治上の権力を行使してはならない。
2 何人も、宗教上の行為、祝典、儀式又は行事に参加することを強制されない。
3 国及びその機関は、宗教教育その他いかなる宗教的活動もしてはならない。
第21条 集会、結社及び言論、出版その他一切の表現の自由は、これを保障する。
2 検閲は、これをしてはならない。通信の秘密は、これを侵してはならない。
第22条 何人も、公共の福祉に反しない限り、居住、移転及び職業選択の自由を有する。
2 何人も、外国に移住し、又は国籍を離脱する自由を侵されない。
第23条 学問の自由は、これを保障する。
第24条 婚姻は、両性の合意のみに基いて成立し、夫婦が同等の権利を有することを基本として、相互の協力により、維持されなければならない。
2 配偶者の選択、財産権、相続、住居の選定、離婚並びに婚姻及び家族に関するその他の事項に関しては、法律は、個人の尊厳と両性の本質的平等に立脚して、制定されなければならない。
第25条 すべて国民は、健康で文化的な最低限度の生活を営む権利を有する。
2 国は、すべての生活部面について、社会福祉、社会保障及び公衆衛生の向上及び増進に努めなければならない。
第26条 すべて国民は、法律の定めるところにより、その能力に応じて、ひとしく教育を受ける権利を有する。
2 すべて国民は、法律の定めるところにより、その保護する子女に普通教育を受けさせる義務を負ふ。義務教育は、これを無償とする。
第27条 すべて国民は、勤労の権利を有し、義務を負ふ。2 賃金、就業時間、休息その他の勤労条件に関する基準は、法律でこれを定める。労働基準法3 児童は、これを酷使してはならない。

第10章 最高法規
第97条 この憲法が日本国民に保障する基本的人権は、人類の多年にわたる自由獲得の努力の成果であつて、これらの権利は、過去幾多の試錬に堪へ、現在及び将来の国民に対し、侵すことのできない永久の権利
として信託されたものである。

教育基本法
(平成18年12月22日法律第120号)

教育基本法（昭和二十二年法律第二十五号）の全部を改正する。我々日本国民は、たゆまぬ努力によって築いてきた民主的で文化的な国家を更に発展させるとともに、世界の平和と人類の福祉の向上に貢献することを願うものである。我々は、この理想を実現するため、個人の尊厳を重んじ、真理と正義を希求し、公共の精神を尊び、豊かな人間性と創造性を備えた人間の育成を期するとともに、伝統を継承し、新しい文化の創造を目指す教育を推進する。ここに、我々は、日本国憲法の精神にのっとり、我が国の未来を切り拓く教育の基本を確立し、その振興を図るため、この法律を制定する。

第一章 教育の目的及び理念
(教育の目的)
第一条 教育は、人格の完成を目指し、平和で民主的な国家及び社会の形成者として必要な資質を備えた心身ともに健康な国民の育成を期して行われなければならない。
(教育の目標)
第二条 教育は、その目的を実現するため、学問の自由を尊重しつつ、次に掲げる目標を達成するよう行われるものとする。
一 幅広い知識と教養を身に付け、真理を求める態度を養い、豊かな情操と道徳心を培うとともに、健やかな身体を養うこと。
二 個人の価値を尊重して、その能力を伸ばし、創造性を培い、自主及び自律の精神を養うとともに、職業及び生活との関連を重視し、勤労を重んずる態度を養うこと。
三 正義と責任、男女の平等、自他の敬愛と協力を重んずるとともに、公共の精神に基づき、主

体的に社会の形成に参画し、その発展に寄与する態度を養うこと。
四　生命を尊び、自然を大切にし、環境の保全に寄与する態度を養うこと。
五　伝統と文化を尊重し、それらをはぐくんできた我が国と郷土を愛するとともに、他国を尊重し、国際社会の平和と発展に寄与する態度を養うこと。

(生涯学習の理念)
第三条　国民一人一人が、自己の人格を磨き、豊かな人生を送ることができるよう、その生涯にわたって、あらゆる機会に、あらゆる場所において学習することができ、その成果を適切に生かすことのできる社会の実現が図られなければならない。

(教育の機会均等)
第四条　すべて国民は、ひとしく、その能力に応じた教育を受ける機会を与えられなければならず、人種、信条、性別、社会的身分、経済的地位又は門地によって、教育上差別されない。
2　国及び地方公共団体は、障害のある者が、その障害の状態に応じ、十分な教育を受けられるよう、教育上必要な支援を講じなければならない。
3　国及び地方公共団体は、能力があるにもかかわらず、経済的理由によって修学が困難な者に対して、奨学の措置を講じなければならない。

第二章　教育の実施に関する基本

(義務教育)
第五条　国民は、その保護する子に、別に法律で定めるところにより、普通教育を受けさせる義務を負う。
2　義務教育として行われる普通教育は、各個人の有する能力を伸ばしつつ社会において自立的に生きる基礎を培い、また、国家及び社会の形成者として必要とされる基本的な資質を養うことを目的として行われるものとする。
3　国及び地方公共団体は、義務教育の機会を保障し、その水準を確保するため、適切な役割分担及び相互の協力の下、その実施に責任を負う。
4　国又は地方公共団体の設置する学校における義務教育については、授業料を徴収しない。

(学校教育)
第六条　法律に定める学校は、公の性質を有するものであって、国、地方公共団体及び法律に定める法人のみが、これを設置することができる。
2　前項の学校においては、教育の目標が達成されるよう、教育を受ける者の心身の発達に応じて、体系的な教育が組織的に行われなければならない。この場合において、教育を受ける者が、学校生活を営む上で必要な規律を重んずるとともに、自ら進んで学習に取り組む意欲を高めることを重視して行われなければならない。

(大学)
第七条　大学は、学術の中心として、高い教養と専門的能力を培うとともに、深く真理を探究して新たな知見を創造し、これらの成果を広く社会に提供することにより、社会の発展に寄与するものとする。
2　大学については、自主性、自律性その他の大学における教育及び研究の特性が尊重されなければならない。

(私立学校)
第八条　私立学校の有する公の性質及び学校教育において果たす重要な役割にかんがみ、国及び地方公共団体は、その自主性を尊重しつつ、助成その他の適当な方法によって私立学校教育の振興に努めなければならない。

(教員)
第九条　法律に定める学校の教員は、自己の崇高な使命を深く自覚し、絶えず研究と修養に励み、その職責の遂行に努めなければならない。
2　前項の教員については、その使命と職責の重要性にかんがみ、その身分は尊重され、待遇の適正が期せられるとともに、養成と研修の充実が図られなければならない。

(家庭教育)
第十条　父母その他の保護者は、子の教育について第一義的責任を有するものであって、生活のために必要な習慣を身に付けさせるとともに、自立心を育成し、心身の調和のとれた発達を図るよう努めるものとする。

2　国及び地方公共団体は、家庭教育の自主性を尊重しつつ、保護者に対する学習の機会及び情報の提供その他の家庭教育を支援するために必要な施策を講ずるよう努めなければならない。
（幼児期の教育）
第十一条　幼児期の教育は、生涯にわたる人格形成の基礎を培う重要なものであることにかんがみ、国及び地方公共団体は、幼児の健やかな成長に資する良好な環境の整備その他適当な方法によって、その振興に努めなければならない。
（社会教育）
第十二条　個人の要望や社会の要請にこたえ、社会において行われる教育は、国及び地方公共団体によって奨励されなければならない。
2　国及び地方公共団体は、図書館、博物館、公民館その他の社会教育施設の設置、学校の施設の利用、学習の機会及び情報の提供その他の適当な方法によって社会教育の振興に努めなければならない。
（学校、家庭及び地域住民等の相互の連携協力）
第十三条　学校、家庭及び地域住民その他の関係者は、教育におけるそれぞれの役割と責任を自覚するとともに、相互の連携及び協力に努めるものとする。
（政治教育）
第十四条　良識ある公民として必要な政治的教養は、教育上尊重されなければならない。
2　法律に定める学校は、特定の政党を支持し、又はこれに反対するための政治教育その他政治的活動をしてはならない。
（宗教教育）
第十五条　宗教に関する寛容の態度、宗教に関する一般的な教養及び宗教の社会生活における地位は、教育上尊重されなければならない。
2　国及び地方公共団体が設置する学校は、特定の宗教のための宗教教育その他宗教的活動をしてはならない。

第三章　教育行政
（教育行政）
第十六条　教育は、不当な支配に服することなく、この法律及び他の法律の定めるところにより行われるべきものであり、教育行政は、国と地方公共団体との適切な役割分担及び相互の協力の下、公正かつ適正に行われなければならない。
2　国は、全国的な教育の機会均等と教育水準の維持向上を図るため、教育に関する施策を総合的に策定し、実施しなければならない。
3　地方公共団体は、その地域における教育の振興を図るため、その実情に応じた教育に関する施策を策定し、実施しなければならない。
4　国及び地方公共団体は、教育が円滑かつ継続的に実施されるよう、必要な財政上の措置を講じなければならない。
（教育振興基本計画）
第十七条　政府は、教育の振興に関する施策の総合的かつ計画的な推進を図るため、教育の振興に関する施策についての基本的な方針及び講ずべき施策その他必要な事項について、基本的な計画を定め、これを国会に報告するとともに、公表しなければならない。
2　地方公共団体は、前項の計画を参酌し、その地域の実情に応じ、当該地方公共団体における教育の振興のための施策に関する基本的な計画を定めるよう努めなければならない。

第四章　法令の制定
第十八条　この法律に規定する諸条項を実施するため、必要な法令が制定されなければならない。

　　附　則　抄
（施行期日）
1　この法律は、公布の日から施行する。

地方公務員法
（昭和25年12月13日法律第261号）

第三章　職員に適用される基準
第二節　任用
（任用の根本基準）
第十五条
職員の任用は、この法律の定めるところにより、

受験成績、勤務成績その他の能力の実証に基いて行わなければならない。(欠格条項)
第十六条
　次の各号の一に該当する者は、条例で定める場合を除くほか、職員となり、又は競争試験若しくは選考を受けることができない。
一　成年被後見人又は被保佐人
二　禁錮以上の刑に処せられ、その執行を終わるまで又はその執行を受けることがなくなるまでの者
三　当該地方公共団体において懲戒免職の処分を受け、当該処分の日から二年を経過しない者
四　人事委員会又は公平委員会の委員の職にあつて、第五章に規定する罪を犯し刑に処せられた者
五　日本国憲法施行の日以後において、日本国憲法又はその下に成立した政府を暴力で破壊することを主張する政党その他の団体を結成し、又はこれに加入した者

　　　第五節　分限及び懲戒
　(分限及び懲戒の基準)
第二十七条
　すべて職員の分限及び懲戒については、公正でなければならない。
2　職員は、この法律で定める事由による場合でなければ、その意に反して、降任され、若しくは免職されず、この法律又は条例で定める事由による場合でなければ、その意に反して、休職されず、又、条例で定める事由による場合でなければ、その意に反して降給されることがない。
3　職員は、この法律で定める事由による場合でなければ、懲戒処分を受けることがない。
　(降任、免職、休職等)
第二十八条
　職員が、左の各号の一に該当する場合においては、その意に反して、これを降任し、又は免職することができる。
一　勤務実績が良くない場合
二　心身の故障のため、職務の遂行に支障があり、又はこれに堪えない場合
三　前二号に規定する場合の外、その職に必要な適格性を欠く場合
四　職制若しくは定数の改廃又は予算の減少により廃職又は過員を生じた場合
2　職員が、左の各号の一に該当する場合においては、その意に反してこれを休職することができる。
一　心身の故障のため、長期の休養を要する場合
二　刑事事件に関し起訴された場合
3　職員の意に反する降任、免職、休職及び降給の手続及び効果は、法律に特別の定がある場合を除く外、条例で定めなければならない。
4　職員は、第十六条各号(第三号を除く。)の一に該当するに至つたときは、条例に特別の定がある場合を除く外、その職を失う。
　(懲戒)
第二十九条
　職員が次の各号の一に該当する場合においては、これに対し懲戒処分として戒告、減給、停職又は免職の処分をすることができる。
一　この法律若しくは第五十七条に規定する特例を定めた法律又はこれに基く条例、地方公共団体の規則若しくは地方公共団体の機関の定める規程に違反した場合
二　職務上の義務に違反し、又は職務を怠つた場合
三　全体の奉仕者たるにふさわしくない非行のあつた場合
2　職員が、任命権者の要請に応じ当該地方公共団体の特別職に属する地方公務員、他の地方公共団体若しくは特定地方独立行政法人の地方公務員、国家公務員又は地方公社(地方住宅供給公社、地方道路公社及び土地開発公社をいう。)その他その業務が地方公共団体若しくは国の事務若しくは事業と密接な関連を有する法人のうち条例で定めるものに使用される者(以下この項において「特別職地方公務員等」という。)となるため退職し、引き続き特別職地方公務員等として在職した後、引き続いて当該退職を前提として職員として採用された場合(一の特別職地方公務員等として在職した後、引き続き一以

上の特別職地方公務員等として在職し、引き続いて当該退職を前提として職員として採用された場合を含む。）において、当該退職までの引き続く職員としての在職期間（当該退職前に同様の退職（以下この項において「先の退職」という。）、特別職地方公務員等としての在職及び職員としての採用がある場合には、当該先の退職までの引き続く職員としての在職期間を含む。次項において「要請に応じた退職前の在職期間」という。）中に前項各号のいずれかに該当したときは、これに対し同項に規定する懲戒処分を行うことができる。

3　職員が、第二十八条の四第一項又は第二十八条の五第一項の規定により採用された場合において、定年退職者等となつた日までの引き続く職員としての在職期間（要請に応じた退職前の在職期間を含む。）又はこれらの規定によりかつ採用されて職員として在職していた期間中に第一項各号の一に該当したときは、これに対し同項に規定する懲戒処分を行うことができる。

4　職員の懲戒の手続及び効果は、法律に特別の定がある場合を除く外、条例で定めなければならない。

　　　第六節　服務
（服務の根本基準）
第三十条
　すべて職員は、全体の奉仕者として公共の利益のために勤務し、且つ、職務の遂行に当つては、全力を挙げてこれに専念しなければならない。
（服務の宣誓）
第三十一条
　職員は、条例の定めるところにより、服務の宣誓をしなければならない。
（法令等及び上司の職務上の命令に従う義務）
第三十二条
　職員は、その職務を遂行するに当つて、法令、条例、地方公共団体の規則及び地方公共団体の機関の定める規程に従い、且つ、上司の職務上の命令に忠実に従わなければならない。
（信用失墜行為の禁止）

第三十三条
　職員は、その職の信用を傷つけ、又は職員の職全体の不名誉となるような行為をしてはならない。
（秘密を守る義務）
第三十四条
　職員は、職務上知り得た秘密を漏らしてはならない。その職を退いた後も、また、同様とする。
2　法令による証人、鑑定人等となり、職務上の秘密に属する事項を発表する場合においては、任命権者（退職者については、その退職した職又はこれに相当する職に係る任命権者）の許可を受けなければならない。
3　前項の許可は、法律に特別の定がある場合を除く外、拒むことができない。
（職務に専念する義務）
第三十五条
　職員は、法律又は条例に特別の定がある場合を除く外、その勤務時間及び職務上の注意力のすべてをその職責遂行のために用い、当該地方公共団体がなすべき責を有する職務にのみ従事しなければならない。
（政治的行為の制限）
第三十六条
　職員は、政党その他の政治的団体の結成に関与し、若しくはこれらの団体の役員となつてはならず、又はこれらの団体の構成員となるように、若しくはならないように勧誘運動をしてはならない。
2　職員は、特定の政党その他の政治的団体又は特定の内閣若しくは地方公共団体の執行機関を支持し、又はこれに反対する目的をもつて、あるいは公の選挙又は投票において特定の人又は事件を支持し、又はこれに反対する目的をもつて、次に掲げる政治的行為をしてはならない。ただし、当該職員の属する地方公共団体の区域（当該職員が都道府県の支庁若しくは地方事務所又は地方自治法第二百五十二条の十九第一項の指定都市の区に勤務する者であるときは、当該支庁若しくは地方事務所又は区の所管区域）外において、第一号から第三号まで及び第五号に掲げる政治的行為をすることができる。
一　公の選挙又は投票において投票をするように、

又はしないように勧誘運動をすること。
二　署名運動を企画し、又は主宰する等これに積極的に関与すること。
三　寄附金その他の金品の募集に関与すること。
四　文書又は図画を地方公共団体又は特定地方独立行政法人の庁舎（特定地方独立行政法人にあつては、事務所。以下この号において同じ。）、施設等に掲示し、又は掲示させ、その他地方公共団体又は特定地方独立行政法人の庁舎、施設、資材又は資金を利用し、又は利用させること。
五　前各号に定めるものを除く外、条例で定める政治的行為
3　何人も前二項に規定する政治的行為を行うよう職員に求め、職員をそそのかし、若しくはあおつてはならず、又は職員が前二項に規定する政治的行為をなし、若しくはなさないことに対する代償若しくは報復として、任用、職務、給与その他職員の地位に関してなんらかの利益若しくは不利益を与え、与えようと企て、若しくは約束してはならない。
4　職員は、前項に規定する違法な行為に応じなかつたことの故をもつて不利益な取扱を受けることはない。
5　本条の規定は、職員の政治的中立性を保障することにより、地方公共団体の行政及び特定地方独立行政法人の業務の公正な運営を確保するとともに職員の利益を保護することを目的とするものであるという趣旨において解釈され、及び運用されなければならない。
（争議行為等の禁止）
第三十七条
職員は、地方公共団体の機関が代表する使用者としての住民に対して同盟罷業、怠業その他の争議行為をし、又は地方公共団体の機関の活動能率を低下させる怠業的行為をしてはならない。又、何人も、このような違法な行為を企て、又はその遂行を共謀し、そそのかし、若しくはあおつてはならない。
2　職員で前項の規定に違反する行為をしたものは、その行為の開始とともに、地方公共団体に対し、法令又は条例、地方公共団体の規則若しくは地方公共団体の機関の定める規程に基いて保有する任命上又は雇用上の権利をもつて対抗することができなくなるものとする。
（営利企業等の従事制限）
第三十八条
職員は、任命権者の許可を受けなければ、営利を目的とする私企業を営むことを目的とする会社その他の団体の役員その他人事委員会規則（人事委員会を置かない地方公共団体においては、地方公共団体の規則）で定める地位を兼ね、若しくは自ら営利を目的とする私企業を営み、又は報酬を得ていかなる事業若しくは事務にも従事してはならない。
2　人事委員会は、人事委員会規則により前項の場合における任命権者の許可の基準を定めることができる

第七節　研修及び勤務成績の評定
（研修）
第三十九条
職員には、その勤務能率の発揮及び増進のために、研修を受ける機会が与えられなければならない。
2　前項の研修は、任命権者が行うものとする。
3　地方公共団体は、研修の目標、研修に関する計画の指針となるべき事項その他研修に関する基本的な方針を定めるものとする。
4　人事委員会は、研修に関する計画の立案その他研修の方法について任命権者に勧告することができる。
（勤務成績の評定）
第四十条
任命権者は、職員の執務について定期的に勤務成績の評定を行い、その評定の結果に応じた措置を講じなければならない。
2　人事委員会は、勤務成績の評定に関する計画の立案その他勤務成績の評定に関し必要な事項について任命権者に勧告することができる。

学校教育法 ［抜粋］
（昭和22年3月31日法律第26号）

第一章　総則

第一条　この法律で、学校とは、幼稚園、小学校、中学校、高等学校、中等教育学校、特別支援学校、大学及び高等専門学校とする。

第二条　学校は、国（国立大学法人法（平成十五年法律第百十二号）第二条第一項に規定する国立大学法人及び独立行政法人国立高等専門学校機構を含む。以下同じ。）、地方公共団体（地方独立行政法人法（平成十五年法律第百十八号）第六十八条第一項に規定する公立大学法人を含む。次項において同じ。）及び私立学校法第三条に規定する学校法人（以下学校法人と称する。）のみが、これを設置することができる。

○2　この法律で、国立学校とは、国の設置する学校を、公立学校とは、地方公共団体の設置する学校を、私立学校とは、学校法人の設置する学校をいう。

第九条　次の各号のいずれかに該当する者は、校長又は教員となることができない。

一　成年被後見人又は被保佐人
二　禁錮以上の刑に処せられた者
三　教育職員免許法第十条第一項第二号又は第三号に該当することにより免許状がその効力を失い、当該失効の日から三年を経過しない者
四　教育職員免許法第十一条第一項から第三項までの規定により免許状取上げの処分を受け、三年を経過しない者
五　日本国憲法施行の日以後において、日本国憲法又はその下に成立した政府を暴力で破壊することを主張する政党その他の団体を結成し、又はこれに加入した者

第十一条　校長及び教員は、教育上必要があると認めるときは、文部科学大臣の定めるところにより、児童、生徒及び学生に懲戒を加えることができる。ただし、体罰を加えることはできない。

第二章　義務教育

第十六条　保護者（子に対して親権を行う者（親権を行う者のないときは、未成年後見人）をいう。以下同じ。）は、次条に定めるところにより、子に九年の普通教育を受けさせる義務を負う。

第十七条　保護者は、子の満六歳に達した日の翌日以後における最初の学年の初めから、満十二歳に達した日の属する学年の終わりまで、これを小学校又は特別支援学校の小学部に就学させる義務を負う。ただし、子が、満十二歳に達した日の属する学年の終わりまでに小学校又は特別支援学校の小学部の課程を修了しないときは、満十五歳に達した日の属する学年の終わり（それまでの間において当該課程を修了したときは、その修了した日の属する学年の終わり）までとする。

○2　保護者は、子が小学校又は特別支援学校の小学部の課程を修了した日の翌日以後における最初の学年の初めから、満十五歳に達した日の属する学年の終わりまで、これを中学校、中等教育学校の前期課程又は特別支援学校の中学部に就学させる義務を負う。

○3　前二項の義務の履行の督促その他これらの義務の履行に関し必要な事項は、政令で定める。

第十八条　前条第一項又は第二項の規定によつて、保護者が就学させなければならない子（以下それぞれ「学齢児童」又は「学齢生徒」という。）で、病弱、発育不完全その他やむを得ない事由のため、就学困難と認められる者の保護者に対しては、市町村の教育委員会は、文部科学大臣の定めるところにより、同条第一項又は第二項の義務を猶予又は免除することができる。

第十九条　経済的理由によつて、就学困難と認められる学齢児童又は学齢生徒の保護者に対しては、市町村は、必要な援助を与えなければならない。

第二十条　学齢児童又は学齢生徒を使用する者は、その使用によつて、当該学齢児童又は学齢生徒が、義務教育を受けることを妨げてはならない。

第二十一条　義務教育として行われる普通教育は、教育基本法（平成十八年法律第百二十号）第五条第二項に規定する目的を実現するため、次に掲げる目標を達成するよう行われるものとする。

一　学校内外における社会的活動を促進し、自主、自律及び協同の精神、規範意識、公正な判断力並びに公共の精神に基づき主体的に社会の形成に参画し、その発展に寄与する態度を養うこと。
二　学校内外における自然体験活動を促進し、生命及び自然を尊重する精神並びに環境の保全に寄与する態度を養うこと。
三　我が国と郷土の現状と歴史について、正しい理解に導き、伝統と文化を尊重し、それらをはぐくんできた我が国と郷土を愛する態度を養うとともに、進んで外国の文化の理解を通じて、他国を尊重し、国際社会の平和と発展に寄与する態度を養うこと。
四　家族と家庭の役割、生活に必要な衣、食、住、情報、産業その他の事項について基礎的な理解と技能を養うこと。
五　読書に親しませ、生活に必要な国語を正しく理解し、使用する基礎的な能力を養うこと。
六　生活に必要な数量的な関係を正しく理解し、処理する基礎的な能力を養うこと。
七　生活にかかわる自然現象について、観察及び実験を通じて、科学的に理解し、処理する基礎的な能力を養うこと。
八　健康、安全で幸福な生活のために必要な習慣を養うとともに、運動を通じて体力を養い、心身の調和的発達を図ること。
九　生活を明るく豊かにする音楽、美術、文芸その他の芸術について基礎的な理解と技能を養うこと。
十　職業についての基礎的な知識と技能、勤労を重んずる態度及び個性に応じて将来の進路を選択する能力を養うこと。

第三章　幼稚園

第二十二条　幼稚園は、義務教育及びその後の教育の基礎を培うものとして、幼児を保育し、幼児の健やかな成長のために適当な環境を与えて、その心身の発達を助長することを目的とする。
第二十三条　幼稚園における教育は、前条に規定する目的を実現するため、次に掲げる目標を達成するよう行われるものとする。

一　健康、安全で幸福な生活のために必要な基本的な習慣を養い、身体諸機能の調和的発達を図ること。
二　集団生活を通じて、喜んでこれに参加する態度を養うとともに家族や身近な人への信頼感を深め、自主、自律及び協同の精神並びに規範意識の芽生えを養うこと。
三　身近な社会生活、生命及び自然に対する興味を養い、それらに対する正しい理解と態度及び思考力の芽生えを養うこと。
四　日常の会話や、絵本、童話等に親しむことを通じて、言葉の使い方を正しく導くとともに、相手の話を理解しようとする態度を養うこと。
五　音楽、身体による表現、造形等に親しむことを通じて、豊かな感性と表現力の芽生えを養うこと。

第二十四条　幼稚園においては、第二十二条に規定する目的を実現するための教育を行うほか、幼児期の教育に関する各般の問題につき、保護者及び地域住民その他の関係者からの相談に応じ、必要な情報の提供及び助言を行うなど、家庭及び地域における幼児期の教育の支援に努めるものとする。
第二十五条　幼稚園の教育課程その他の保育内容に関する事項は、第二十二条及び第二十三条の規定に従い、文部科学大臣が定める。
第二十六条　幼稚園に入園することのできる者は、満三歳から、小学校就学の始期に達するまでの幼児とする。
第二十七条　幼稚園には、園長、教頭及び教諭を置かなければならない
○2　幼稚園には、前項に規定するもののほか、副園長、主幹教諭、指導教諭、養護教諭、栄養教諭、事務職員、養護助教諭その他必要な職員を置くことができる。
○3　第一項の規定にかかわらず、副園長を置くときその他特別の事情のあるときは、教頭を置かないことができる。
○4　園長は、園務をつかさどり、所属職員を監督する。
○5　副園長は、園長を助け、命を受けて園務を

つかさどる。
○6　教頭は、園長（副園長を置く幼稚園にあつては、園長及び副園長）を助け、園務を整理し、及び必要に応じ幼児の保育をつかさどる。
○7　主幹教諭は、園長（副園長を置く幼稚園にあつては、園長及び副園長）及び教頭を助け、命を受けて園務の一部を整理し、並びに幼児の保育をつかさどる。
○8　指導教諭は、幼児の保育をつかさどり、並びに教諭その他の職員に対して、保育の改善及び充実のために必要な指導及び助言を行う。
○9　教諭は、幼児の保育をつかさどる。
○10　特別の事情のあるときは、第一項の規定にかかわらず、教諭に代えて助教諭又は講師を置くことができる。
○11　学校の実情に照らし必要があると認めるときは、第七項の規定にかかわらず、園長（副園長を置く幼稚園にあつては、園長及び副園長）及び教頭を助け、命を受けて園務の一部を整理し、並びに幼児の養護又は栄養の指導及び管理をつかさどる主幹教諭を置くことができる。
第二十八条　第三十七条第六項、第八項及び第十二項から第十七項まで並びに第四十二条から第四十四条までの規定は、幼稚園に準用する。

第四章　小学校
第二十九条　小学校は、心身の発達に応じて、義務教育として行われる普通教育のうち基礎的なものを施すことを目的とする。
第三十条　小学校における教育は、前条に規定する目的を実現するために必要な程度において第二十一条各号に掲げる目標を達成するよう行われるものとする。
○2　前項の場合においては、生涯にわたり学習する基盤が培われるよう、基礎的な知識及び技能を習得させるとともに、これらを活用して課題を解決するために必要な思考力、判断力、表現力その他の能力をはぐくみ、主体的に学習に取り組む態度を養うことに、特に意を用いなければならない。
第三十一条　小学校においては、前条第一項の規定による目標の達成に資するよう、教育指導を行うに当たり、児童の体験的な学習活動、特にボランティア活動など社会奉仕体験活動、自然体験活動その他の体験活動の充実に努めるものとする。この場合において、社会教育関係団体その他の関係団体及び関係機関との連携に十分配慮しなければならない。
第三十二条　小学校の修業年限は、六年とする。
第三十三条　小学校の教育課程に関する事項は、第二十九条及び第三十条の規定に従い、文部科学大臣が定める。
第三十四条　小学校においては、文部科学大臣の検定を経た教科用図書又は文部科学省が著作の名義を有する教科用図書を使用しなければならない。
○2　前項の教科用図書以外の図書その他の教材で、有益適切なものは、これを使用することができる。
○3　第一項の検定の申請に係る教科用図書に関し調査審議させるための審議会等（国家行政組織法（昭和二十三年法律第百二十号）第八条に規定する機関をいう。以下同じ。）については、政令で定める。
第三十五条　市町村の教育委員会は、次に掲げる行為の一又は二以上を繰り返し行う等性行不良であつて他の児童の教育に妨げがあると認める児童があるときは、その保護者に対して、児童の出席停止を命ずることができる。
一　他の児童に傷害、心身の苦痛又は財産上の損失を与える行為
二　職員に傷害又は心身の苦痛を与える行為
三　施設又は設備を損壊する行為
四　授業その他の教育活動の実施を妨げる行為
○2　市町村の教育委員会は、前項の規定により出席停止を命ずる場合には、あらかじめ保護者の意見を聴取するとともに、理由及び期間を記載した文書を交付しなければならない。
○3　前項に規定するもののほか、出席停止の命令の手続に関し必要な事項は、教育委員会規則で定めるものとする。
○4　市町村の教育委員会は、出席停止の命令に

係る児童の出席停止の期間における学習に対する支援その他の教育上必要な措置を講ずるものとする。

第三十六条　学齢に達しない子は、小学校に入学させることができない。

第三十七条　小学校には、校長、教頭、教諭、養護教諭及び事務職員を置かなければならない。

○2　小学校には、前項に規定するもののほか、副校長、主幹教諭、指導教諭、栄養教諭その他必要な職員を置くことができる。

○3　第一項の規定にかかわらず、副校長を置くときその他特別の事情のあるときは教頭を、養護をつかさどる主幹教諭を置くときは養護教諭を、特別の事情のあるときは事務職員を、それぞれ置かないことができる。

○4　校長は、校務をつかさどり、所属職員を監督する。

○5　副校長は、校長を助け、命を受けて校務をつかさどる。

○6　副校長は、校長に事故があるときはその職務を代理し、校長が欠けたときはその職務を行う。この場合において、副校長が二人以上あるときは、あらかじめ校長が定めた順序で、その職務を代理し、又は行う。

○7　教頭は、校長（副校長を置く小学校にあつては、校長及び副校長）を助け、校務を整理し、及び必要に応じ児童の教育をつかさどる。

○8　教頭は、校長（副校長を置く小学校にあつては、校長及び副校長）に事故があるときは校長の職務を代理し、校長（副校長を置く小学校にあつては、校長及び副校長）が欠けたときは校長の職務を行う。この場合において、教頭が二人以上あるときは、あらかじめ校長が定めた順序で、校長の職務を代理し、又は行う。

○9　主幹教諭は、校長（副校長を置く小学校にあつては、校長及び副校長）及び教頭を助け、命を受けて校務の一部を整理し、並びに児童の教育をつかさどる。

○10　指導教諭は、児童の教育をつかさどり、並びに教諭その他の職員に対して、教育指導の改善及び充実のために必要な指導及び助言を行う。

○11　教諭は、児童の教育をつかさどる。

○12　養護教諭は、児童の養護をつかさどる。

○13　栄養教諭は、児童の栄養の指導及び管理をつかさどる。

○14　事務職員は、事務に従事する。

○15　助教諭は、教諭の職務を助ける。

○16　講師は、教諭又は助教諭に準ずる職務に従事する。

○17　養護助教諭は、養護教諭の職務を助ける。

○18　特別の事情のあるときは、第一項の規定にかかわらず、教諭に代えて助教諭又は講師を、養護教諭に代えて養護助教諭を置くことができる。

○19　学校の実情に照らし必要があると認めるときは、第九項の規定にかかわらず、校長（副校長を置く小学校にあつては、校長及び副校長）及び教頭を助け、命を受けて校務の一部を整理し、並びに児童の養護又は栄養の指導及び管理をつかさどる主幹教諭を置くことができる。

第三十八条　市町村は、その区域内にある学齢児童を就学させるに必要な小学校を設置しなければならない。

第三十九条　市町村は、適当と認めるときは、前条の規定による事務の全部又は一部を処理するため、市町村の組合を設けることができる。

第四十条　市町村は、前二条の規定によることを不可能又は不適当と認めるときは、小学校の設置に代え、学齢児童の全部又は一部の教育事務を、他の市町村又は前条の市町村の組合に委託することができる。

○2　前項の場合においては、地方自治法第二百五十二条の十四第三項において準用する同法第二百五十二条の二第二項中「都道府県知事」とあるのは、「都道府県知事及び都道府県の教育委員会」と読み替えるものとする。

第四十一条　町村が、前二条の規定による負担に堪えないと都道府県の教育委員会が認めるときは、都道府県は、その町村に対して、必要な補助を与えなければならない。

第四十二条　小学校は、文部科学大臣の定めるところにより当該小学校の教育活動その他の学校

運営の状況について評価を行い、その結果に基づき学校運営の改善を図るため必要な措置を講ずることにより、その教育水準の向上に努めなければならない。

第四十三条　小学校は、当該小学校に関する保護者及び地域住民その他の関係者の理解を深めるとともに、これらの者との連携及び協力の推進に資するため、当該小学校の教育活動その他の学校運営の状況に関する情報を積極的に提供するものとする。

第四十四条　私立の小学校は、都道府県知事の所管に属する。

第五章　中学校

第四十五条　中学校は、小学校における教育の基礎の上に、心身の発達に応じて、義務教育として行われる普通教育を施すことを目的とする。

第四十六条　中学校における教育は、前条に規定する目的を実現するため、第二十一条各号に掲げる目標を達成するよう行われるものとする。

第四十七条　中学校の修業年限は、三年とする。

第四十八条　中学校の教育課程に関する事項は、第四十五条及び第四十六条の規定並びに次条において読み替えて準用する第三十条第二項の規定に従い、文部科学大臣が定める。

第四十九条　第三十条第二項、第三十一条、第三十四条、第三十五条及び第三十七条から第四十四条までの規定は、中学校に準用する。この場合において、第三十条第二項中「前項」とあるのは「第四十六条」と、第三十一条中「前条第一項」とあるのは「第四十六条」と読み替えるものとする。

第六章　高等学校

第五十条　高等学校は、中学校における教育の基礎の上に、心身の発達及び進路に応じて、高度な普通教育及び専門教育を施すことを目的とする。

学資格を有する者に対して、簡易な程度において、特別の技能教育を施すことを目的とし、その修業年限は、一年以上とする。

第七章　中等教育学校

第六十三条　中等教育学校は、小学校における教育の基礎の上に、心身の発達及び進路に応じて、義務教育として行われる普通教育並びに高度な普通教育及び専門教育を一貫して施すことを目的とする。

○2　前項において準用する第五十三条又は第五十四条の規定により後期課程に定時制の課程又は通信制の課程を置く中等教育学校については、第六十五条の規定にかかわらず、当該定時制の課程又は通信制の課程に係る修業年限は、六年以上とする。この場合において、第六十六条中「後期三年の後期課程」とあるのは、「後期三年以上の後期課程」とする。

第八章　特別支援教育

第七十二条　特別支援学校は、視覚障害者、聴覚障害者、知的障害者、肢体不自由者又は病弱者（身体虚弱者を含む。以下同じ。）に対して、幼稚園、小学校、中学校又は高等学校に準ずる教育を施すとともに、障害による学習上又は生活上の困難を克服し自立を図るために必要な知識技能を授けることを目的とする。

第八十一条　幼稚園、小学校、中学校、高等学校及び中等教育学校においては、次項各百号のいずれかに該当する幼児、児童及び生徒その他教育上特別の支援を必要とする幼児、児童及び生徒に対し、文部科学大臣の定めるところにより、障害による学習上又は生活上の困難を克服するための教育を行うものとする。

○2　小学校、中学校、高等学校及び中等教育学校には、次の各号のいずれかに該当する児童及び生徒のために、特別支援学級を置くことができる。

一　知的障害者
二　肢体不自由者
三　身体虚弱者
四　弱視者
五　難聴者
六　その他障害のある者で、特別支援学級において教育を行うことが適当なもの

○3　前項に規定する学校においては、疾病により療養中の児童及び生徒に対して、特別支援学級を設け、又は教員を派遣して、教育を行うことができる。

第九章　大学
第八十三条　大学は、学術の中心として、広く知識を授けるとともに、深く専門の学芸を教授研究し、知的、道徳的及び応用的能力を展開させることを目的とする。
○2　大学は、その目的を実現するための教育研究を行い、その成果を広く社会に提供することにより、社会の発展に寄与するものとする。
務した者であつて、教育上又は学術上特に功績のあつた者に対し、当該大学の定めるところにより、名誉教授の称号を授与することができる。

第十章　高等専門学校
第百十五条　高等専門学校は、深く専門の学芸を教授し、職業に必要な能力を育成することを目的とする。
○2　高等専門学校は、その目的を実現するための教育を行い、その成果を広く社会に提供することにより、社会の発展に寄与するものとする。

第十一章　専修学校
第百二十四条　第一条に掲げるもの以外の教育施設で、職業若しくは実際生活に必要な能力を育成し、又は教養の向上を図ることを目的として次の各号に該当する組織的な教育を行うもの（当該教育を行うにつき他の法律に特別の規定があるもの及び我が国に居住する外国人を専ら対象とするものを除く。）は、専修学校とする。
一　修業年限が一年以上であること。
二　授業時数が文部科学大臣の定める授業時数以上であること。
三　教育を受ける者が常時四十人以上であること。
第百二十五条　専修学校には、高等課程、専門課程又は一般課程を置く。
○2　専修学校の高等課程においては、中学校若しくはこれに準ずる学校を卒業した者若しくは中等教育学校の前期課程を修了した者又は文部科学大臣の定めるところによりこれと同等以上の学力があると認められた者に対して、中学校における教育の基礎の上に、心身の発達に応じて前条の教育を行うものとする。
○3　専修学校の専門課程においては、高等学校若しくはこれに準ずる学校若しくは中等教育学校を卒業した者又は文部科学大臣の定めるところによりこれに準ずる学力があると認められた者に対して、高等学校における教育の基礎の上に、前条の教育を行うものとする。
○4　専修学校の一般課程においては、高等課程又は専門課程の教育以外の前条の教育を行うものとする。
第百二十六条　高等課程を置く専修学校は、高等専修学校と称することができる。
○2　専門課程を置く専修学校は、専門学校と称することができる。

学校教育施行令
（昭和28年10月31日政令第340号）

第一章　就学義務
第一節　学齢簿
（学齢簿の編製）
第一条　市（特別区を含む。以下同じ。）町村の教育委員会は、当該市町村の区域内に住所を有する学齢児童及び学齢生徒（それぞれ学校教育法（以下「法」という。）第十八条に規定する学齢児童及び学齢生徒をいう。以下同じ。）について、学齢簿を編製しなければならない。
2　前項の規定による学齢簿の編製は、当該市町村の住民基本台帳に基づいて行なうものとする。
3　市町村の教育委員会は、文部科学省令で定めるところにより、第一項の学齢簿を磁気ディスク（これに準ずる方法により一定の事項を確実に記録しておくことができる物を含む。以下同じ。）をもつて調製することができる。
4　第一項の学齢簿に記載（前項の規定により磁気ディスクをもつて調製する学齢簿にあつては、記録。以下同じ。）をすべき事項は、文部科学省

令で定める。
（区域外就学等）
第九条 児童生徒等のうち視覚障害者等以外の者をその住所の存する市町村の設置する小学校又は中学校（併設型中学校を除く。）以外の小学校、中学校又は中等教育学校に就学させようとする場合には、その保護者は、就学させようとする小学校、中学校又は中等教育学校が市町村又は都道府県の設置するものであるときは当該市町村又は都道府県の教育委員会の、その他のものであるときは当該小学校、中学校又は中等教育学校における就学を承諾する権限を有する者の承諾を証する書面を添え、その旨をその児童生徒等の住所の存する市町村の教育委員会に届け出なければならない。
2 市町村の教育委員会は、前項の承諾（当該市町村の設置する小学校又は中学校（併設型中学校を除く。）への就学に係るものに限る。）を与えようとする場合には、あらかじめ、児童生徒等の住所の存する市町村の教育委員会に協議するものとする。

第二節 学期、休業日及び学校廃止後の書類の保存
（学期及び休業日）
第二十九条 公立の学校（大学を除く。）の学期及び夏季、冬季、学年末、農繁期等における休業日は、市町村又は都道府県の設置する学校にあつては当該市町村又は都道府県の教育委員会が、公立大学法人の設置する高等専門学校にあつては当該公立大学法人の理事長が定める。

学校教育法施行規則
（昭和22年5月23日文部省令第11号）

第一章 総則
第二節 校長、副校長及び教頭の資格
第二十条 校長（学長及び高等専門学校の校長を除く。）の資格は、次の各号のいずれかに該当するものとする。
一 教育職員免許法（昭和二十四年法律第百四十七号）による教諭の専修免許状又は一種免許状（高等学校及び中等教育学校の校長にあつては、専修免許状）を有し、かつ、次に掲げる職（以下「教育に関する職」という。）に五年以上あつたこと
第二十三条 前三条の規定は、副校長及び教頭の資格について準用する。

第三節 管理
第二十四条 校長は、その学校に在学する児童等の指導要録（学校教育法施行令第三十一条に規定する児童等の学習及び健康の状況を記録した書類の原本をいう。以下同じ。）を作成しなければならない。
指導要録の写しを含む。）及び前項の抄本又は写しを転学先の校長に送付しなければならない。
第二十五条 校長（学長を除く。）は、当該学校に在学する児童等について出席簿を作成しなければならない。
第二十六条 校長及び教員が児童等に懲戒を加えるに当つては、児童等の心身の発達に応ずる等教育上必要な配慮をしなければならない。
◯2 懲戒のうち、退学、停学及び訓告の処分は、校長（大学にあつては、学長の委任を受けた学部長を含む。）が行う。
◯3 前項の退学は、公立の小学校、中学校（学校教育法第七十一条の規定により高等学校における教育と一貫した教育を施すもの（以下「併設型中学校」という。）を除く。）又は特別支援学校に在学する学齢児童又は学齢生徒を除き、次の各号のいずれかに該当する児童等に対して行うことができる。
一 性行不良で改善の見込がないと認められる者
二 学力劣等で成業の見込がないと認められる者
三 正当の理由がなくて出席常でない者
四 学校の秩序を乱し、その他学生又は生徒としての本分に反した者
◯4 第二項の停学は、学齢児童又は学齢生徒に対しては、行うことができない。

第三章　幼稚園

第三十六条　幼稚園の設備、編制その他設置に関する事項は、この章に定めるもののほか、幼稚園設置基準（昭和三十一年文部省令第三十二号）の定めるところによる。

第三十七条　幼稚園の毎学年の教育週数は、特別の事情のある場合を除き、三十九週を下つてはならない。

第三十八条　幼稚園の教育課程その他の保育内容については、この章に定めるもののほか、教育課程その他の保育内容の基準として文部科学大臣が別に公示する幼稚園教育要領によるものとする。

第四章　小学校

第一節　設備編制

第四十条　小学校の設備、編制その他設置に関する事項は、この節に定めるもののほか、小学校設置基準（平成十四年文部科学省令第十四号）の定めるところによる。

第四十一条　小学校の学級数は、十二学級以上十八学級以下を標準とする。ただし、地域の実態その他により特別の事情のあるときは、この限りでない。

第四十二条　小学校の分校の学級数は、特別の事情のある場合を除き、五学級以下とし、前条の学級数に算入しないものとする。

第四十三条　小学校においては、調和のとれた学校運営が行われるためにふさわしい校務分掌の仕組みを整えるものとする。

第四十四条　小学校には、教務主任及び学年主任を置くものとする。

第四十五条　小学校においては、保健主事を置くものとする。

第四十六条　小学校には、事務長又は事務主任を置くことができる。

2　事務長及び事務主任は、事務職員をもつて、これに充てる。

3　事務長は、校長の監督を受け、事務職員その他の職員が行う事務を総括し、その他事務をつかさどる。

4　事務主任は、校長の監督を受け、事務をつかさどる。

第四十七条　小学校においては、前三条に規定する教務主任、学年主任、保健主事及び事務主任のほか、必要に応じ、校務を分担する主任等を置くことができる。

第四十八条　小学校には、設置者の定めるところにより、校長の職務の円滑な執行に資するため、職員会議を置くことができる。

2　職員会議は、校長が主宰する。

第四十九条　小学校には、設置者の定めるところにより、学校評議員を置くことができる。

2　学校評議員は、校長の求めに応じ、学校運営に関し意見を述べることができる。

3　学校評議員は、当該小学校の職員以外の者で教育に関する理解及び識見を有するもののうちから、校長の推薦により、当該小学校の設置者が委嘱する。

第二節　教育課程

第五十条　小学校の教育課程は、国語、社会、算数、理科、生活、音楽、図画工作、家庭及び体育の各教科（以下この節において「各教科」という。）、道徳、特別活動並びに総合的な学習の時間によつて編成するものとする。

2　私立の小学校の教育課程を編成する場合は、前項の規定にかかわらず、宗教を加えることができる。この場合においては、宗教をもつて前項の道徳に代えることができる。

第三節　学年及び授業日

第五十九条　小学校の学年は、四月一日に始まり、翌年三月三十一日に終わる。

第六十条　授業終始の時刻は、校長が定める。

第六十一条　公立小学校における休業日は、次のとおりとする。ただし、第三号に掲げる日を除き、特別の必要がある場合は、この限りでない。

一　国民の祝日に関する法律（昭和二十三年法律第百七十八号）に規定する日

二　日曜日及び土曜日

三　学校教育法施行令第二十九条の規定により教

育委員会が定める日
第六十二条　私立小学校における学期及び休業日は、当該学校の学則で定める。
第六十三条　非常変災その他急迫の事情があるときは、校長は、臨時に授業を行わないことができる。この場合において、公立小学校についてはこの旨を教育委員会に報告しなければならない。

　　　第四節　職員
第六十四条　講師は、常時勤務に服しないことができる。
第六十五条　学校用務員は、学校の環境の整備その他の用務に従事する。
　　　第五節　学校評価
第六十六条　小学校は、当該小学校の教育活動その他の学校運営の状況について、自ら評価を行い、その結果を公表するものとする。
2　前項の評価を行うに当たつては、小学校は、その実情に応じ、適切な項目を設定して行うものとする。
第六十七条　小学校は、前条第一項の規定による評価の結果を踏まえた当該小学校の児童の保護者その他の当該小学校の関係者（当該小学校の職員を除く。）による評価を行い、その結果を公表するよう努めるものとする。
第六十八条　小学校は、第六十六条第一項の規定による評価の結果及び前条の規定により評価を行つた場合はその結果を、当該小学校の設置者に報告するものとする。

第五章　中学校

第六十九条　中学校の設備、編制その他設置に関する事項は、この章に定めるもののほか、中学校設置基準（平成十四年文部科学省令第十五号）の定めるところによる。
第七十条　中学校には、生徒指導主事を置くものとする。
2　前項の規定にかかわらず、第四項に規定する生徒指導主事の担当する校務を整理する主幹教諭を置くときその他特別の事情のあるときは、生徒指導主事を置かないことができる。
3　生徒指導主事は、指導教諭又は教諭をもつて、これに充てる。
4　生徒指導主事は、校長の監督を受け、生徒指導に関する事項をつかさどり、当該事項について連絡調整及び指導、助言に当たる。
第七十一条　中学校には、進路指導主事を置くものとする。
2　前項の規定にかかわらず、第三項に規定する進路指導主事の担当する校務を整理する主幹教諭を置くときは、進路指導主事を置かないことができる。
3　進路指導主事は、指導教諭又は教諭をもつて、これに充てる。校長の監督を受け、生徒の職業選択の指導その他の進路の指導に関する事項をつかさどり、当該事項について連絡調整及び指導、助言に当たる。
第七十二条　中学校の教育課程は、必修教科、選択教科、道徳、特別活動及び総合的な学習の時間によつて編成するものとする。
2　必修教科は、国語、社会、数学、理科、音楽、美術、保健体育、技術・家庭及び外国語（以下この条において「国語等」という。）の各教科とする。
3　選択教科は、国語等の各教科及び第七十四条に規定する中学校学習指導要領で定めるその他特に必要な教科とし、これらのうちから、地域及び学校の実態並びに生徒の特性その他の事情を考慮して設けるものとする。
第七十三条　中学校（併設型中学校及び第七十五条第二項に規定する連携型中学校を除く。）の各学年における必修教科、道徳、特別活動及び総合的な学習の時間のそれぞれの授業時数、各学年における選択教科等に充てる授業時数並びに各学年におけるこれらの総授業時数は、別表第二に定める授業時数を標準とする。
第七十四条　中学校の教育課程については、この章に定めるもののほか、教育課程の基準として文部科学大臣が別に公示する中学校学習指導要領によるものとする。
第七十五条　中学校（併設型中学校を除く。）にお

いては、高等学校における教育との一貫性に配慮した教育を施すため、当該中学校の設置者が当該高等学校の設置者との協議に基づき定めるところにより、教育課程を編成することができる。
2　前項の規定により教育課程を編成する中学校（以下「連携型中学校」という。）は、第八十七条第一項の規定により教育課程を編成する高等学校と連携し、その教育課程を実施するものとする。
第七十六条　連携型中学校の各学年における必修教科、道徳、特別活動及び総合的な学習の時間のそれぞれの授業時数、各学年における選択教科等に充てる授業時数並びに各学年におけるこれらの総授業時数は、別表第四に定める授業時数を標準とする。
第七十七条　連携型中学校の教育課程については、この章に定めるもののほか、教育課程の基準の特例として文部科学大臣が別に定めるところによるものとする。

第六章　高等学校
第一節　設備、編制、学科及び教育課程
第八十条　高等学校の設備、編制、学科の種類その他設置に関する事項は、この節に定めるもののほか、高等学校設置基準（平成十六年文部科学省令第二十号）の定めるところによる。
第八十一条　二以上の学科を置く高等学校には、専門教育を主とする学科ごとに学科主任を置き、農業に関する専門教育を主とする学科を置く高等学校には、農場長を置くものとする。
2　前項の規定にかかわらず、第四項に規定する学科主任の担当する校務を整理する主幹教諭を置くときその他特別の事情のあるときは学科主任を、第五項に規定する農場長の担当する校務を整理する主幹教諭を置くときその他特別の事情のあるときは農場長を、それぞれ置かないことができる。
3　学科主任及び農場長は、指導教諭又は教諭をもつて、これに充てる。
4　学科主任は、校長の監督を受け、当該学科の教育活動に関する事項について連絡調整及び指導、助言に当たる。
5　農場長は、校長の監督を受け、農業に関する実習地及び実習施設の運営に関する事項をつかさどる。
第八十二条　高等学校には、事務長を置くものとする。
2　事務長は、事務職員をもつて、これに充てる。
3　事務長は、校長の監督を受け、事務職員その他の職員が行う事務を総括し、その他事務をつかさどる。
第八十三条　高等学校の教育課程は、別表第三に定める各教科に属する科目、特別活動及び総合的な学習の時間によつて編成するものとする。
第八十四条　高等学校の教育課程については、この章に定めるもののほか、教育課程の基準として文部科学大臣が別に公示する高等学校学習指導要領によるものとする。
第八十五条　高等学校の教育課程に関し、その改善に資する研究を行うため特に必要があり、かつ、生徒の教育上適切な配慮がなされていると文部科学大臣が認める場合においては、文部科学大臣が別に定めるところにより、前二条の規定によらないことができる。
第八十五条の二　文部科学大臣が、高等学校において、当該高等学校又は当該高等学校が設置されている地域の実態に照らし、より効果的な教育を実施するため、当該高等学校又は当該地域の特色を生かした特別の教育課程を編成して教育を実施する必要があり、かつ、当該特別の教育課程について、教育基本法及び学校教育法第五十一条の規定等に照らして適切であり、生徒の教育上適切な配慮がなされているものとして文部科学大臣が定める基準を満たしていると認める場合においては、文部科学大臣が別に定めるところにより、第八十三条又は第八十四条の規定の全部又は一部によらないことができる。
第八十六条　高等学校において、学校生活への適応が困難であるため、相当の期間高等学校を欠席していると認められる生徒、高等学校を退学し、その後高等学校に入学していないと認めら

れる者又は学校教育法第五十七条に規定する高等学校の入学資格を有するが、高等学校に入学していないと認められる者を対象として、その実態に配慮した特別の教育課程を編成して教育を実施する必要があると文部科学大臣が認める場合においては、文部科学大臣が別に定めるところにより、第八十三条又は第八十四条の規定によらないことができる。

第八十九条　高等学校においては、文部科学大臣の検定を経た教科用図書又は文部科学省が著作の名義を有する教科用図書のない場合には、当該高等学校の設置者の定めるところにより、他の適切な教科用図書を使用することができる。

　　　第二節　入学、退学、転学、留学、休学及び卒業等

第九十条　高等学校の入学は、第七十八条の規定により送付された調査書その他必要な書類、選抜のための学力検査（以下この条において「学力検査」という。）の成績等を資料として行う入学者の選抜に基づいて、校長が許可する。
2　学力検査は、特別の事情のあるときは、行わないことができる。
3　調査書は、特別の事情のあるときは、入学者の選抜のための資料としないことができる。
4　連携型高等学校における入学者の選抜は、第七十五条第一項の規定により編成する教育課程に係る連携型中学校の生徒については、調査書及び学力検査の成績以外の資料により行うことができる。
5　公立の高等学校に係る学力検査は、当該高等学校を設置する都道府県又は市町村の教育委員会が行う。

第九十一条　第一学年の途中又は第二学年以上に入学を許可される者は、相当年齢に達し、当該学年に在学する者と同等以上の学力があると認められた者とする。

第九十二条　他の高等学校に転学を志望する生徒のあるときは、校長は、その事由を具し、生徒の在学証明書その他必要な書類を転学先の校長に送付しなければならない。転学先の校長は、教育上支障がない場合には、転学を許可することができる。
2　全日制の課程、定時制の課程及び通信制の課程相互の間の転学又は転籍については、修得した単位に応じて、相当学年に転入することができる。

第九十四条　生徒が、休学又は退学をしようとするときは、校長の許可を受けなければならない。

第九十五条　学校教育法第五十七条の規定により、高等学校入学に関し、中学校を卒業した者と同等以上の学力があると認められる者は、次の各号のいずれかに該当する者とする。
一　外国において、学校教育における九年の課程を修了した者
二　文部科学大臣が中学校の課程と同等の課程を有するものとして認定した在外教育施設の当該課程を修了した者
三　文部科学大臣の指定した者
四　就学義務猶予免除者等の中学校卒業程度認定規則（昭和四十一年文部省令第三十六号）により、中学校を卒業した者と同等以上の学力があると認定された者
五　その他高等学校において、中学校を卒業した者と同等以上の学力があると認めた者

第九十六条　校長は、生徒の高等学校の全課程の修了を認めるに当たつては、高等学校学習指導要領の定めるところにより、七十四単位以上を修得した者について行わなければならない。ただし、第八十五条、第八十五条の二又は第八十六条の規定により、高等学校の教育課程に関し第八十三条又は第八十四条の規定によらない場合においては、文部科学大臣が別に定めるところにより行うものとする。

第九十七条　校長は、教育上有益と認めるときは、生徒が当該校長の定めるところにより他の高等学校又は中等教育学校の後期課程において一部の科目の単位を修得したときは、当該修得した単位数を当該生徒の在学する高等学校が定めた全課程の修了を認めるに必要な単位数のうちに加えることができる。
2　前項の規定により、生徒が他の高等学校又は

中等教育学校の後期課程において一部の科目の単位を修得する場合においては、当該他の高等学校又は中等教育学校の校長は、当該生徒について一部の科目の履修を許可することができる。

3　同一の高等学校に置かれている全日制の課程、定時制の課程及び通信制の課程相互の間の併修については、前二項の規定を準用する。

第九十八条　校長は、教育上有益と認めるときは、当該校長の定めるところにより、生徒が行う次に掲げる学修を当該生徒の在学する高等学校における科目の履修とみなし、当該科目の単位を与えることができる。

一　大学、高等専門学校又は専修学校の高等課程若しくは専門課程における学修その他の教育施設等における学修で文部科学大臣が別に定めるもの

二　知識及び技能に関する審査で文部科学大臣が別に定めるものに係る学修

三　ボランティア活動その他の継続的に行われる活動（当該生徒の在学する高等学校の教育活動として行われるものを除く。）に係る学修で文部科学大臣が別に定めるもの

第九十九条　第九十七条の規定に基づき加えることのできる単位数及び前条の規定に基づき与えることのできる単位数の合計数は三十六を超えないものとする。

第百条　校長は、教育上有益と認めるときは、当該校長の定めるところにより、生徒が行う次に掲げる学修（当該生徒が入学する前に行つたものを含む。）を当該生徒の在学する高等学校における科目の履修とみなし、当該科目の単位を与えることができる。

一　高等学校卒業程度認定試験規則（平成十七年文部科学省令第一号）の定めるところにより合格点を得た試験科目（同令附則第二条の規定による廃止前の大学入学資格検定規程（昭和二十六年文部省令第十三号。以下「旧規程」という。）の定めるところにより合格点を得た受検科目を含む。）に係る学修

二　高等学校の別科における学修で第八十四条の規定に基づき文部科学大臣が公示する高等学校学習指導要領の定めるところに準じて修得した科目に係る学修

第七章　中等教育学校並びに併設型中学校及び併設型高等学校

第一節　中等教育学校

第百五条　中等教育学校の設置基準は、この章に定めるもののほか、別に定める。

第百六条　中等教育学校の前期課程の設備、編制その他設置に関する事項については、中学校設置基準の規定を準用する。

2　中等教育学校の後期課程の設備、編制、学科の種類その他設置に関する事項については、高等学校設置基準の規定を準用する。

第百七条　次条第一項において準用する第七十二条に規定する中等教育学校の前期課程の各学年における必修教科、道徳、特別活動及び総合的な学習の時間のそれぞれの授業時数、各学年における選択教科等に充てる授業時数並びに各学年におけるこれらの総授業時数は、別表第四に定める授業時数を標準とする。

第八章　特別支援教育

第百十八条　特別支援学校の設置基準及び特別支援学級の設備編制は、この章に規定するもののほか、別に定める。

第百十九条　特別支援学校においては、学校教育法第七十二条に規定する者に対する教育のうち当該特別支援学校が行うものを学則その他の設置者の定める規則（次項において「学則等」という。）で定めるとともに、これについて保護者等に対して積極的に情報を提供するものとする。

2　前項の学則等を定めるに当たつては、当該特別支援学校の施設及び設備等の状況並びに当該特別支援学校の所在する地域における障害のある児童等の状況について考慮しなければならない。

第百四十条　小学校若しくは中学校又は中等教育学校の前期課程において、次の各号のいずれかに該当する児童又は生徒（特別支援学級の児童及び生徒を除く。）のうち当該障害に応じた特別

の指導を行う必要があるものを教育する場合には、文部科学大臣が別に定めるところにより、第五十条第一項、第五十一条及び第五十二条の規定並びに第七十二条から第七十四条までの規定にかかわらず、特別の教育課程によることができる。
一　言語障害者
二　自閉症者
三　情緒障害者
四　弱視者
五　難聴者
六　学習障害者
七　注意欠陥多動性障害者
八　その他障害のある者で、この条の規定により特別の教育課程による教育を行うことが適当なもの

第百四十一条　前条の規定により特別の教育課程による場合においては、校長は、児童又は生徒が、当該小学校、中学校又は中等教育学校の設置者の定めるところにより他の小学校、中学校、中等教育学校の前期課程又は特別支援学校の小学部若しくは中学部において受けた授業を、当該小学校若しくは中学校又は中等教育学校の前期課程において受けた当該特別の教育課程に係る授業とみなすことができる。

教育公務員特例法
（昭和24年1月12日法律第1号）

第一章　総則
（この法律の趣旨）

第一条　この法律は、教育を通じて国民全体に奉仕する教育公務員の職務とその責任の特殊性に基づき、教育公務員の任免、給与、分限、懲戒、服務及び研修等について規定する。
（定義）

第二条　この法律で「教育公務員」とは、地方公務員のうち、学校教育法（昭和二十二年法律第二十六号）第一条に定める学校であつて同法第二条に定める公立学校（地方独立行政法人法（平成十五年法律第百十八号）第六十八条第一項に規定する公立大学法人が設置する大学及び高等専門学校を除く。以下同じ。）の学長、校長（園長を含む。以下同じ。）、教員及び部局長並びに教育委員会の教育長及び専門的教育職員をいう。

2　この法律で「教員」とは、前項の学校の教授、准教授、助教、副校長（副園長を含む。以下同じ。）、教頭、主幹教諭、指導教諭、教諭、助教諭、養護教諭、養護助教諭、栄養教諭及び講師（常時勤務の者及び地方公務員法（昭和二十五年法律第二百六十一号）第二十八条の五第一項に規定する短時間勤務の職を占める者に限る。第二十三条第二項を除き、以下同じ。）をいう。

3　この法律で「部局長」とは、大学（公立学校であるものに限る。第二十六条第一項を除き、以下同じ。）の副学長、学部長その他政令で指定する部局の長をいう。

4　この法律で「評議会」とは、大学に置かれる会議であつて当該大学を設置する地方公共団体の定めるところにより学長、学部長その他の者で構成するものをいう。

5　この法律で「専門的教育職員」とは、指導主事及び社会教育主事をいう。

第三章　服務
（兼職及び他の事業等の従事）

第十七条　教育公務員は、教育に関する他の職を兼ね、又は教育に関する他の事業若しくは事務に従事することが本務の遂行に支障がないと任命権者（地方教育行政の組織及び運営に関する法律第三十七条第一項に規定する県費負担教職員については、市町村（特別区を含む。以下同じ。）の教育委員会。第二十三条第二項及び第二十四条第二項において同じ。）において認める場合には、給与を受け、又は受けないで、その職を兼ね、又はその事業若しくは事務に従事することができる。

2　前項の場合においては、地方公務員法第三十八条第二項の規定により人事委員会が定める許可の基準によることを要しない。
（公立学校の教育公務員の政治的行為の制限）

第十八条　公立学校の教育公務員の政治的行為の

制限については、当分の間、地方公務員法第三十六条の規定にかかわらず、国家公務員の例による。
2　前項の規定は、政治的行為の制限に違反した者の処罰につき国家公務員法（昭和二十二年法律第百二十号）第百十条第一項の例による趣旨を含むものと解してはならない。
（勤務成績の評定）
第二十条　大学の学長、教員及び部局長の勤務成績の評定及び評定の結果に応じた措置は、学長にあつては評議会、教員及び学部長にあつては教授会の議に基づき学長、学部長以外の部局長にあつては学長が行う。
2　前項の勤務成績の評定は、評議会の議に基づき学長が定める基準により、行わなければならない。

第四章　研修
（研修）
第二十一条　教育公務員は、その職責を遂行するために、絶えず研究と修養に努めなければならない。
2　教育公務員の任命権者は、教育公務員の研修について、それに要する施設、研修を奨励するための方途その他研修に関する計画を樹立し、その実施に努めなければならない。
（研修の機会）
第二十二条　教育公務員には、研修を受ける機会が与えられなければならない。
2　教員は、授業に支障のない限り、本属長の承認を受けて、勤務場所を離れて研修を行うことができる。
3　教育公務員は、任命権者の定めるところにより、現職のままで、長期にわたる研修を受けることができる。
（初任者研修）
第二十三条　公立の小学校等の教諭等の任命権者は、当該教諭等（政令で指定する者を除く。）に対して、その採用の日から一年間の教諭の職務の遂行に必要な事項に関する実践的な研修（以下「初任者研修」という。）を実施しなければならない。
2　任命権者は、初任者研修を受ける者（次項において「初任者」という。）の所属する学校の副校長、教頭、主幹教諭（養護又は栄養の指導及び管理をつかさどる主幹教諭を除く。）、指導教諭、教諭又は講師のうちから、指導教員を命じるものとする。
3　指導教員は、初任者に対して教諭の職務の遂行に必要な事項について指導及び助言を行うものとする。
（十年経験者研修）
第二十四条　公立の小学校等の教諭等の任命権者は、当該教諭等に対して、その在職期間（公立学校以外の小学校等の教諭等としての在職期間を含む。）が十年（特別の事情がある場合には、十年を標準として任命権者が定める年数）に達した後相当の期間内に、個々の能力、適性等に応じて、教諭等としての資質の向上を図るために必要な事項に関する研修（以下「十年経験者研修」という。）を実施しなければならない。
2　任命権者は、十年経験者研修を実施するに当たり、十年経験者研修を受ける者の能力、適性等について評価を行い、その結果に基づき、当該者ごとに十年経験者研修に関する計画書を作成しなければならない。
3　第一項に規定する在職期間の計算方法、十年経験者研修を実施する期間その他十年経験者研修の実施に関し必要な事項は、政令で定める。
（研修計画の体系的な樹立）
第二十五条　任命権者が定める初任者研修及び十年経験者研修に関する計画は、教員の経験に応じて実施する体系的な研修の一環をなすものとして樹立されなければならない。

第五章　大学院修学休業
（大学院修学休業の許可及びその要件等）
第二十六条　公立の小学校等の主幹教諭、指導教諭、教諭、養護教諭、栄養教諭又は講師（以下「主幹教諭等」という。）で次の各号のいずれにも該当するものは、任命権者の許可を受けて、三年を超えない範囲内で年を単位として定める

期間、大学（短期大学を除く。）の大学院の課程若しくは専攻科の課程又はこれらの課程に相当する外国の大学の課程（次項及び第二十八条第二項において「大学院の課程等」という。）に在学してその課程を履修するための休業（以下「大学院修学休業」という。）をすることができる。
一　主幹教諭（養護又は栄養の指導及び管理をつかさどる主幹教諭を除く。）、指導教諭、教諭又は講師にあつては教育職員免許法（昭和二十四年法律第百四十七号）に規定する教諭の専修免許状、養護をつかさどる主幹教諭又は養護教諭にあつては同法に規定する養護教諭の専修免許状、栄養の指導及び管理をつかさどる主幹教諭又は栄養教諭にあつては同法に規定する栄養教諭の専修免許状の取得を目的としていること。
二　取得しようとする専修免許状に係る基礎となる免許状（教育職員免許法に規定する教諭の一種免許状若しくは特別免許状、養護教諭の一種免許状又は栄養教諭の一種免許状であつて、同法別表第三、別表第五、別表第六、別表第六の二又は別表第七の規定により専修免許状の授与を受けようとする場合には有することを必要とされるものをいう。次号において同じ。）を有していること。
三　取得しようとする専修免許状に係る基礎となる免許状について、教育職員免許法別表第三、別表第五、別表第六、別表第六の二又は別表第七に定める最低在職年数を満たしていること。
四　条件付採用期間中の者、臨時的に任用された者、初任者研修を受けている者その他政令で定める者でないこと。
2　大学院修学休業の許可を受けようとする主幹教諭等は、取得しようとする専修免許状の種類、在学しようとする大学院の課程等及び大学院修学休業をしようとする期間を明らかにして、任命権者に対し、その許可を申請するものとする。
（大学院修学休業の効果）
第二十七条　大学院修学休業をしている主幹教諭等は、地方公務員としての身分を保有するが、職務に従事しない。

2　大学院修学休業をしている期間については、給与を支給しない。

教育職員免許法
(昭和24年5月31日法律第147号)

第一章　総則
（この法律の目的）
第一条　この法律は、教育職員の免許に関する基準を定め、教育職員の資質の保持と向上を図ることを目的とする。
（定義）
第二条　この法律で「教育職員」とは、学校教育法（昭和二十二年法律第二十六号）第一条に定める幼稚園、小学校、中学校、高等学校、中等教育学校及び特別支援学校（以下「学校」という。）の主幹教諭、指導教諭、教諭、助教諭、養護教諭、養護助教諭、栄養教諭及び講師（以下「教員」という。）をいう。
2　この法律で「免許管理者」とは、免許状を有する者が教育職員及び文部科学省令で定める教育の職にある者である場合にあつてはその者の勤務地の都道府県の教育委員会、これらの者以外の者である場合にあつてはその者の住所地の都道府県の教育委員会をいう。
3　この法律で「所轄庁」とは、大学附置の国立学校（学校教育法第二条第二項に規定する国立学校をいう。以下同じ。）又は公立学校の教員にあつてはその大学の学長、大学附置の学校以外の公立学校の教員にあつてはその学校を所管する教育委員会、私立学校の教員にあつては都道府県知事をいう。
4　この法律で「自立教科等」とは、理療（あん摩、マッサージ、指圧等に関する基礎的な知識技能の修得を目標とした教科をいう。）、理学療法、理容その他の職業についての知識技能の修得に関する教科及び学習上又は生活上の困難を克服し自立を図るために必要な知識技能の修得を目的とする教育に係る活動（以下「自立活動」という。）をいう。
5　この法律で「特別支援教育領域」とは、学校

教育法第七十二条に規定する視覚障害者、聴覚障害者、知的障害者、肢体不自由者又は病弱者（身体虚弱者を含む。）に関するいずれかの教育の領域をいう。

（免　許）

第三条　教育職員は、この法律により授与する各相当の免許状を有する者でなければならない。

2　前項の規定にかかわらず、主幹教諭（養護又は栄養の指導及び管理をつかさどる主幹教諭を除く。）及び指導教諭については各相当学校の教諭の免許状を有する者を、養護をつかさどる主幹教諭については養護教諭の免許状を有する者を、栄養の指導及び管理をつかさどる主幹教諭については栄養教諭の免許状を有する者を、講師については各相当学校の教員の相当免許状を有する者を、それぞれ充てるものとする。

3　特別支援学校の教員（養護又は栄養の指導及び管理をつかさどる主幹教諭、養護教諭、養護助教諭、栄養教諭並びに特別支援学校において自立教科等の教授を担任する教員を除く。）については、第一項の規定にかかわらず、特別支援学校の教員の免許状のほか、特別支援学校の各部に相当する学校の教員の免許状を有する者でなければならない。

4　中等教育学校の教員（養護又は栄養の指導及び管理をつかさどる主幹教諭、養護教諭、養護助教諭並びに栄養教諭を除く。）については、第一項の規定にかかわらず、中学校の教員の免許状及び高等学校の教員の免許状を有する者でなければならない。

（免許状を要しない非常勤の講師）

第三条の二　次に掲げる事項の教授又は実習を担任する非常勤の講師については、前条の規定にかかわらず、各相当学校の教員の相当免許状を有しない者を充てることができる。

一　小学校における次条第六項第一号に掲げる教科の領域の一部に係る事項

二　中学校における次条第五項第一号に掲げる教科及び第十六条の三第一項の文部科学省令で定める教科の領域の一部に係る事項

三　高等学校における次条第五項第二号に掲げる教科及び第十六条の三第一項の文部科学省令で定める教科の領域の一部に係る事項

四　中等教育学校における前二号に掲げる事項

五　特別支援学校（幼稚部を除く。）における第一号から第三号までに掲げる事項及び自立教科等の領域の一部に係る事項

六　教科に関する事項で文部科学省令で定めるもの

2　前項の場合において、非常勤の講師に任命し、又は雇用しようとする者は、あらかじめ、文部科学省令で定めるところにより、その旨を第五条第七項で定める授与権者に届け出なければならない。

第二章　免許状

（種　類）

第四条　免許状は、普通免許状、特別免許状及び臨時免許状とする。

2　普通免許状は、学校（中等教育学校を除く。）の種類ごとの教諭の免許状、養護教諭の免許状及び栄養教諭の免許状とし、それぞれ専修免許状、一種免許状及び二種免許状（高等学校教諭の免許状にあつては、専修免許状及び一種免許状）に区分する。

3　特別免許状は、学校（幼稚園及び中等教育学校を除く。）の種類ごとの教諭の免許状とする。

4　臨時免許状は、学校（中等教育学校を除く。）の種類ごとの助教諭の免許状及び養護助教諭の免許状とする。

5　中学校及び高等学校の教員の普通免許状及び臨時免許状は、次に掲げる各教科について授与するものとする。

一　中学校の教員にあつては、国語、社会、数学、理科、音楽、美術、保健体育、保健、技術、家庭、職業（職業指導及び職業実習（農業、工業、商業、水産及び商船のうちいずれか一以上の実習とする。以下同じ。）を含む。）、職業指導、職業実習、外国語（英語、ドイツ語、フランス語その他の外国語に分ける。）及び宗教

二　高等学校の教員にあつては、国語、地理歴史、公民、数学、理科、音楽、美術、工芸、書道、

保健体育、保健、看護、看護実習、家庭、家庭実習、情報、情報実習、農業、農業実習、工業、工業実習、商業、商業実習、水産、水産実習、福祉、福祉実習、商船、商船実習、職業指導、外国語（英語、ドイツ語、フランス語その他の外国語に分ける。）及び宗教
6　小学校教諭、中学校教諭及び高等学校教諭の特別免許状は、次に掲げる教科又は事項について授与するものとする。
一　小学校教諭にあつては、国語、社会、算数、理科、生活、音楽、図画工作、家庭及び体育
二　中学校教諭にあつては、前項第一号に掲げる各教科及び第十六条の三第一項の文部科学省令で定める教科
三　高等学校教諭にあつては、前項第二号に掲げる各教科及びこれらの教科の領域の一部に係る事項で第十六条の四第一項の文部科学省令で定めるもの並びに第十六条の三第一項の文部科学省令で定める教科
第四条の二　特別支援学校の教員の普通免許状及び臨時免許状は、一又は二以上の特別支援教育領域について授与するものとする。
2　特別支援学校において専ら自立教科等の教授を担任する教員の普通免許状及び臨時免許状は、前条第二項の規定にかかわらず、文部科学省令で定めるところにより、障害の種類に応じて文部科学省令で定める自立教科等について授与するものとする。
3　特別支援学校教諭の特別免許状は、前項の文部科学省令で定める自立教科等について授与するものとする。
（授与）
第五条　普通免許状は、別表第一、別表第二若しくは別表第二の二に定める基礎資格を有し、かつ、大学若しくは文部科学大臣の指定する養護教諭養成機関において別表第一、別表第二若しくは別表第二の二に定める単位を修得した者又はその免許状を授与するため行う教育職員検定に合格した者に授与する。ただし、次の各号のいずれかに該当する者には、授与しない。
一　十八歳未満の者
二　高等学校を卒業しない者（通常の課程以外の課程におけるこれに相当するものを修了しない者を含む。）。ただし、文部科学大臣において高等学校を卒業した者と同等以上の資格を有すると認めた者を除く。
三　成年被後見人又は被保佐人
四　禁錮以上の刑に処せられた者
五　第十条第一項第二号又は第三号に該当することにより免許状がその効力を失い、当該失効の日から三年を経過しない者
六　第十一条第一項から第三項までの規定により免許状取上げの処分を受け、当該処分の日から三年を経過しない者
七　日本国憲法施行の日以後において、日本国憲法又はその下に成立した政府を暴力で破壊することを主張する政党その他の団体を結成し、又はこれに加入した者
2　前項本文の規定にかかわらず、別表第一から別表第二の二までに規定する普通免許状に係る所要資格を得た日の翌日から起算して十年を経過する日の属する年度の末日を経過した者に対する普通免許状の授与は、その者が免許状更新講習（第九条の三第一項に規定する免許状更新講習をいう。以下第九条の二までにおいて同じ。）の課程を修了した後文部科学省令で定める二年以上の期間内にある場合に限り、行うものとする。
3　特別免許状は、教育職員検定に合格した者に授与する。ただし、第一項各号のいずれかに該当する者には、授与しない。
4　前項の教育職員検定は、次の各号のいずれにも該当する者について、教育職員に任命し、又は雇用しようとする者が、学校教育の効果的な実施に特に必要があると認める場合において行う推薦に基づいて行うものとする。
一　担当する教科に関する専門的な知識経験又は技能を有する者
二　社会的信望があり、かつ、教員の職務を行うのに必要な熱意と識見を持つている者
5　第七項で定める授与権者は、第三項の教育職員検定において合格の決定をしようとするとき

は、あらかじめ、学校教育に関し学識経験を有する者その他の文部科学省令で定める者の意見を聴かなければならない。
6　臨時免許状は、普通免許状を有する者を採用することができない場合に限り、第一項各号のいずれにも該当しない者で教育職員検定に合格したものに授与する。ただし、高等学校助教諭の臨時免許状は、次の各号のいずれかに該当する者以外の者には授与しない。
一　短期大学士の学位又は準学士の称号を有する者
二　文部科学大臣が前号に掲げる者と同等以上の資格を有すると認めた者
7　免許状は、都道府県の教育委員会（以下「授与権者」という。）が授与する。
（免許状の授与の手続等）
（教育職員検定）
第六条　教育職員検定は、受検者の人物、学力、実務及び身体について、授与権者が行う。
2　学力及び実務の検定は、第五条第三項及び第六項、前条第三項並びに第十八条の場合を除くほか、別表第三又は別表第五から別表第八までに定めるところによつて行わなければならない。
3　一以上の教科についての教諭の免許状を有する者に他の教科についての教諭の免許状を授与するため行う教育職員検定は、第一項の規定にかかわらず、受検者の人物、学力及び身体について行う。この場合における学力の検定は、前項の規定にかかわらず、別表第四の定めるところによつて行わなければならない。
（効力）
第九条　普通免許状は、その授与の日の翌日から起算して十年を経過する日の属する年度の末日まで、すべての都道府県（中学校及び高等学校の教員の宗教の教科についての免許状にあつては、国立学校又は公立学校の場合を除く。次項及び第三項において同じ。）において効力を有する。
2　特別免許状は、その授与の日の翌日から起算して十年を経過する日の属する年度の末日まで、その免許状を授与した授与権者の置かれる都道府県においてのみ効力を有する。
3　臨時免許状は、その免許状を授与したときから三年間、その免許状を授与した授与権者の置かれる都道府県においてのみ効力を有する。
（有効期間の更新及び延長）
第九条の二　免許管理者は、普通免許状又は特別免許状の有効期間を、その満了の際、その免許状を有する者の申請により更新することができる。
2　前項の申請は、申請書に免許管理者が定める書類を添えて、これを免許管理者に提出してしなければならない。
3　第一項の規定による更新は、その申請をした者が当該普通免許状又は特別免許状の有効期間の満了する日までの文部科学省令で定める二年以上の期間内において免許状更新講習の課程を修了した者である場合又は知識技能その他の事項を勘案して免許状更新講習を受ける必要がないものとして文部科学省令で定めるところにより免許管理者が認めた者である場合に限り、行うものとする。
（免許状更新講習）
第九条の三　免許状更新講習は、大学その他文部科学省令で定める者が、次に掲げる基準に適合することについての文部科学大臣の認定を受けて行う。
一　講習の内容が、教員の職務の遂行に必要なものとして文部科学省令で定める事項に関する最新の知識技能を修得させるための課程（その一部として行われるものを含む。）であること。
二　講習の講師が、次のいずれかに該当する者であること。
イ　文部科学大臣が第十六条の三第四項の政令で定める審議会等に諮問して免許状の授与の所要資格を得させるために適当と認める課程を有する大学において、当該課程を担当する教授、准教授又は講師の職にある者
ロ　イに掲げる者に準ずるものとして文部科学省令で定める者
三　講習の課程の修了の認定（課程の一部の履修の認定を含む。）が適切に実施されるものである

こと。
四　その他文部科学省令で定める要件に適合するものであること。
2　前項に規定する免許状更新講習（以下単に「免許状更新講習」という。）の時間は、三十時間以上とする。
3　免許状更新講習は、次に掲げる者に限り、受けることができる。
一　教育職員及び文部科学省令で定める教育の職にある者
二　教育職員に任命され、又は雇用されることとなつている者及びこれに準ずるものとして文部科学省令で定める者
第九条の五　教育職員で、その有する相当の免許状（主幹教諭（養護又は栄養の指導及び管理をつかさどる主幹教諭を除く。）及び指導教諭についてはその有する相当学校の教諭の免許状、養護をつかさどる主幹教諭についてはその有する養護教諭の免許状、栄養の指導及び管理をつかさどる主幹教諭についてはその有する栄養教諭の免許状、講師についてはその有する相当学校の教員の相当免許状）が二種免許状であるものは、相当の一種免許状の授与を受けるように努めなければならない。

第三章　免許状の失効及び取上げ

（失効）
第十条　免許状を有する者が、次の各号のいずれかに該当する場合には、その免許状はその効力を失う。
一　第五条第一項第三号、第四号又は第七号に該当するに至つたとき。
二　公立学校の教員であつて懲戒免職の処分を受けたとき。
2　前項の規定により免許状が失効した者は、速やかに、その免許状を免許管理者に返納しなければならない。
（取上げ）
第十一条　国立学校又は私立学校の教員が、前条第一項第二号に規定する者の場合における懲戒免職の事由に相当する事由により解雇されたと認められるときは、免許管理者は、その免許状を取り上げなければならない。
3　免許状を有する者（教育職員以外の者に限る。）が、法令の規定に故意に違反し、又は教育職員たるにふさわしくない非行があつて、その情状が重いと認められるときは、免許管理者は、その免許状を取り上げることができる。
4　前三項の規定により免許状取上げの処分を行つたときは、免許管理者は、その旨を直ちにその者に通知しなければならない。この場合において、当該免許状は、その通知を受けた日に効力を失うものとする。
5　前条第二項の規定は、前項の規定により免許状が失効した者について準用する。

学校図書館法
（昭和28年8月8日法律第185号）

（この法律の目的）
第一条　この法律は、学校図書館が、学校教育において欠くことのできない基礎的な設備であることにかんがみ、その健全な発達を図り、もつて学校教育を充実することを目的とする。
（定義）
第二条　この法律において「学校図書館」とは、小学校（特別支援学校の小学部を含む。）、中学校（中等教育学校の前期課程及び特別支援学校の中学部を含む。）及び高等学校（中等教育学校の後期課程及び特別支援学校の高等部を含む。）（以下「学校」という。）において、図書、視覚聴覚教育の資料その他学校教育に必要な資料（以下「図書館資料」という。）を収集し、整理し、及び保存し、これを児童又は生徒及び教員の利用に供することによつて、学校の教育課程の展開に寄与するとともに、児童又は生徒の健全な教養を育成することを目的として設けられる学校の設備をいう。
（設置義務）
第三条　学校には、学校図書館を設けなければならない。
（学校図書館の運営）

第四条　学校は、おおむね左の各号に掲げるような方法によって、学校図書館を児童又は生徒及び教員の利用に供するものとする。
一　図書館資料を収集し、児童又は生徒及び教員の利用に供すること。
二　図書館資料の分類排列を適切にし、及びその目録を整備すること。
三　読書会、研究会、鑑賞会、映写会、資料展示会等を行うこと。
四　図書館資料の利用その他学校図書館の利用に関し、児童又は生徒に対し指導を行うこと。
五　他の学校の学校図書館、図書館、博物館、公民館等と緊密に連絡し、及び協力すること。
2　学校図書館は、その目的を達成するのに支障のない限度において、一般公衆に利用させることができる。
（司書教諭）
第五条　学校には、学校図書館の専門的職務を掌らせるため、司書教諭を置かなければならない。
2　前項の司書教諭は、主幹教諭（養護又は栄養の指導及び管理をつかさどる主幹教諭を除く。）、指導教諭又は教諭（以下この項において「主幹教諭等」という。）をもつて充てる。この場合において、当該主幹教諭等は、司書教諭の講習を修了した者でなければならない。
3　前項に規定する司書教諭の講習は、大学その他の教育機関が文部科学大臣の委嘱を受けて行う。
4　前項に規定するものを除くほか、司書教諭の講習に関し、履修すべき科目及び単位その他必要な事項は、文部科学省令で定める。
（設置者の任務）
第六条　学校の設置者は、この法律の目的が十分に達成されるようその設置する学校の学校図書館を整備し、及び充実を図ることに努めなければならない。
（国の任務）
第七条　国は、学校図書館を整備し、及びその充実を図るため、左の各号に掲げる事項の実施に努めなければならない。
一　学校図書館の整備及び充実並びに司書教諭の養成に関する総合的計画を樹立すること。
二　学校図書館の設置及び運営に関し、専門的、技術的な指導及び勧告を与えること。
三　前各号に掲げるものの外、学校図書館の整備及び充実のため必要と認められる措置を講ずること。

学校給食法
（昭和29年6月3日法律第160号）

第一章　総則

（この法律の目的）
第一条　この法律は、学校給食が児童及び生徒の心身の健全な発達に資するものであり、かつ、児童及び生徒の食に関する正しい理解と適切な判断力を養う上で重要な役割を果たすものであることにかんがみ、学校給食及び学校給食を活用した食に関する指導の実施に関し必要な事項を定め、もつて学校給食の普及充実及び学校における食育の推進を図ることを目的とする。
（学校給食の目標）
第二条　学校給食を実施するに当たつては、義務教育諸学校における教育の目的を実現するために、次に掲げる目標が達成されるよう努めなければならない。
一　適切な栄養の摂取による健康の保持増進を図ること。
二　日常生活における食事について正しい理解を深め、健全な食生活を営むことができる判断力を培い、及び望ましい食習慣を養うこと。
三　学校生活を豊かにし、明るい社交性及び協同の精神を養うこと。
四　食生活が自然の恩恵の上に成り立つものであることについての理解を深め、生命及び自然を尊重する精神並びに環境の保全に寄与する態度を養うこと。
五　食生活が食にかかわる人々の様々な活動に支えられていることについての理解を深め、勤労を重んずる態度を養うこと。
六　我が国や各地域の優れた伝統的な食文化についての理解を深めること。

七 食料の生産、流通及び消費について、正しい理解に導くこと。

（定義）

第三条　この法律で「学校給食」とは、前条各号に掲げる目標を達成するために、義務教育諸学校において、その児童又は生徒に対し実施される給食をいう。

2　この法律で「義務教育諸学校」とは、学校教育法（昭和二十二年法律第二十六号）に規定する小学校、中学校、中等教育学校の前期課程又は特別支援学校の小学部若しくは中学部をいう。

（義務教育諸学校の設置者の任務）

第四条　義務教育諸学校の設置者は、当該義務教育諸学校において学校給食が実施されるように努めなければならない。

（国及び地方公共団体の任務）

第五条　国及び地方公共団体は、学校給食の普及と健全な発達を図るように努めなければならない。

第二章　学校給食の実施に関する基本的な事項

（二以上の義務教育諸学校の学校給食の実施に必要な施設）

第六条　義務教育諸学校の設置者は、その設置する義務教育諸学校の学校給食を実施するための施設として、二以上の義務教育諸学校の学校給食の実施に必要な施設（以下「共同調理場」という。）を設けることができる。

（学校給食栄養管理者）

第七条　義務教育諸学校又は共同調理場において学校給食の栄養に関する専門的事項をつかさどる職員（第十条第三項において「学校給食栄養管理者」という。）は、教育職員免許法（昭和二十四年法律第百四十七号）第四条第二項に規定する栄養教諭の免許状を有する者又は栄養士法（昭和二十二年法律第二百四十五号）第二条第一項の規定による栄養士の免許を有する者で学校給食の実施に必要な知識若しくは経験を有するものでなければならない。

（学校給食実施基準）

第八条　文部科学大臣は、児童又は生徒に必要な栄養量その他の学校給食の内容及び学校給食を適切に実施するために必要な事項（次条第一項に規定する事項を除く。）について維持されることが望ましい基準（次項において「学校給食実施基準」という。）を定めるものとする。

2　学校給食を実施する義務教育諸学校の設置者は、学校給食実施基準に照らして適切な学校給食の実施に努めるものとする。

（学校給食衛生管理基準）

第九条　文部科学大臣は、学校給食の実施に必要な施設及び設備の整備及び管理、調理の過程における衛生管理その他の学校給食の適切な衛生管理を図る上で必要な事項について維持されることが望ましい基準（以下この条において「学校給食衛生管理基準」という。）を定めるものとする。

2　学校給食を実施する義務教育諸学校の設置者は、学校給食衛生管理基準に照らして適切な衛生管理に努めるものとする。

3　義務教育諸学校の校長又は共同調理場の長は、学校給食衛生管理基準に照らし、衛生管理上適正を欠く事項があると認めた場合には、遅滞なく、その改善のために必要な措置を講じ、又は当該措置を講ずることができないときは、当該義務教育諸学校若しくは共同調理場の設置者に対し、その旨を申し出るものとする。

第三章　学校給食を活用した食に関する指導

第十条　栄養教諭は、児童又は生徒が健全な食生活を自ら営むことができる知識及び態度を養うため、学校給食において摂取する食品と健康の保持増進との関連性についての指導、食に関して特別の配慮を必要とする児童又は生徒に対する個別的な指導その他の学校給食を活用した食に関する実践的な指導を行うものとする。この場合において、校長は、当該指導が効果的に行われるよう、学校給食と関連付けつつ当該義務教育諸学校における食に関する指導の全体的な計画を作成することその他の必要な措置を講ずるものとする。

2　栄養教諭が前項前段の指導を行うに当たつて

は、当該義務教育諸学校が所在する地域の産物を学校給食に活用することその他の創意工夫を地域の実情に応じて行い、当該地域の食文化、食に係る産業又は自然環境の恵沢に対する児童又は生徒の理解の増進を図るよう努めるものとする。

3　栄養教諭以外の学校給食栄養管理者は、栄養教諭に準じて、第一項前段の指導を行うよう努めるものとする。この場合においては、同項後段及び前項の規定を準用する。

第四章　雑則

（経費の負担）

第十一条　学校給食の実施に必要な施設及び設備に要する経費並びに学校給食の運営に要する経費のうち政令で定めるものは、義務教育諸学校の設置者の負担とする。

2　前項に規定する経費以外の学校給食に要する経費（以下「学校給食費」という。）は、学校給食を受ける児童又は生徒の学校教育法第十六条に規定する保護者の負担とする。

（国の補助）

第十二条　国は、私立の義務教育諸学校の設置者に対し、政令で定めるところにより、予算の範囲内において、学校給食の開設に必要な施設又は設備に要する経費の一部を補助することができる。

2　国は、公立の小学校、中学校又は中等教育学校の設置者が、学校給食を受ける児童又は生徒の学校教育法第十六条に規定する保護者（以下この項において「保護者」という。）で生活保護法（昭和二十五年法律第百四十四号）第六条第二項に規定する要保護者（その児童又は生徒について、同法第十三条の規定による教育扶助で学校給食費に関するものが行われている場合の保護者である者を除く。）であるものに対して、学校給食費の全部又は一部を補助する場合には、当該設置者に対し、当分の間、政令で定めるところにより、予算の範囲内において、これに要する経費の一部を補助することができる。

（補助金の返還等）

第十三条　文部科学大臣は、前条の規定による補助金の交付の決定を受けた者が次の各号のいずれかに該当するときは、補助金の交付をやめ、又は既に交付した補助金を返還させるものとする。

一　補助金を補助の目的以外の目的に使用したとき。

二　正当な理由がなくて補助金の交付の決定を受けた年度内に補助に係る施設又は設備を設けないこととなつたとき。

三　補助に係る施設又は設備を、正当な理由がなくて補助の目的以外の目的に使用し、又は文部科学大臣の許可を受けないで処分したとき。

四　補助金の交付の条件に違反したとき。

五　虚偽の方法によつて補助金の交付を受け、又は受けようとしたとき。

（政令への委任）

第十四条　この法律に規定するもののほか、この法律の実施のため必要な手続その他の事項は、政令で定める。

学校保健安全法
（昭和23年4月10日法律第56号）

第一章　総則

（目的）

第一条　この法律は、学校における児童生徒等及び職員の健康の保持増進を図るため、学校における保健管理に関し必要な事項を定めるとともに、学校における教育活動が安全な環境において実施され、児童生徒等の安全の確保が図られるよう、学校における安全管理に関し必要な事項を定め、もつて学校教育の円滑な実施とその成果の確保に資することを目的とする。

（定義）

第二条　この法律において「学校」とは、学校教育法（昭和二十二年法律第二十六号）第一条に規定する学校をいう。

2　この法律において「児童生徒等」とは、学校に在学する幼児、児童、生徒又は学生をいう。

（国及び地方公共団体の責務）

第三条　国及び地方公共団体は、相互に連携を図

り、各学校において保健及び安全に係る取組が確実かつ効果的に実施されるようにするため、学校における保健及び安全に関する最新の知見及び事例を踏まえつつ、財政上の措置その他の必要な施策を講ずるものとする。
2 国は、各学校における安全に係る取組を総合的かつ効果的に推進するため、学校安全の推進に関する計画の策定その他所要の措置を講ずるものとする。
3 地方公共団体は、国が講ずる前項の措置に準じた措置を講ずるように努めなければならない。

第二章　学校保健
第一節　学校の管理運営等
（学校保健に関する学校の設置者の責務）
第四条　学校の設置者は、その設置する学校の児童生徒等及び職員の心身の健康の保持増進を図るため、当該学校の施設及び設備並びに管理運営体制の整備充実その他の必要な措置を講ずるよう努めるものとする。
（学校保健計画の策定等）
第五条　学校においては、児童生徒等及び職員の心身の健康の保持増進を図るため、児童生徒等及び職員の健康診断、環境衛生検査、児童生徒等に対する指導その他保健に関する事項について計画を策定し、これを実施しなければならない。
（学校環境衛生基準）
第六条　文部科学大臣は、学校における換気、採光、照明、保温、清潔保持その他環境衛生に係る事項（学校給食法（昭和二十九年法律第百六十号）第九条第一項（夜間課程を置く高等学校における学校給食に関する法律（昭和三十一年法律第百五十七号）第七条及び特別支援学校の幼稚部及び高等部における学校給食に関する法律（昭和三十二年法律第百五十八号）第六条において準用する場合を含む。）に規定する事項を除く。）について、児童生徒等及び職員の健康を保護する上で維持されることが望ましい基準（以下この条において「学校環境衛生基準」という。）を定めるものとする。

2 学校の設置者は、学校環境衛生基準に照らしてその設置する学校の適切な環境の維持に努めなければならない。
3 校長は、学校環境衛生基準に照らし、学校の環境衛生に関し適正を欠く事項があると認めた場合には、遅滞なく、その改善のために必要な措置を講じ、又は当該措置を講ずることができないときは、当該学校の設置者に対し、その旨を申し出るものとする。
（保健室）
第七条　学校には、健康診断、健康相談、保健指導、救急処置その他の保健に関する措置を行うため、保健室を設けるものとする。

第二節　健康相談等
（健康相談）
第八条　学校においては、児童生徒等の心身の健康に関し、健康相談を行うものとする。
（保健指導）
第九条　養護教諭その他の職員は、相互に連携して、健康相談又は児童生徒等の健康状態の日常的な観察により、児童生徒等の心身の状況を把握し、健康上の問題があると認めるときは、遅滞なく、当該児童生徒等に対して必要な指導を行うとともに、必要に応じ、その保護者（学校教育法第十六条に規定する保護者をいう。第二十四条及び第三十条において同じ。）に対して必要な助言を行うものとする。
（地域の医療機関等との連携）
第十条　学校においては、救急処置、健康相談又は保健指導を行うに当たつては、必要に応じ、当該学校の所在する地域の医療機関その他の関係機関との連携を図るよう努めるものとする。

第三節　健康診断
（就学時の健康診断）
第十一条　市（特別区を含む。以下同じ。）町村の教育委員会は、学校教育法第十七条第一項の規定により翌学年の初めから同項に規定する学校に就学させるべき者で、当該市町村の区域内に住所を有するものの就学に当たつて、その健康

診断を行わなければならない。

第十二条　市町村の教育委員会は、前条の健康診断の結果に基づき、治療を勧告し、保健上必要な助言を行い、及び学校教育法第十七条第一項に規定する義務の猶予若しくは免除又は特別支援学校への就学に関し指導を行う等適切な措置をとらなければならない。

（児童生徒等の健康診断）

第十三条　学校においては、毎学年定期に、児童生徒等（通信による教育を受ける学生を除く。）の健康診断を行わなければならない。

2　学校においては、必要があるときは、臨時に、児童生徒等の健康診断を行うものとする。

第十四条　学校においては、前条の健康診断の結果に基づき、疾病の予防処置を行い、又は治療を指示し、並びに運動及び作業を軽減する等適切な措置をとらなければならない。

（職員の健康診断）

第十五条　学校の設置者は、毎学年定期に、学校の職員の健康診断を行わなければならない。

2　学校の設置者は、必要があるときは、臨時に、学校の職員の健康診断を行うものとする。

第十六条　学校の設置者は、前条の健康診断の結果に基づき、治療を指示し、及び勤務を軽減する等適切な措置をとらなければならない。

（健康診断の方法及び技術の基準等）

第十七条　健康診断の方法及び技術的基準については、文部科学省令で定める。

2　第十一条から前条までに定めるもののほか、健康診断の時期及び検査の項目その他健康診断に関し必要な事項は、前項に規定するものを除き、第十一条の健康診断に関するものについては政令で、第十三条及び第十五条の健康診断に関するものについては文部科学省令で定める。

3　前二項の文部科学省令は、健康増進法（平成十四年法律第百三号）第九条第一項に規定する健康診査等指針と調和が保たれたものでなければならない。

（保健所との連絡）

第十八条　学校の設置者は、この法律の規定による健康診断を行おうとする場合その他政令で定める場合においては、保健所と連絡するものとする。

第四節　感染症の予防

（出席停止）

第十九条　校長は、感染症にかかつており、かかつている疑いがあり、又はかかるおそれのある児童生徒等があるときは、政令で定めるところにより、出席を停止させることができる。

（臨時休業）

第二十条　学校の設置者は、感染症の予防上必要があるときは、臨時に、学校の全部又は一部の休業を行うことができる。

（文部科学省令への委任）

第二十一条　前二条（第十九条の規定に基づく政令を含む。）及び感染症の予防及び感染症の患者に対する医療に関する法律（平成十年法律第百十四号）その他感染症の予防に関して規定する法律（これらの法律に基づく命令を含む。）に定めるもののほか、学校における感染症の予防に関し必要な事項は、文部科学省令で定める。

第五節　学校保健技師並びに学校医、学校歯科医及び学校薬剤師

（学校保健技師）

第二十二条　都道府県の教育委員会の事務局に、学校保健技師を置くことができる。

2　学校保健技師は、学校における保健管理に関する専門的事項について学識経験がある者でなければならない。

3　学校保健技師は、上司の命を受け、学校における保健管理に関し、専門的技術的指導及び技術に従事する。

（学校医、学校歯科医及び学校薬剤師）

第二十三条　学校には、学校医を置くものとする。

2　大学以外の学校には、学校歯科医及び学校薬剤師を置くものとする。

3　学校医、学校歯科医及び学校薬剤師は、それぞれ医師、歯科医師又は薬剤師のうちから、任命し、又は委嘱する。

4　学校医、学校歯科医及び学校薬剤師は、学校

における保健管理に関する専門的事項に関し、技術及び指導に従事する。
5　学校医、学校歯科医及び学校薬剤師の職務執行の準則は、文部科学省令で定める。

　　　第六節　地方公共団体の援助及び国の補助
（地方公共団体の援助）
第二十四条　地方公共団体は、その設置する小学校、中学校、中等教育学校の前期課程又は特別支援学校の小学部若しくは中学部の児童又は生徒が、感染性又は学習に支障を生ずるおそれのある疾病で政令で定めるものにかかり、学校において治療の指示を受けたときは、当該児童又は生徒の保護者で次の各号のいずれかに該当するものに対して、その疾病の治療のための医療に要する費用について必要な援助を行うものとする。
一　生活保護法（昭和二十五年法律第百四十四号）第六条第二項に規定する要保護者
二　生活保護法第六条第二項に規定する要保護者に準ずる程度に困窮している者で政令で定めるもの
（国の補助）
第二十五条　国は、地方公共団体が前条の規定により同条第一号に掲げる者に対して援助を行う場合には、予算の範囲内において、その援助に要する経費の一部を補助することができる。
2　前項の規定により国が補助を行う場合の補助の基準については、政令で定める。

　　第三章　学校安全
（学校安全に関する学校の設置者の責務）
第二十六条　学校の設置者は、児童生徒等の安全の確保を図るため、その設置する学校において、事故、加害行為、災害等（以下この条及び第二十九条第三項において「事故等」という。）により児童生徒等に生ずる危険を防止し、及び事故等により児童生徒等に危険又は危害が現に生じた場合（同条第一項及び第二項において「危険等発生時」という。）において適切に対処することができるよう、当該学校の施設及び設備並びに管理運営体制の整備充実その他の必要な措置を講ずるよう努めるものとする。
（学校安全計画の策定等）
第二十七条　学校においては、児童生徒等の安全の確保を図るため、当該学校の施設及び設備の安全点検、児童生徒等に対する通学を含めた学校生活その他の日常生活における安全に関する指導、職員の研修その他学校における安全に関する事項について計画を策定し、これを実施しなければならない。
（学校環境の安全の確保）
第二十八条　校長は、当該学校の施設又は設備について、児童生徒等の安全の確保を図る上で支障となる事項があると認めた場合には、遅滞なく、その改善を図るために必要な措置を講じ、又は当該措置を講ずることができないときは、当該学校の設置者に対し、その旨を申し出るものとする。
（危険等発生時対処要領の作成等）
第二十九条　学校においては、児童生徒等の安全の確保を図るため、当該学校の実情に応じて、危険等発生時において当該学校の職員がとるべき措置の具体的内容及び手順を定めた対処要領（次項において「危険等発生時対処要領」という。）を作成するものとする。
2　校長は、危険等発生時対処要領の職員に対する周知、訓練の実施その他の危険等発生時において職員が適切に対処するために必要な措置を講ずるものとする。
3　学校においては、事故等により児童生徒等に危害が生じた場合において、当該児童生徒等及び当該事故等により心理的外傷その他の心身の健康に対する影響を受けた児童生徒等その他の関係者の心身の健康を回復させるため、これらの者に対して必要な支援を行うものとする。この場合においては、第十条の規定を準用する。
（地域の関係機関等との連携）
第三十条　学校においては、児童生徒等の安全の確保を図るため、児童生徒等の保護者との連携を図るとともに、当該学校が所在する地域の実情に応じて、当該地域を管轄する警察署その他

の関係機関、地域の安全を確保するための活動を行う団体その他の関係団体、当該地域の住民その他の関係者との連携を図るよう努めるものとする。

第四章　雑則

（学校の設置者の事務の委任）
第三十一条　学校の設置者は、他の法律に特別の定めがある場合のほか、この法律に基づき処理すべき事務を校長に委任することができる。
（専修学校の保健管理等）
第三十二条　専修学校には、保健管理に関する専門的事項に関し、技術及び指導を行う医師を置くように努めなければならない。
2　専修学校には、健康診断、健康相談、保健指導、救急処置等を行うため、保健室を設けるように努めなければならない。
3　第三条から第六条まで、第八条から第十条まで、第十三条から第二十一条まで及び第二十六条から前条までの規定は、専修学校に準用する。

幼稚園教育要領

第1章　総則

1　幼稚園教育の基本

　幼稚園教育は、学校教育法第77条に規定する目的を達成するため、幼児期の特性を踏まえ、環境を通して行うものであることを基本とする。

　このため、教師は幼児との信頼関係を十分に築き、幼児と共によりよい教育環境を創造するように努めるものとする。これらを踏まえ、次に示す事項を重視して教育を行わなければならない。
(1)　幼児は安定した情緒の下で自己を十分に発揮することにより発達に必要な体験を得ていくものであることを考慮して、幼児の主体的な活動を促し、幼児期にふさわしい生活が展開されるようにすること。
(2)　幼児の自発的な活動としての遊びは、心身の調和のとれた発達の基礎を培う重要な学習であることを考慮して、遊びを通しての指導を中心として第2章に示すねらいが総合的に達成されるようにすること。
(3)　幼児の発達は、心身の諸側面が相互に関連し合い、多様な経過をたどって成し遂げられていくものであること、また、幼児の生活経験がそれぞれ異なることなどを考慮して、幼児一人一人の特性に応じ、発達の課題に即した指導を行うようにすること。

　その際、幼児の主体的な活動が確保されるよう幼児一人一人の行動の理解と予想に基づき、計画的に環境を構成しなければならない。この場合において、教師は、幼児と人やものとのかかわりが重要であることを踏まえ、物的・空間的環境を構成しなければならない。また、教師は、幼児一人一人の活動の場面に応じて、様々な役割を果たし、その活動を豊かにしなければならない。

2　幼稚園教育の目標

　幼児期における教育は、家庭との連携を図りながら、生涯にわたる人間形成の基礎を培うために大切なものであり、幼稚園は、幼稚園教育の基本に基づいて展開される幼稚園生活を通して、生きる力の基礎を育成するよう学校教育法第78条に規定する幼稚園教育の目標の達成に努めなければならない。
(1)　健康、安全で幸福な生活のための基本的な生活習慣・態度を育て、健全な心身の基礎を培うようにすること。
(2)　人への愛情や信頼感を育て、自立と協同の態度及び道徳性の芽生えを培うようにすること。
(3)　自然などの身近な事象への興味や関心を育て、それらに対する豊かな心情や思考力の芽生えを培うようにすること。
(4)　日常生活の中で言葉への興味や関心を育て、喜んで話したり、聞いたりする態度や言葉に対する感覚を養うようにすること。
(5)　多様な体験を通じて豊かな感性を育て、創造性を豊かにするようにすること。

3　教育課程の編成

　各幼稚園においては、法令及びこの幼稚園教育要領の示すところに従い、創意工夫を生かし、幼

児の心身の発達と幼稚園及び地域の実態に即応した適切な教育課程を編成するものとする。
(1) 幼稚園生活の全体を通して第2章に示すねらいが総合的に達成されるよう，教育期間や幼児の生活経験や発達の過程などを考慮して具体的なねらいと内容を組織しなければならないこと。この場合においては，特に，自我が芽生え，他者の存在を意識し，自己を抑制しようとする気持ちが生まれる幼児期の発達の特性を踏まえ，入園から修了に至るまでの長期的な視野をもって充実した生活が展開できるように配慮しなければならないこと。
(2) 幼稚園の毎学年の教育週数は，特別の事情のある場合を除き，39週を下ってはならないこと。
(3) 幼稚園の1日の教育時間は，4時間を標準とすること。ただし，幼児の心身の発達の程度や季節などに適切に配慮すること。

第2章　ねらい及び内容
この章に示すねらいは幼稚園修了までに育つことが期待される生きる力の基礎となる心情，意欲，態度などであり，内容はねらいを達成するために指導する事項である。これらを幼児の発達の側面から，心身の健康に関する領域「健康」，人とのかかわりに関する領域「人間関係」，身近な環境とのかかわりに関する領域「環境」，言葉の獲得に関する領域「言葉」及び感性と表現に関する領域「表現」としてまとめ，示したものである。
各領域に示すねらいは幼稚園における生活の全体を通じ，幼児が様々な体験を積み重ねる中で相互に関連をもちながら次第に達成に向かうものであること，内容は幼児が環境にかかわって展開する具体的な活動を通して総合的に指導されるものであることに留意しなければならない。
なお，特に必要な場合には，各領域に示すねらいの趣旨に基づいて適切な，具体的な内容を工夫し，それを加えても差し支えないが，その場合には，それが幼稚園教育の基本を逸脱しないよう慎重に配慮する必要がある。

健康
　健康な心と体を育て，自ら健康で安全な生活をつくり出す力を養う。

1　ねらい
(1) 明るく伸び伸びと行動し，充実感を味わう。
(2) 自分の体を十分に動かし，進んで運動しようとする。
(3) 健康，安全な生活に必要な習慣や態度を身に付ける。

2　内容
(1) 先生や友達と触れ合い，安定感をもって行動する。
(2) いろいろな遊びの中で十分に体を動かす。
(3) 進んで戸外で遊ぶ。
(4) 様々な活動に親しみ，楽しんで取り組む。
(5) 健康な生活のリズムを身に付ける。
(6) 身の回りを清潔にし，衣服の着脱，食事，排泄など生活に必要な活動を自分でする。
(7) 幼稚園における生活の仕方を知り，自分たちで生活の場を整える。
(8) 自分の健康に関心をもち，病気の予防などに必要な活動を進んで行う。
(9) 危険な場所，危険な遊び方，災害時などの行動の仕方が分かり，安全に気を付けて行動する。

3　内容の取扱い
　上記の取扱いに当たっては，次の事項に留意する必要がある。
(1) 心と体の健康は，相互に密接な関連があるものであることを踏まえ，幼児が教師や他の幼児との温かい触れ合いの中で自己の存在感や充実感を味わうことなどを基盤として，しなやかな心と体の発達を促すこと。
(2) 様々な遊びの中で，幼児が興味や関心，能力に応じて全身を使って活動することにより，体を動かす楽しさを味わい，安全についての構えを身に付け，自分の体を大切にしようとする気持ちが育つようにすること。
(3) 自然の中で伸び伸びと体を動かして遊ぶことにより，体の諸機能の発達が促されることに留意し，幼児の興味や関心が戸外にも向くようにすること。その際，幼児の動線に配慮した園庭

や遊具の配置などを工夫すること。
(4) 基本的な生活習慣の形成に当たっては，幼児の自立心を育て，幼児が他の幼児とかかわりながら主体的な活動を展開する中で，生活に必要な習慣を身に付けるようにすること。

人間関係
　他の人と親しみ，支え合って生活するために，自立心を育て，人とかかわる力を養う。

1　ねらい
(1) 幼稚園生活を楽しみ，自分の力で行動することの充実感を味わう。
(2) 進んで身近な人とかかわり，愛情や信頼感をもつ。
(3) 社会生活における望ましい習慣や態度を身に付ける。
2　内容
(1) 先生や友達と共に過ごすことの喜びを味わう。
(2) 自分で考え，自分で行動する。
(3) 自分でできることは自分でする。
(4) 友達と積極的にかかわりながら喜びや悲しみを共感し合う。
(5) 自分の思ったことを相手に伝え，相手の思っていることに気付く。
(6) 友達のよさに気付き，一緒に活動する楽しさを味わう。
(7) 友達と一緒に物事をやり遂げようとする気持ちをもつ。
(8) よいことや悪いことがあることに気付き，考えながら行動する。
(9) 友達とのかかわりを深め，思いやりをもつ。
(10) 友達と楽しく生活する中できまりの大切さに気付き，守ろうとする。
(11) 共同の遊具や用具を大切にし，みんなで使う。
(12) 高齢者をはじめ地域の人々など自分の生活に関係の深いいろいろな人に親しみをもつ。
3　内容の取扱い
　上記の取扱いに当たっては，次の事項に留意する必要がある。
(1) 教師との信頼関係に支えられて自分自身の生活を確立していくことが人とかかわる基盤となることを考慮し，幼児が自ら周囲に働き掛けることにより多様な感情を体験し，試行錯誤しながら自分の力で行うことの充実感を味わうことができるよう，幼児の行動を見守りながら適切な援助を行うようにすること。
(2) 幼児の主体的な活動は，他の幼児とのかかわりの中で深まり，豊かになるものであり，幼児はその中で互いに必要な存在であることを認識するようになることを踏まえ，一人一人を生かした集団を形成しながら人とかかわる力を育てていくようにすること。
(3) 道徳性の芽生えを培うに当たっては，基本的な生活習慣の形成を図るとともに，幼児が他の幼児とのかかわりの中で他人の存在に気付き，相手を尊重する気持ちをもって行動できるようにし，また，自然や身近な動植物に親しむことなどを通して豊かな心情が育つようにすること。特に，人に対する信頼感や思いやりの気持ちは，葛藤やつまずきをも体験し，それらを乗り越えることにより次第に芽生えてくることに配慮すること。
(4) 幼児の生活と関係の深い人々と触れ合い，自分の感情や意志を表現しながら共に楽しみ，共感し合う体験を通して，高齢者をはじめ地域の人々などに親しみをもち，人とかかわることの楽しさや人の役に立つ喜びを味わうことができるようにすること。また，生活を通して親の愛情に気付き，親を大切にしようとする気持ちが育つようにすること。

環境
　周囲の様々な環境に好奇心や探求心をもってかかわり，それらを生活に取り入れていこうとする力を養う。

1　ねらい
(1) 身近な環境に親しみ，自然と触れ合う中で様々な事象に興味や関心をもつ。
(2) 身近な環境に自分からかかわり，発見を楽しんだり，考えたりし，それを生活に取り入れようとする。

(3) 身近な事象を見たり，考えたり，扱ったりする中で，物の性質や数量，文字などに対する感覚を豊かにする。
2 内容
(1) 自然に触れて生活し，その大きさ，美しさ，不思議さなどに気付く。
(2) 生活の中で，様々な物に触れ，その性質や仕組みに興味や関心をもつ。
(3) 季節により自然や人間の生活に変化のあることに気付く。
(4) 自然などの身近な事象に関心をもち，取り入れて遊ぶ。
(5) 身近な動植物に親しみをもって接し，生命の尊さに気付き，いたわったり，大切にしたりする。
(6) 身近な物を大切にする。
(7) 身近な物や遊具に興味をもってかかわり，考えたり，試したりして工夫して遊ぶ。
(8) 日常生活の中で数量や図形などに関心をもつ。
(9) 日常生活の中で簡単な標識や文字などに関心をもつ。
(10) 生活に関係の深い情報や施設などに興味や関心をもつ。
(11) 幼稚園内外の行事において国旗に親しむ。
3 内容の取扱い
上記の取扱いに当たっては，次の事項に留意する必要がある。
(1) 幼児が，遊びの中で周囲の環境とかかわり，次第に周囲の世界に好奇心を抱き，その意味や操作の仕方に関心をもち，物事の法則性に気付き，自分なりに考えることができるようになる過程を大切にすること。
(2) 幼児期において自然のもつ意味は大きく，自然の大きさ，美しさ，不思議さなどに直接触れる体験を通して，幼児の心が安らぎ，豊かな感情，好奇心，思考力，表現力の基礎が培われることを踏まえ，幼児が自然とのかかわりを深めることができるよう工夫すること。
(3) 身近な事象や動植物に対する感動を伝え合い，共感し合うことなどを通して自分からかかわろうとする意欲を育てるとともに，様々なかかわり方を通してそれらに対する親しみや畏敬の念，生命を大切にする気持ち，公共心，探究心などが養われるようにすること。
(4) 数量や文字などに関しては，日常生活の中で幼児自身の必要感に基づく体験を大切にし，数量や文字などに関する興味や関心，感覚が養われるようにすること。

言葉
　経験したことや考えたことなどを自分なりの言葉で表現し，相手の話す言葉を聞こうとする意欲や態度を育て，言葉に対する感覚や言葉で表現する力を養う。

---

1 ねらい
(1) 自分の気持ちを言葉で表現する楽しさを味わう。
(2) 人の言葉や話などをよく聞き，自分の経験したことや考えたことを話し，伝え合う喜びを味わう。
(3) 日常生活に必要な言葉が分かるようになるとともに，絵本や物語などに親しみ，先生や友達と心を通わせる。
2 内容
(1) 先生や友達の言葉や話に興味や関心をもち，親しみをもって聞いたり，話したりする。
(2) したこと，見たこと，聞いたこと，感じたことなどを自分なりに言葉で表現する。
(3) したいこと，してほしいことを言葉で表現したり，分からないことを尋ねたりする。
(4) 人の話を注意して聞き，相手に分かるように話す。
(5) 生活の中で必要な言葉が分かり，使う。
(6) 親しみをもって日常のあいさつをする。
(7) 生活の中で言葉の楽しさや美しさに気付く。
(8) いろいろな体験を通じてイメージや言葉を豊かにする。
(9) 絵本や物語などに親しみ，興味をもって聞き，想像をする楽しさを味わう。
(10) 日常生活の中で，文字などで伝える楽しさを味わう。
3 内容の取扱い

上記の取扱いに当たっては，次の事項に留意する必要がある。
(1) 言葉は，身近な人に親しみをもって接し，自分の感情や意志などを伝え，それに相手が応答し，その言葉を聞くことを通して次第に獲得されていくものであることを考慮して，幼児が教師や他の幼児とかかわることにより心を動かすような体験をし，言葉を交わす喜びを味わえるようにすること。
(2) 絵本や物語などで，その内容と自分の経験とを結び付けたり，想像を巡らせたりする楽しみを十分に味わうことによって，次第に豊かなイメージをもち，言葉に対する感覚が養われるようにすること。
(3) 幼児が日常生活の中で，文字などを使いながら思ったことや考えたことを伝える喜びや楽しさを味わい，文字に対する興味や関心をもつようにすること。

表現
　感じたことや考えたことを自分なりに表現することを通して，豊かな感性や表現する力を養い，創造性を豊かにする。

1　ねらい
(1) いろいろなものの美しさなどに対する豊かな感性をもつ。
(2) 感じたことや考えたことを自分なりに表現して楽しむ。
(3) 生活の中でイメージを豊かにし，様々な表現を楽しむ。
2　内容
(1) 生活の中で様々な音，色，形，手触り，動きなどに気付いたり，楽しんだりする。
(2) 生活の中で美しいものや心を動かす出来事に触れ，イメージを豊かにする。
(3) 様々な出来事の中で，感動したことを伝え合う楽しさを味わう。
(4) 感じたこと，考えたことなどを音や動きなどで表現したり，自由にかいたり，つくったりする。
(5) いろいろな素材に親しみ，工夫して遊ぶ。

(6) 音楽に親しみ，歌を歌ったり，簡単なリズム楽器を使ったりする楽しさを味わう。
(7) かいたり，つくったりすることを楽しみ，遊びに使ったり，飾ったりする。
(8) 自分のイメージを動きや言葉などで表現したり，演じて遊んだりする楽しさを味わう。
3　内容の取扱い
上記の取扱いに当たっては，次の事項に留意する必要がある。
(1) 豊かな感性は，自然などの身近な環境と十分にかかわる中で美しいもの，優れたもの，心を動かす出来事などに出会い，そこから得た感動を他の幼児や教師と共有し，様々に表現することなどを通して養われるようにすること。
(2) 幼児の自己表現は素朴な形で行われることが多いので，教師はそのような表現を受容し，幼児自身の表現しようとする意欲を受け止めて，幼児が生活の中で幼児らしい様々な表現を楽しむことができるようにすること。
(3) 生活経験や発達に応じ，自ら様々な表現を楽しみ，表現する意欲を十分に発揮させることができるような遊具や用具などを整え，自己表現を楽しめるように工夫すること。

第3章　指導計画作成上の留意事項
　幼稚園教育は，幼児が自ら意欲をもって環境とかかわることによりつくり出される具体的な活動を通して，その目標の達成を図るものである。
　幼稚園においてはこのことを踏まえ，幼児期にふさわしい生活が展開され，適切な指導が行われるよう，次の事項に留意して調和のとれた組織的，発展的な指導計画を作成し，幼児の活動に沿った柔軟な指導を行わなければならない。

1　一般的な留意事項
(1) 指導計画は，幼児の発達に即して一人一人の幼児が幼児期にふさわしい生活を展開し，必要な体験を得られるようにするために，具体的に作成すること。
(2) 指導計画作成に当たっては，次に示すところにより，具体的なねらい及び内容を明確に設定

し，適切な環境を構成することなどにより活動が選択・展開されるようにすること。
　ア　具体的なねらい及び内容は，幼稚園生活における幼児の発達の過程を見通し，幼児の生活の連続性，季節の変化などを考慮して，幼児の興味や関心，発達の実情などに応じて設定すること。
　イ　環境は具体的なねらいを達成するために適切なものとなるように構成し，幼児が自らその環境にかかわることにより様々な活動を展開しつつ必要な体験を得られるようにすること。その際，幼児の生活する姿や発想を大切にし，常にその環境が適切なものとなるようにすること。
　ウ　幼児の行う具体的な活動は，生活の流れの中で様々に変化するものであることに留意し，幼児が望ましい方向に向かって自ら活動を展開していくことができるよう必要な援助をすること。その際，幼児の実態及び幼児を取り巻く状況の変化などに即して指導の過程についての反省や評価を適切に行い，常に指導計画の改善を図ること。
(3) 幼児の生活は，入園当初の一人一人の遊びや教師との触れ合いを通して幼稚園生活に親しみ，安定していく時期から，やがて友達同士で目的をもって幼稚園生活を展開し，深めていく時期などに至るまでの過程を様々に経ながら広げられていくものであることを考慮し，活動がそれぞれの時期にふさわしく展開されるようにすること。特に，３歳児の入園については，家庭との連携を緊密にし，生活のリズムや安全面に十分配慮すること。
(4) 長期的に発達を見通した年，学期，月などにわたる指導計画やこれとの関連を保ちながらより具体的な幼児の生活に即した週，日などの指導計画を作成し，適切な指導が行われるようにすること。特に，週，日などの指導計画については，幼児の生活のリズムに配慮し，幼児の意識や興味の連続性のある活動が相互に関連して幼稚園生活の自然な流れの中に組み込まれるようにすること。
(5) 幼児の行う活動は，個人，グループ，学級全体などで多様に展開されるものであるが，いずれの場合にも，幼稚園全体の教師による協力体制をつくりながら，一人一人の幼児が興味や欲求を十分に満足させるよう適切な援助を行うようにすること。
(6) 幼児の主体的な活動を促すためには，教師が多様なかかわりをもつことが重要であることを踏まえ，教師は，理解者，共同作業者など様々な役割を果たし，幼児の発達に必要な豊かな体験が得られるよう，活動の場面に応じて，適切な指導を行うようにすること。
(7) 幼児の生活は，家庭を基盤として地域社会を通じて次第に広がりをもつものであることに留意し，家庭との連携を十分に図るなど，幼稚園における生活が家庭や地域社会と連続性を保ちつつ展開されるようにすること。その際，地域の自然，人材，行事や公共施設などを積極的に活用し，幼児が豊かな生活体験を得られるように工夫すること。
(8) 幼稚園においては，幼稚園教育が，小学校以降の生活や学習の基盤の育成につながることに配慮し，幼児期にふさわしい生活を通して，創造的な思考や主体的な生活態度などの基礎を培うようにすること。
２　特に留意する事項
(1) 安全に関する指導に当たっては，情緒の安定を図り，遊びを通して状況に応じて機敏に自分の体を動かすことができるようにするとともに，危険な場所や事物などが分かり，安全についての理解を深めるようにすること。また，交通安全の習慣を身に付けるようにするとともに，災害時に適切な行動がとれるようにするための訓練なども行うようにすること。
(2) 障害のある幼児の指導に当たっては，家庭及び専門機関との連携を図りながら，集団の中で生活することを通して全体的な発達を促すとともに，障害の種類，程度に応じて適切に配慮すること。
(3) 幼児の社会性や豊かな人間性をはぐくむため，地域や幼稚園の実態等により，盲学校，聾学校，養護学校等の障害のある幼児との交流の機会を積極的に設けるよう配慮すること。
(4) 行事の指導に当たっては，幼稚園生活の自然

の流れの中で生活に変化や潤いを与え，幼児が主体的に楽しく活動できるようにすること。なお，それぞれの行事についてはその教育的価値を十分検討し，適切なものを精選し，幼児の負担にならないようにすること。
(5) 幼稚園の運営に当たっては，子育ての支援のために地域の人々に施設や機能を開放して，幼児教育に関する相談に応じるなど，地域の幼児教育のセンターとしての役割を果たすよう努めること。
(6) 地域の実態や保護者の要請により，教育課程に係る教育時間の終了後に希望する者を対象に行う教育活動については，適切な指導体制を整えるとともに，第1章に示す幼稚園教育の基本及び目標を踏まえ，また，教育課程に基づく活動との関連，幼児の心身の負担，家庭との緊密な連携などに配慮して実施すること。

小学校学習指導要領

第1章 総則
第1 教育課程編成の一般方針
1 各学校においては，法令及びこの章以下に示すところに従い，児童の人間として調和のとれた育成を目指し，地域や学校の実態及び児童の心身の発達段階や特性を十分考慮して，適切な教育課程を編成するものとする。

学校の教育活動を進めるに当たっては，各学校において，児童に生きる力をはぐくむことを目指し，創意工夫を生かし特色ある教育活動を展開する中で，自ら学び自ら考える力の育成を図るとともに，基礎的・基本的な内容の確実な定着を図り，個性を生かす教育の充実に努めなければならない。
2 学校における道徳教育は，学校の教育活動全体を通じて行うものであり，道徳の時間をはじめとして各教科，特別活動及び総合的な学習の時間のそれぞれの特質に応じて適切な指導を行わなければならない。

道徳教育は，教育基本法及び学校教育法に定められた教育の根本精神に基づき，人間尊重の精神と生命に対する畏敬の念を家庭，学校，その他社会における具体的な生活の中に生かし，豊かな心をもち，個性豊かな文化の創造と民主的な社会及び国家の発展に努め，進んで平和的な国際社会に貢献し未来を拓く主体性のある日本人を育成するため，その基盤としての道徳性を養うことを目標とする。

道徳教育を進めるに当たっては，教師と児童及び児童相互の人間関係を深めるとともに，家庭や地域社会との連携を図りながら，ボランティア活動や自然体験活動などの豊かな体験を通して児童の内面に根ざした道徳性の育成が図られるよう配慮しなければならない。
3 学校における体育・健康に関する指導は，学校の教育活動全体を通じて適切に行うものとする。特に，体力の向上及び心身の健康の保持増進に関する指導については，体育科の時間はもとより，特別活動などにおいてもそれぞれの特質に応じて適切に行うよう努めることとする。また，それらの指導を通して，家庭や地域社会との連携を図りながら，日常生活において適切な体育・健康に関する活動の実践を促し，生涯を通じて健康・安全で活力ある生活を送るための基礎が培われるよう配慮しなければならない。

第2 内容等の取扱いに関する共通的事項
1 第2章以下に示す各教科，道徳及び特別活動の内容に関する事項は，特に示す場合を除き，いずれの学校においても取り扱わなければならない。

学校において特に必要がある場合には，第2章以下に示していない内容を加えて指導することもできるが，その場合には，第2章以下に示す各教科，道徳，特別活動及び各学年の目標や内容の趣旨を逸脱したり，児童の負担過重となったりすることのないようにしなければならない。
2 第2章以下に示す各教科，道徳，特別活動及び各学年の内容に掲げる事項の順序は，特に示す場合を除き，指導の順序を示すものではないので，学校においては，その取扱いについて適切な工夫を加えるものとする。
3 学年の目標及び内容を2学年まとめて示した教科の内容は，2学年間かけて指導する事項を示した

ものである。各学校においては，これらの事項を地域や学校及び児童の実態に応じ，2学年間を見通して計画的に指導することとし，特に示す場合を除き，いずれかの学年に分けて指導したり，いずれの学年においても指導したりするものとする。

4　学校において2以上の学年の児童で編制する学級について特に必要がある場合には，各教科及び道徳の目標の達成に支障のない範囲内で，各教科及び道徳の目標及び内容について学年別の順序によらないことができる。

第3　総合的な学習の時間の取扱い

1　総合的な学習の時間においては，各学校は，地域や学校，児童の実態等に応じて，横断的・総合的な学習や児童の興味・関心等に基づく学習など創意工夫を生かした教育活動を行うものとする。

2　総合的な学習の時間においては，次のようなねらいをもって指導を行うものとする。

(1) 自ら課題を見付け，自ら学び，自ら考え，主体的に判断し，よりよく問題を解決する資質や能力を育てること。

(2) 学び方やものの考え方を身に付け，問題の解決や探究活動に主体的，創造的に取り組む態度を育て，自己の生き方を考えることができるようにすること。

3　各学校においては，2に示すねらいを踏まえ，例えば国際理解，情報，環境，福祉・健康などの横断的・総合的な課題，児童の興味・関心に基づく課題，地域や学校の特色に応じた課題などについて，学校の実態に応じた学習活動を行うものとする。

4　各学校における総合的な学習の時間の名称については，各学校において適切に定めるものとする。

5　総合的な学習の時間の学習活動を行うに当たっては，次の事項に配慮するものとする。

(1) 自然体験やボランティア活動などの社会体験，観察・実験，見学や調査，発表や討論，ものづくりや生産活動など体験的な学習，問題解決的な学習を積極的に取り入れること。

(2) グループ学習や異年齢集団による学習などの多様な学習形態，地域の人々の協力も得つつ全教師が一体となって指導に当たるなどの指導体制，地域の教材や学習環境の積極的な活用などについて工夫すること。

(3) 国際理解に関する学習の一環としての外国語会話等を行うときは，学校の実態等に応じ，児童が外国語に触れたり，外国の生活や文化などに慣れ親しんだりするなど小学校段階にふさわしい体験的な学習が行われるようにすること。

第4　授業時数等の取扱い

1　各教科，道徳，特別活動及び総合的な学習の時間（以下「各教科等」という。ただし，1及び3において，特別活動については学級活動（学校給食に係るものを除く。）に限る。）の授業は，年間35週（第1学年については34週）以上にわたって行うよう計画し，週当たりの授業時数が児童の負担過重にならないようにするものとする。ただし，各教科等や学習活動の特質に応じ効果的な場合には，これらの授業を特定の期間に行うことができる。なお，給食，休憩などの時間については，学校において工夫を加え，適切に定めるものとする。

2　特別活動の授業のうち，児童会活動，クラブ活動及び学校行事については，それらの内容に応じ，年間，学期ごと，月ごとなどに適切な授業時数を充てるものとする。

3　各教科等のそれぞれの授業の1単位時間は，各学校において，各教科等の年間授業時数を確保しつつ，児童の発達段階及び各教科等や学習活動の特質を考慮して適切に定めるものとする。

4　各学校においては，地域や学校及び児童の実態，各教科等や学習活動の特質等に応じて，創意工夫を生かし時間割を弾力的に編成することに配慮するものとする。

第5　指導計画の作成等に当たって配慮すべき事項

1　各学校においては，次の事項に配慮しながら，学校の創意工夫を生かし，全体として，調和のとれた具体的な指導計画を作成するものとする。

(1) 各教科等及び各学年相互間の関連を図り，系統的，発展的な指導ができるようにすること。

(2) 学年の目標及び内容を2学年まとめて示した教

科については，当該学年間を見通して，地域や学校及び児童の実態に応じ，児童の発達段階を考慮しつつ，効果的，段階的に指導するようにすること。
(3) 各教科の各学年の指導内容については，そのまとめ方や重点の置き方に適切な工夫を加えるとともに，教材等の精選を図り，効果的な指導ができるようにすること。
(4) 児童の実態等を考慮し，指導の効果を高めるため，合科的・関連的な指導を進めること。
2　以上のほか，次の事項に配慮するものとする。
(1) 学校生活全体を通して，言語に対する関心や理解を深め，言語環境を整え，児童の言語活動が適正に行われるようにすること。
(2) 各教科等の指導に当たっては，体験的な学習や問題解決的な学習を重視するとともに，児童の興味・関心を生かし，自主的，自発的な学習が促されるよう工夫すること。
(3) 日ごろから学級経営の充実を図り，教師と児童の信頼関係及び児童相互の好ましい人間関係を育てるとともに児童理解を深め，生徒指導の充実を図ること。
(4) 各教科等の指導に当たっては，児童が学習課題や活動を選択したり，自らの将来について考えたりする機会を設けるなど工夫すること。
(5) 各教科等の指導に当たっては，児童が学習内容を確実に身に付けることができるよう，学校や児童の実態に応じ，個別指導やグループ別指導，繰り返し指導，教師の協力的な指導など指導方法や指導体制を工夫改善し，個に応じた指導の充実を図ること。
(6) 障害のある児童などについては，児童の実態に応じ，指導内容や指導方法を工夫すること。特に，特殊学級又は通級による指導については，教師間の連携に努め，効果的な指導を行うこと。
(7) 海外から帰国した児童などについては，学校生活への適応を図るとともに，外国における生活経験を生かすなど適切な指導を行うこと。
(8) 各教科等の指導に当たっては，児童がコンピュータや情報通信ネットワークなどの情報手段に慣れ親しみ，適切に活用する学習活動を充実するとともに，視聴覚教材や教育機器などの教材・教具の適切な活用を図ること。
(9) 学校図書館を計画的に利用しその機能の活用を図り，児童の主体的，意欲的な学習活動や読書活動を充実すること。
(10) 児童のよい点や進歩の状況などを積極的に評価するとともに，指導の過程や成果を評価し，指導の改善を行い学習意欲の向上に生かすようにすること。
(11) 開かれた学校づくりを進めるため，地域や学校の実態等に応じ，家庭や地域の人々の協力を得るなど家庭や地域社会との連携を深めること。また，小学校間や幼稚園，中学校，盲学校，聾学校及び養護学校などとの間の連携や交流を図るとともに，障害のある幼児児童生徒や高齢者などとの交流の機会を設けること。

中学校学習指導要領

第1章　総則
第1　教育課程編成の一般方針
1　各学校においては，法令及びこの章以下に示すところに従い，生徒の人間として調和のとれた育成を目指し，地域や学校の実態及び生徒の心身の発達段階や特性等を十分考慮して，適切な教育課程を編成するものとする。

学校の教育活動を進めるに当たっては，各学校において，生徒に生きる力をはぐくむことを目指し，創意工夫を生かし特色ある教育活動を展開する中で，自ら学び自ら考える力の育成を図るとともに，基礎的・基本的な内容の確実な定着を図り，個性を生かす教育の充実に努めなければならない。
2　学校における道徳教育は，学校の教育活動全体を通じて行うものであり，道徳の時間をはじめとして各教科，特別活動及び総合的な学習の時間のそれぞれの特質に応じて適切な指導を行わなければならない。

道徳教育は，教育基本法及び学校教育法に定められた教育の根本精神に基づき，人間尊重の精神

と生命に対する畏敬の念を家庭，学校，その他社会における具体的な生活の中に生かし，豊かな心をもち，個性豊かな文化の創造と民主的な社会及び国家の発展に努め，進んで平和的な国際社会に貢献し未来を拓く主体性のある日本人を育成するため，その基盤としての道徳性を養うことを目標とする。

　道徳教育を進めるに当たっては，教師と生徒及び生徒相互の人間関係を深めるとともに，生徒が人間としての生き方についての自覚を深め，家庭や地域社会との連携を図りながら，ボランティア活動や自然体験活動などの豊かな体験を通して生徒の内面に根ざした道徳性の育成が図られるよう配慮しなければならない。

3　学校における体育・健康に関する指導は，学校の教育活動全体を通じて適切に行うものとする。特に，体力の向上及び心身の健康の保持増進に関する指導については，保健体育科の時間はもとより，特別活動などにおいてもそれぞれの特質に応じて適切に行うよう努めることとする。また，それらの指導を通して，家庭や地域社会との連携を図りながら，日常生活において適切な体育・健康に関する活動の実践を促し，生涯を通じて健康・安全で活力ある生活を送るための基礎が培われるよう配慮しなければならない。

　第2　必修教科，道徳及び特別活動の内容等の取扱い

1　第2章以下に示す各教科，道徳及び特別活動の内容に関する事項は，特に示す場合を除き，いずれの学校においても取り扱わなければならない。

　学校において特に必要がある場合には，第2章以下に示していない内容を加えて指導することもできるが，その場合には，第2章以下に示す各教科，道徳，特別活動及び各学年，各分野又は各言語の目標や内容の趣旨を逸脱したり，生徒の負担過重となったりすることのないようにしなければならない。

2　第2章以下に示す各教科，道徳，特別活動及び各学年，各分野又は各言語の内容に掲げる事項の順序は，特に示す場合を除き，指導の順序を示すものではないので，学校においては，その取扱いについて適切な工夫を加えるものとする。

3　学校において2以上の学年の生徒で編制する学級について特に必要がある場合には，各教科の目標の達成に支障のない範囲内で，各教科の目標及び内容について学年別の順序によらないことができる。

　第3　選択教科の内容等の取扱い

1　各学校においては，学校や生徒の実態を考慮し，必修教科や総合的な学習の時間などとの関連を図りつつ，選択教科の授業時数及び内容を適切に定め，選択教科の指導計画を作成するものとする。

2　選択教科の内容については，第2章の各教科に示すように課題学習，補充的な学習や発展的な学習など，生徒の特性等に応じた多様な学習活動が行えるよう各学校において適切に定めるものとする。その際，生徒の負担過重となることのないようにしなければならない。

3　生徒に履修させる選択教科の数は，第2学年においては1以上，第3学年においては2以上とし，生徒の特性等を十分考慮して，それぞれの生徒に適した選択教科を履修させるものとする。

4　各学校において開設することができる選択教科の種類は，各学年とも第2章に示す各教科とする。

5　各選択教科の授業時数は，第1学年については年間30単位時間の範囲内，第2学年及び第3学年については年間70単位時間の範囲内で当該選択教科の目的を達成するために必要な時数を各学校において適切に定めるものとする。

　第4　総合的な学習の時間の取扱い

1　総合的な学習の時間においては，各学校は，地域や学校，生徒の実態等に応じて，横断的・総合的な学習や生徒の興味・関心等に基づく学習など創意工夫を生かした教育活動を行うものとする。

2　総合的な学習の時間においては，次のようなねらいをもって指導を行うものとする。

(1) 自ら課題を見付け，自ら学び，自ら考え，主体的に判断し，よりよく問題を解決する資質や能力を育てること。

(2) 学び方やものの考え方を身に付け，問題の解

決や探究活動に主体的,創造的に取り組む態度を育て,自己の生き方を考えることができるようにすること。
3　各学校においては,2に示すねらいを踏まえ,例えば国際理解,情報,環境,福祉・健康などの横断的・総合的な課題,生徒の興味・関心に基づく課題,地域や学校の特色に応じた課題などについて,学校の実態に応じた学習活動を行うものとする。
4　各学校における総合的な学習の時間の名称については,各学校において適切に定めるものとする。
5　総合的な学習の時間の学習活動を行うに当たっては,次の事項に配慮するものとする。
(1)　自然体験やボランティア活動などの社会体験,観察・実験,見学や調査,発表や討論,ものづくりや生産活動など体験的な学習,問題解決的な学習を積極的に取り入れること。
(2)　グループ学習や異年齢集団による学習などの多様な学習形態,地域の人々の協力も得つつ全教師が一体となって指導に当たるなどの指導体制,地域の教材や学習環境の積極的な活用などについて工夫すること。

第5　授業時数等の取扱い

1　各教科,道徳,特別活動及び総合的な学習の時間(以下「各教科等」という。ただし,1及び3において,特別活動については学級活動(学校給食に係るものを除く。)に限る。)の授業は,年間35週以上にわたって行うよう計画し,週当たりの授業時数が生徒の負担過重にならないようにするものとする。ただし,各教科等(特別活動を除く。)や学習活動の特質に応じ効果的な場合には,これらの授業を特定の期間に行うことができる。なお,給食,休憩などの時間については,学校において工夫を加え,適切に定めるものとする。
2　特別活動の授業のうち,生徒会活動及び学校行事については,それらの内容に応じ,年間,学期ごと,月ごとなどに適切な授業時数を充てるものとする。
3　各教科等のそれぞれの授業の1単位時間は,各学校において,各教科等の年間授業時数を確保しつつ,生徒の発達段階及び各教科等や学習活動の特質を考慮して適切に定めるものとする。

第6　指導計画の作成等に当たって配慮すべき事項

1　各学校においては,次の事項に配慮しながら,学校の創意工夫を生かし,全体として,調和のとれた具体的な指導計画を作成するものとする。
(1)　各教科等及び各学年相互間の関連を図り,系統的,発展的な指導ができるようにすること。
(2)　各教科の各学年,各分野又は各言語の指導内容については,そのまとめ方や重点の置き方に適切な工夫を加えるとともに,教材等の精選を図り,効果的な指導ができるようにすること。
2　以上のほか,次の事項に配慮するものとする。
(1)　学校生活全体を通して,言語に対する関心や理解を深め,言語環境を整え,生徒の言語活動が適正に行われるようにすること。
(2)　各教科等の指導に当たっては,体験的な学習や問題解決的な学習を重視するとともに,生徒の興味・関心を生かし,自主的,自発的な学習が促されるよう工夫すること。
(3)　教師と生徒の信頼関係及び生徒相互の好ましい人間関係を育てるとともに生徒理解を深め,生徒が自主的に判断,行動し積極的に自己を生かしていくことができるよう,生徒指導の充実を図ること。
(4)　生徒が自らの生き方を考え主体的に進路を選択することができるよう,学校の教育活動全体を通じ,計画的,組織的な進路指導を行うこと。
(5)　生徒が学校や学級での生活によりよく適応するとともに,現在及び将来の生き方を考え行動する態度や能力を育成することができるよう,学校の教育活動全体を通じ,ガイダンスの機能の充実を図ること。
(6)　各教科等の指導に当たっては,生徒が学習内容を確実に身に付けることができるよう,学校や生徒の実態に応じ,個別指導やグループ別指導,学習内容の習熟の程度に応じた指導,教師の協力的な指導など指導方法や指導体制を工夫改善し,個に応じた指導の充実を図ること。
(7)　障害のある生徒などについては,生徒の実態

に応じ，指導内容や指導方法を工夫すること。特に，特殊学級又は通級による指導については，教師間の連携に努め，効果的な指導を行うこと。
(8) 海外から帰国した生徒などについては，学校生活への適応を図るとともに，外国における生活経験を生かすなど適切な指導を行うこと。
(9) 各教科等の指導に当たっては，生徒がコンピュータや情報通信ネットワークなどの情報手段を積極的に活用できるようにするための学習活動の充実に努めるとともに，視聴覚教材や教育機器などの教材・教具の適切な活用を図ること。
(10) 学校図書館を計画的に利用しその機能の活用を図り，生徒の主体的，意欲的な学習活動や読書活動を充実すること。
(11) 生徒のよい点や進歩の状況などを積極的に評価するとともに，指導の過程や成果を評価し，指導の改善を行い学習意欲の向上に生かすようにすること。
(12) 開かれた学校づくりを進めるため，地域や学校の実態等に応じ，家庭や地域の人々の協力を得るなど家庭や地域社会との連携を深めること。また，中学校間や小学校，高等学校，盲学校，聾学校及び養護学校などとの間の連携や交流を図るとともに，障害のある幼児児童生徒や高齢者などとの交流の機会を設けること。

[著者略歴]　　　　　　　　　　　　　　　　　(敬称略)

●鎌田首治朗（かまた　しゅうじろう）
（第1章・第10章）
兵庫教育大学大学院修士課程修了
教育学修士
現職：環太平洋大学次世代教育学部学級経営学科教授
主著：『真の読解力を育てる授業』図書文化社、2009年、「国語科の授業づくりと評価の実際」（共著）梶田叡一・加藤明編著『実践教育評価事典』文溪堂、2004年、「小学校国語科・読むことの目標分析試案」『教育実践学研究』第9巻第1号、2007年

●中田　正浩（なかだ　まさひろ）
（まえがき・第2章）
兵庫教育大学大学院学校教育研究科教科領域教育専攻修士課程修了
教育学修士
現職：環太平洋大学次世代教育学部学級経営学科教授・学部長
主著：『新学力観に基づく中学校社会科指導細案地理的分野2年』（共著）明治図書、1993年、『教育現場に求められるこころと品格』（単著）大学教育出版、2008年、『教職論【第2版】教員を志すすべてのひとに』（共著）ミネルヴァ書房、2009年

●松田　智子（まつだ　ともこ）
（第3章・第4章）
大阪教育大学大学院実践教育学専攻
教育学修士
現職：環太平洋大学教授・学級経営学科長
主著：『教育フォーラム47─〈こころ〉を育てる』金子書房、2011年、『教育フォーラム46─〈言葉の力〉を育てる』金子書房、2010年、『言語力を育てる授業づくり（生活科）』図書文化、2009年

●大野　光二（おおの　こうじ）
（第5章第1節）
岡山大学教育学部卒業
教育学士
現職：環太平洋大学次世代教育学部特任教授
主著：『小学校新学習指導要領の展開　道徳編』（共著）明治図書、2008年、『新しい自分に出会う道徳の学習』（共著）東洋館出版社、2009年

●山本　正（やまもと　ただし）
（第5章第2節）
兵庫教育大学大学院学校教育研究科修了
教育学修士
現職：環太平洋大学キャリアセンター教職支援室
主著：『不安やストレスを下げ、自尊感情を高める心理学』（共著）あいり出版、2011年

●大石　隆夫（おおいし　たかお）
（第5章第3節）
岡山大学教育学部小学校教員養成課程
現職：環太平洋大学次世代教育学部教職支援室小中高分室主事

●中田　律子（なかだ　りつこ）
（第5章第4節）
武庫川女子短期大学第一部教育科卒業
元堺市立三国丘幼稚園園長
主著：『保育とカリキュラム』（編集委員）ひかりのくに、1993〜2008年、『新年齢別クラス運営　5歳児のクラス運営』（共著）ひかりのくに、2000年

●伊﨑　一夫（いさき　かずお）
（第6章）
兵庫教育大学大学院連合学校教育学研究科教科教育実践学専攻博士課程後期課程修了
学校教育学博士
現職：環太平洋大学次世代教育学部教授
主著：『「小学校国語科」学習指導案で授業が変わる！―学習指導案を読む・書く・使いこなす―』（単著）日本標準、2011年、『移行期からはじめる新しい国語の授業づくり』（編著）日本標準、2009年、『「ことば」で伸ばす子どもの学力―小学校・言語活動の評価と指導のポイント―』（共著）ぎょうせい、2010年

●住本　克彦（すみもと　かつひこ）
（第7章）
兵庫教育大学大学院学校教育研究科修士課程生徒指導コース修了
学校教育学修士
現職：環太平洋大学次世代教育学部学級経営学科教授
主著：『エンカウンターで不登校対応が変わる』（編著）國分監修、図書文化社、2010年、『教師カウンセラー・実践ハンドブック』（共著）上地編著、金子書房、2010年、『カウンセリング心理学事典』（共著）國分監修、誠信書房、2008年

●杉田　郁代（すぎた　いくよ）
（第8章）
兵庫教育大学大学院学校教育研究科修了
学校教育学修士、文学修士
現職：環太平洋大学次世代教育学部学級経営学科准教授

●筒井　愛知（つつい　よしとも）
（第9章）
岡山大学大学院教育学研究科
教育学修士、理学修士
現職：環太平洋大学次世代教育学部講師
主著：『インターネットとケータイがつなぐ友達関係―電子化された子どもの居場所―』「月刊児童心理」2008年4月号、金子書房